해방 전 중국조선족 가요연구

최옥화

국학자료원

서 문

김병민 (중국 연변대 전임총장)

　해방 전 중국 조선족가요는 조선민족의 예술사 내지는 문화사에서 중요한 자리를 차지한다. 해방 전 중국 조선족가요는 일제 식민지통치하에서 망국의 설움을 안고 살길 찾아 중국으로 온 조선민족의 눈물겨운 이민사와 이국땅에서 민족의 독립과 자유를 위하여 일제침략자들과 불요불굴의 피어린 투쟁을 벌인 항일투쟁의 예술적 기록으로 된다. 해방 전 중국 조선족 가요는 중국에서의 조선민족의 이민과 정착, 그리고 처절했던 역사현실을 토대로 하고 민족가요의 전통을 창조적으로 계승하고 외국가요와 중국의 한족, 만족 등 타 민족가요의 근대적이며 진보적인 요소를 적극 수용하면서 발전하였다. 해방 전 조선족 가요는 역사의 수난기에 있어서 민족의 슬픔과 아픔을 달래주었고 일제와의 혈전에 나선 항일투사들을 불요불굴의 투쟁을 불러일으켰으며 항전을 지원하는 민중에게는 승리의 신념과 희망에 불타게 했다. 환언하면 민중생활의 정신적 식량과 음료수가 되였고 항일의 격전장에서의 전투의 나팔이 되고 승리의 기발이 되었다. 또한 적지 않은 항일가요, 독립군가들은 한어로 변역되어 중국인들 속에서도 널리 불렸는데 중한 두 나라친선을 강화하고 침략자를 물리치는 이익공동체 구축에 일조하기도 했다. 그로인하여 중국 조선족가요는 근, 현대 중한예술교류사의 한 페이지를 아름답게 장식하고 있다. 적지 않은 노래들, 이를테면 <최후의 결전>, <조선의용군행진곡>, <농민의 노래> 등은 오늘의 사람들 속에서도 즐겨 불리고 있어 역사정신과 민족의식을 고양시키고 있다. 해방 전 조선족가요의 역사적이며 현실적 가치는 반드시 정당한 평가를 받아야만 마땅하다.

해방 전 조선족가요에 대한 연구는 조선족의 음악사, 가요사, 문학사 등 분야의 중요한 연구 과제인 것만큼 해당분야 학자들의 적지 않은 관심을 모아왔고 일정한 연구 성과도 이룩하였다. 그러나 대부분 연구의 경우 조선족 음악사 연구에서의 조선족 음악 연구 혹은 조선족 문학사에서의 가사문학연구 등 시각에서 진행된 것이 특징이다. 가요의 음악과 문학을 총체적으로 조명한 체계적인 연구 성과는 아직 미진한 형편이며 특히 가요의 형성과 발전특징, 그리고 조선족가요와 타민족가요와의 관련성 등에 대한 연구는 최근 몇 년간 학자들의 관심으로 되어 절박한 학술과제로 떠오른다.

최옥화의 박사학위 논문 <해방 전 중국조선족가요 연구>는 바로 상기 가요사연구의 절박한 과제를 민감하게 파악하고 해방 전 조선족가요를 총체적으로 조명하면서 해방 전 조선족 가요발전의 특징을 깊이 있게 탐구한 논문으로 그 학술적 가치가 인정된다. 논문에서 저자는 역사사회학적 연구방법으로 가요발생, 발전의 사회역사문화적인 요인과 독특한 합법칙성을 해명하였으며 다양한 가요종류들의 의식성향에 대하여 분석하였다. 따라서 음악예술비평과 문화학적 비평방법론으로 가요의 음악적 특징들에 대하여 천술하였다. 특히 해방 전 조선족 가요와 외국가요와의 관련 및 가요의 혼종성 특징에 천명, 가사언어에 대한 통계학적 분석과 가요에 대한 예술적분석 등은 학술적가치가 돋보이는 성과라고 인정된다.

논문저자는 자신의 학술적과제를 훌륭하게 풀어가기 위하여 선행연구에 대하여 세심한 검토를 진행하였으며 중국 국내는 물론 한국, 일본 등에 가서 자료수집과 문헌고찰, 외국 학자들과의 다양한 학술교류 등을 내실 있게 진행하였다. 학문적 성과는 명확한 학술연구 방향이 설정된 후에도 투철한 학술이념과 연구방법론, 끈질긴 탐구정신과 성실한 학자적인 자세가 요청된다. 2000년 저자는 석사학위 논문이 심의통과 된 후 계속 박사공부를 하면 안 되는가? 묻기에 나는 10년 후에 신청해보라는 "혹독"한 답복을 주었다. 과연 10년을 기다려 박사공부를 시작했으니 그 인내 또한 자타에게 감동을 준다. 저자는 두 아이를 길러내야 하는 엄마로서의 무거운 짊을 지고 있는 형편에서도 학문에 대한 놀라운 집념과 뜨거운 열정을 지니고 낮에 밤을 이어가면서 끝내 논문을 완성하기에 이르렀으니 그 정신은 가히 치하할만하다 하겠다. 논문은 심의위원들로부터 새로운 창신이 있다는 높은 평가를 받았고 또한 우수논문으로 선정되었으니 끈질긴 노력은 뜻있는 사람을 버리지는 않는다는 것이 실로 이 세상의 불변의 진리인 것 같다. 저자는 박사학위논문이 심의통과 된 후 여러 학자들의 의견을 널리 수렴하여 반복적인 수정, 보완 하였다.

물론 논문은 아직 더욱 면밀하게 검토하고 깊이 있게 탐구해야 할 부분도 적지 않다. 이를테면 가요에 대한 치밀한 서지학적 고찰, 부동한 가요종류들 사이의 상호 연관성, 가요형상에 대한 예술분석과 가창자들에 대한 수용 미학적 고찰 등은 앞으로 더욱 심화해야 할 부분이다.

학문의 길이란 고독과 고민으로 점철된 인생의 오솔길이다. 그러나 학문에서의 성과는 고독을 이겨내고 고민을 감내하는 학자들에게만 있을 수가 있다. "불만은 향상의 차륜이다"라고 선인들 말했거늘 저자는 현금의 저서 한권의 출간에 만족하지 말고 계속 학문에 정진하여 더욱 훌륭한 학자로 거듭날 것을 기대해 본다. 나는 이 책이 조선민족예술사에 관심이 있는 분들께서 즐겨 읽어주시고 좋은 비평을 해 주시기를 바라면서 이로서 서문을 가름한다.

2014. 12. 23

甲午 臘月 宁海书斋에서

차 례

제1장

서 론

제1절 연구대상과 연구목적

해방 전 중국조선족[1]가요는 조선족사회의 형성과 발전과정에서의 문화적 생산물로서 고유한 민요전통을 바탕으로 중국조선족으로 전환되는 과정에 일련의 복잡한 문화적 융합을 거쳐 생성된 것이라고 할 수 있다. 구체적으로 말하면 조선족가요[2]의 생성과 전개는 아래와 같은 문화적 전환을 수반하고 있다.

첫째는 공간적 이동으로 조선인은 조선반도에서 중국으로의 공간적 이동을 거치면서 자연적, 문화적환경의 변화 및 그 영향을 받게 된다.

둘째는 역사적 이행으로 조선인의 중국조선족으로의 전환은 봉건시대(혹은 전근대시대)에서 유사類似근대에로 이행이었는바 문화적인 측면에서 전통과 근대화의 충돌과 융합을 겪게 되었다.

---

1) 본 논문에서는 해방 전이라는 개념을 1949년 중화인민공화국성립을 기준으로 하였다. 그 시기 <고려인, 조선인, 한인>을 통칭하여 중국지역에서 활동했던 조선인들을 중국조선족으로 본다. 이는 1910년부터 1949까지 중국조선족문화의 형성에서 그들의 작품은 조선족가요유산의 일부분으로 되었기 때문이다.
2) 편의상 해방 전 중국 조선족가요를 조선족가요라고 한다.

셋째는 민족적 정체성의 전환으로 중국에 천입한 조선인이라는 민족집단에서 중국의 한 소수민족인 조선족이란 국민으로 전환되는 과정이다.

필자는 이런 복합적인 문화, 역사적인 배경에서 중국조선족 가요라는 텍스트를 읽고자 하였다. 조선족가요를 넓은 의미에서 보면 이민초기부터 불렸던 민요까지 통틀어 일컫는 말이다. 그러나 민요는 조선족사회에서 향유되고 구전되어온 예술종류이기는 하지만 그 시대를 대변하고 시대의 요청으로 생성된 노래형식이 아니라는 점은 분명하다. 조선족가요는 노래이니만큼 가사와 선율이 동반되고 조선족들에 의하여 창작된 것으로 추정되는 가요를 일컫는다. 해방 전에 창작된 가요가 분명하다 하더라도 가사가 조선족에 의해 창작되지 않았거나 또한 조선족들에 의해 불리어지지 않았으면 조선족가요에서 취급하지 않는다. 그것은 조선족가요라는 용어를 한정된 개념으로 쓰는 것이 단지 자료의 한계 때문만이 아니라 조선족가요에 대한 본고의 궁극적인 관심이 해방 전 조선족가요의 내용과 형식의 존재를 밝히는데 있기 때문이다.

다시 말하면 해방 전 중국 조선족가요는 중국조선족들에 의하여 창작되고 주로 조선족에 의하여 불렀으며 가사와 선율이 동반된 가요를 가리킨다. 물론 이러한 정의는 조선족가요라는 개념을 상대적으로 규정한데서 연유한 것이기도 하다. 아울러 해방 전 조선족가요를 정의하면 1910년부터 1949년까지 근대교육기관에서 불린 창가, 교가 그리고 항일가요, 독립군가, 의용 군가, 대중가요를 모두 포함한 가요를 가리키는데 이러한 조선족가요는 무엇에 기초하여 어떤 영향 하에, 어떠한 시대 속에서 생성하였는가? 또 그 다문화적인 수용 하에 어떤 요소를 자기화했고 어떤 요소를 계승, 발전했는가 하는 실상을 밝히는 일 자체가 큰 작업이다. 이러한 문제의식은 사회문화역사학적인 지층 속에서 관련 텍스트를 분절하기를 요청한다.

본고에서는1910년부터 1949년 사이의 조선족가요를 연구대상으로 하고 조선족가요의 역사적 발전맥락과 그 지류의 근간을 해명하고 일련의 사상 예술적 특징을 분석함으로써 당대예술발전을 되돌아보는데 작은 계기를 마련코자 한다. "모든 고대사는 현대사"라는 명제를 전유하면, 근대 중국조선족가요는 곧 당대중국조선족가요라고 말할 수 있을 것이다.

본 연구는 중국조선족음악사와 예술사를 돌아보고 중국조선족의 예술정신함양에 작은 기여를 하고 작금의 조선족예술발전에 나름대로의 계기와 전기가 될 것이다. 이것은 본고의 궁극적인 목적이기도 하다.

제2절 선행연구 검토

가요는 가장 간결한 음악양식이다. 아울러 다양한 정서표출과 실존적 인간의 모든 존재적 고민이 텍스트마다 절절하게 점철되어있다. 가요는 텍스트로 되는 가사와 선율이 동반되어 매개媒介로서의 가창자의 연창演唱에 의해 부르는 노래이다. 따라서 가요연구는 가사의 주제사상내용과 형식, 음악의 형식, 가사와 음악의 상호결합, 창작자, 가창자에 대한 전면적인 분절을 필요로 한다. 해방 전 중국 조선족가요연구는 음악사, 문학사, 가요사 연구의 중요한 고리가 되고 있어 학자들의 보편적인 주목을 받아왔고 개별적인 작사자, 작곡가, 가요작품에 대한 연구 성과가 많이 보여 진다. 그러나 해방 전 조선족가요에 대한 연구는 근근이 조선족음악의 한 부분으로 음악연구와 연결되었을 뿐 가사형식과 의식성향을 아우르는 총체적이고 체계적인 연구가 이루어지지 않았다.

현재까지 해방 전 조선족가요에 관한 연구 논문이나 저서들은 적지 않다. 선행 연구 성과들을 살펴보면 다음과 같은 몇 가지 유형으로 나눠볼 수 있다.

첫째, 연구대상을 조선족 음악계통 안에서 놓고 고찰하였다. 20세기 90년대 초부터 조선족음악예술을 연구대상으로 한 연구들이 진행되어 왔다. 예를 들면 김덕균의 <중국 조선족민족예술교육사>[3], 북경대학 조선 문화연구소에서 편찬한 <중국 조선민족문화사 대계3-예술사>[4], 중국조선족음악연구회에서 편찬한 <20세기 중국 조선족음악문화>[5] 등은 음악교육의 역사, 중국 조선족 음악사적 흐름, 음악문화사적인 현상을 체계적으로 펼쳐낸 저서이다. 이런 저서들은 조선족가요를 조선족음악계통 중에 놓고 고찰하였는데 조선족가요를 연구함에 있어서 밑거름으로 참조적 의의가 크다고 본다.

조선족음악발생발전단계의 획분에서 <중국조선민족문화사대계3-예술사>는 해방 전 음악의 발생발전단계를 계몽시기(1860~1931), 항일무장투쟁시기(1931~1945), 항일전쟁승리 후(1945~1949)로 나누었고 가요 장르로는 창가, 항일가요, 창작가요들과 작곡가에 대해 소개하였다. 이 저서의 시기 획분은 정치역사적인 사건에 의한 것임으로 조선족가요의 형성과 발전의 특점, 음악문화발전에 대한 제한된 시각으로 미흡함을 보인다.

<20세기 중국 조선족음악문화>는 해방 전 음악문화를 크게 이민시기와 해방전쟁시기로 나누었고 내용체계는 전통음악, 백색구역의 음악, 항일음악[6], 사회음악[7], 학교음악[8], 군인음악, 전문예술단체의 음악, 음악교육, 음악출판과 방송 및 음악연구로 나누었다.

또 해방전쟁시기의 음악에서는 군인음악[9], 사회음악, 학교음악으로 나

---

3) 김덕균, 중국조선민족예술교육사.동북조선민족교육출판사, 1992.
4) 북경대학 조선문화연구소, <중국조선민족문화사대계> 3 예술사. 민족출판사, 1993.
5) 중국조선족음악연구회, <20세기중국조선족음악문화>. 민족출판사, 2005.
6) 항일음악을 민족주의계통과 공산주의계통의 항일음악으로 나뉘었다.
7) 사회음악은 조선악극단들의 공연 및 유행가 보급, 종교음악활동, 전문음악가들의 창작 및 연주로 분류하였다.
8) 학교음악은 '9·18'사변 전과 후로 분류하였다.
9) 군인음악을 조선의용군 제1.3.5.7지대 선전대의 음악과 기타 무장부대 선전대의 음악

누었다. 이 저서는 창가, 교가, 항일가요(독립군가), 그리고 개인 창작에 의해 창작된 가요 장르들과 창작자들에 대한 전문적인 소개를 하였다. 이 저서는 음악내용을 중심으로 한 분류체계와 정치역사사변을 시기 획분의 주요기준으로 하였는바 조선족가요의 발전 단계적 특징을 규명함에 있어서 한계를 보이고 있다.

그리고 해방 전 중국조선족가요의 발생에 관한 연구 상황을 보면 전통 민요에 대한 연구[10]를 중심으로 하는 역사적인 기술[11]이 많은 편인데, 이를 중점적으로 살펴보면 다음과 같다.

김예풍의 <조선족민요의 전승 현황과 변용에 대한 음악적 연구>[12]는 중국에서 처음으로 중국 조선족민요를 메나리토리, 경토리, 수심가토리, 육자배기토리 등 토리별로 규명했다는데 그 의미가 있다. 그러나 1945~1949 까지 전통 민요가 면면히 계승될 수 있었던 원인에 대해서는 구체적으로 밝히지 못하고 있다.

으로 분류하였다.

10) 김남호, 조선민족민간음악연구. 흑룡강조선민족출판사, 1995.
정준갑, 조선민족민간음악. 연변대학출판사, 1996.
남희철, 조선민요의 선율양식과 발전수법. 평양:문학예술종합출판사, 1997.
김영희, 조선민요조식에 기초한 화성형성원리와 음구조의 특성. 평양:문학예술종합출판사, 1998.
신호, 조선민요조식. 연변대학출판사, 2003.
11) 김덕윤, 중국조선민족의 새아리랑. 예술세계, 1995. 4.
왕보림, 중국조선민족 전통민요 분류에 대한 사고. 예술세계, 1992. 2.
장익선, 민요연구에서의 롱음에 대하여. 예술세계, 1995. 4.
신호, 민요5음계조식의 류동성. 예술세계, 1997. 6.
최규봉, 중국조선족민요의 화성화. 예술세계, 1999. 3.
김성준, 조선족전통음악의 현황과 전망. 예술세계, 1999. 5.
신호, 민요조식의 고유성과 민족음악창작. 예술세계, 2000. 3.
남희철, 조선민요의 반복형식에 대하여. 예술세계, 2000. 5.
남희철, 이주시기 중국조선족전통음악 연구. 예술세계, 2003. 1.
김남호, 중국조선족민요의 민속성고찰. 예술세계, 2003. 5.
남희철, 조선민족민요의 순환형식연구. 예술세계, 2004. 4~5.
12) 김예풍, 조선족민요의 전승현황과 변용에 대한 음악적 연구. 한국정신문화연구원 박사학위론문, 2004.

장익선의 <연변민요의 음악특성과 전승양상에 대한 연구>13)는 연변민요를 채보, 분석하여 민요의 토리와 주요 골간음, 장단, 가창방식 등의 음악적 특성을 밝히고, 이와 더불어 민요 음악적 특성들이 현재까지 어떻게 전승되었는가하는 중국조선족음악의 뿌리를 찾는데 주력하였으나 연구대상의 폭이 좁음을 지적해야 하겠다.

둘째, 조선족가요의 가사연구에서 보면 중국 조선족가요에 내재한 가사문학의 주제경향에 대한 연구는 1990년 조성일의 <중국조선족문학사>, 2011년 김호웅, 조성일, 김관웅의 <중국 조선족문학통사>14) 등에서 이루어졌다. <중국 조선족문학통사>에서는 계몽기창가와 독립군가요, 혁명가요와 항일가요로 나누어 조선족가요의 주제경향을 규명함으로써 이 분야의 연구를 한 단계 끌어 올리고 있다. 다만 1945년 후의 작품은 윤해영의 <동북인민행진곡>만을 다루고 있다는 점에서 그 포괄성을 손상시킨다.

그리고 신광호의 <일제강점기 가요의 정서 연구>15)는 1910년에서 1945년까지의 일제강점기 모든 장르의 가요를 연구대상으로 하고 그 정서적 양상에 대해 분석하였다. 이 논문에서는 가사의 문학적 측면과 가요 정서적 연구에 중점을 두는데 반해 그 음악적인 측면을 차요하게 다룬 약점을 드러내 보인다.

해방 전 중국조선족가요의 가사형식적인 측면에 대한 연구로는 김경석의 <문학창작과 표현수법>16)을 대표적인 저서로 볼 수 있다. 이 저서에서는 조선족가요의 대표적인 일부 작품을 텍스트로 삼아 가사의 운율, 언어, 후렴구 등 가사형태와 언어구사의 특성들을 서술하여 본 연구에 기초적인 자료를 제공하였다.

13) 장익선, 연변민요의 음악특성과 전승양상에 대한 연구, 한국:민속원, 2010.
14) 김호웅 · 조성일 · 김관웅, 중국 조선족문학통사, 연변인민출판사, 2011.
15) 신광호, 일제강점기 가요의 정서 연구. 한국학 중앙연구원 박사학위논문, 2010.
16) 김경석, 문학창작과 표현수법, 연변인민출판사, 2009, 47~132쪽.

그리고 김기종의 <시 운율론>[17]에서는 운율의 본질과 기능, 민족시가의 운율적 기초, 민족적 특성의 운율적 표현수단과 역사적 발전, 그리고 근대시가 운율의 창조적 계승과 운율조성문제, 시행과 시련의 조직 등 제 방면을 포괄하면서 가요장르인 창가, 항일가요, 근대가사에 대한 작시체계와 음수율에 대해 분석하였는데 상응한 주목을 요청한다.

창가, 독립군가, 혁명가요의 형식적 특징에 대해 규명을 한 김호웅의 연구 성과도 있다. 그는 창가는 언문일치의 원칙에 따라 소박하고도 생동한 언어를 구사했고 동일한 음절수의 불규칙적인 반복과 단어반복 등 다양한 수법을 이용하였으며 독립군 가요는 인민대중의 생활적인 언어를 재치 있게 구사함과 아울러 표현수법에서도 4.5조. 6.5조. 7.5조. 8.5조 등 다양한 음수율에 바탕을 둔 참신한 운율을 조성하고 있다고 지적하였다. 또한 혁명 가요형식은 시적형식이 간결하고 시어가 소박하고 평이하다는 평가와 더불어 간결하고 통속적인 가요형상으로 항일투쟁시기 항일가요의 창조와 발전에 토대를 닦아주었다[18]고 피력하고 있다. 이러한 연구 성과는 본 연구에 밑거름을 제공하였다.

셋째, 가요의 음악적 연구에서 보면 해방 전 중국 조선족가요형식에 대한 연구는 항일가요, 군가, 조선족음악과 한족음악의 상호영향 등에서 볼 수 있다. 김덕균의 <보귀한 문화유산-항일가요>[19], <세가지로 불리워진 군가>, <윤세주의 항일가요-최후의 결전에 대하여>, <조선민족음악과 한족음악의 상호영향>, 최옥화의 <항일가요의 다문화음악수용연구>,[20] <우리 겨레의 항일가요 연구>,[21] <윤세주의 항일가요 '최후의

17) 김기종, 시운률론. 동북조선민족교육출판사, 1998.
18) 김호웅 · 조성일 · 김관웅, 중국조선족문학통사. 연변인민출판사, 2011.
19) 김덕균, 예술론문집 (보귀한 문화유산-항일가요). 동북조선민족교육출판사, 1995. 95쪽.
20) 최옥화, 항일가요의 다문화음악의 수용연구. 한국:남북문화예술연구, 2013하반기.
21) 김덕균, 우리 겨레의 항일가요 연구. 한국음악사학보, 제20집, 1998.

결전'에 대하여>[22], 류동호의 <혁명가요 '호미가'의 창작과정을 회상하여>, 김정화의 <중국조선족 항일전쟁시기 혁명가곡 연구>[23], 민경찬의 <중국조선족의 항일군가와 일본의 노래>[24] 등이다.

상술한 논문들에서는 <최후의 결전>(윤세주 작사)은 러시아가요 <와르샤 혁명행진곡>을 개편한 것이고 <적기가>는 당시 전 세계의 노동계급들이 널리 애창하던 구라파의 혁명가요를 번역한 것[25]이라고 지적하고 있다. 항일전쟁시기 중국조선족의 항일가요에 미친 외래가요의 영향에 대한 분석은 <조선민족음악과 한족음악의 상호영향>, <항일가요의 다문화음악수용연구> 등에서 볼 수 있다. 이는 해방 후 중·조선족가요의 형성에 끼친 외래가요의 영향을 연구하는데 좋은 참조계를 제공하고 있다.

김남호는 '중국조선족 대중음악은 전통적군중민요─소리와 사람들의 사상 감수를 담은 많은 타령들과 민속음악을 기초로 하여 형성되고 발전되어 내려왔고,[26] '이민시기로부터 항일전쟁시기에 이르기까지 중국조선족 대중음악을 형성한 일소리(노동가요)를 비롯한 민요, 창가, 항일가요, 유행가, 신민요에서 기초를 찾아보았다.'[27]고 하였으며 김성호는 '중국 조선족 인민들의 원초적인 예술의 뿌리는 반도 조선인민들과 하나로 이어져있다. 중국조선족은 바로 그러한 예술의 전통을 지니고 중국으로 건너왔다'[28]고 한다. 이는 조선족 음악의 뿌리는 전통음악을 비롯한 여러 장르에 기초를 하고 있다는 견해이다.

넷째, 가요의 창작자들에 대한 연구를 보면 작곡가에 관한 연구는 주로

---

22) 김덕균, 윤세주의 항일가요 '최후의 결전'에 대하여, 한국음악사학보, 제7집, 1991.
23) 金晶花, 中国朝鲜族抗日战争时期革命歌曲研究. 东北师范大学 硕士学位论文, 2007.
24) 한국음악사학보 25집, 2000.
25) 김덕균, 예술론문집. 동북조선민족교육출판사, 1995, 97쪽.
26) 김남호, 중국조선족전통음악 · 대중음악론. 민속원(한국), 2010, 431쪽.
27) 김남호, 중국조선족전통음악 · 대중음악론. 민속원(한국), 2010, 437쪽.
28) 김성호, 중국 조선족예술의 어제와 오늘, 한국논단, 1993, 3월호.

정률성29), 한유한30), 허세록31), 정진옥,32) 김종화33) 등으로 이루어졌는

29) 김성준, 정율성의 음악활동에 관한 연구. 단국대학교 석사학위논문, 1996.

방춘월, 趙元任·鄭律成·鄭秋枫의 대표작에 나타나는 중국 예술가곡의 음악적 특징. 서울대학교 석사학위논문, 2004.

정유하, 정율성의 음악 연구.예술논집 7, 전남대학교 예술연구소, 2006.

鄭律成, 音乐作品学术研讨会论文集－论郑律成. 延边人民出版社, 1986.

정설송, 작곡가 정률성. 료녕인민출판사, 1983.

김성준, 정율성의 생애와 음악작품연구. 국악원논문집, 제9집, 서울:국립국악원, 1997.

김성준, 작곡가 정율성의 출생지에 대한 고증. 한국음악사학보, 제57집, 2006.

시락몽, 정률성 동지를 회억하면서. 예술세계, 1990, 제1기.

29) 한유한에 대한 연구는 중앙음악학원의 량무춘 교수가 처음으로 시작하였다. "抗日時期作曲家韓悠韓에 대한 기초조사보고서", "永恒精神的绽放－在韩国釜山聆听韓悠韓的抗战歌曲", '한중음악교류에 얽힌 아름다운 사연－중국속의 한국음악가 한유한'이라는 론문으로 중국에서 연구의 문을 열었다. 량무춘은 그의 작품세계를 가극, 서정가곡, 애국군가로 나누어 분석하였으며 가극 '아리랑'은 중국가극발전사에서 외국음악가가 창작하고 연출한 항전주제의 가극작품이라는 확실한 지위를 갖고 있다고 자리매김하였다. 따라서 '가극 아리랑'은 한국음악발전사에서도 정확한 위치를 가져야 한다고 강조하였다. 연변에서의 한유한에 대한 소개는 <예술사>, <20세기중국조선족음악문화>, 김덕균<우리겨레의 항일가요 연구>, <한국의 걸출한 항일음악가 한형석(한유한)>, <홍분속에서 '아리랑'을 관람>, <중국혁명과 겨레의 문예활동> 등이다. 상기 글들에서는 한유한의 생애와 예술활동에 대해 간단히 소개한데 불과하다.

최옥화의 <韓悠韓歌谣作品的混合性研究>(东疆学刊, 2014第2期)은 한유한의 가요작품을 문화이론의 시각으로 혼종성 특징을 밝혀내었다.

한국에서 한유한의 음악에 대한 본격적인 연구는 매우 적다. 동아대학교 초빙교수인 김창욱이 쓴 <한형석의 광복군가 연구>(港都부산, 제24호)의 언론에서 가끔 조명한 기사들이 보인다. 이상헌이 부산일보에 발표한 "항일국 치열하게 실천 '큰선비'", "부산의 항일 가극전사 中 옌벤서 재조명", 서국영이 부산일보에 발표한 "부산의 예술혼－먼구름 한형석"등이다. 특히 지역 언론과 초청강연, 그리고 그의 창작음악 공연을 통해서 점차 널리 알려지게 되었다. 2004년 6월 14일 옛 지인들과 유족들을 중심으로 '먼구름 한형석 선생 추모사업회'가 꾸려지기도 하였다. 2006년 8월에 한유한에 대한 연구와 조명이 제대로 시도되지 않은 시점에서 부산 근대 역사관에서 "먼구름 한형석의 생애와 독립운동-대륙에 울려 퍼진 항일정신"이라는 책을 펴내었다. 이 책은 주요하게 한유한의 생애와 독립정신을 조명한 것이다.

31) 남희철, 연변음악의 선구자－허세록. 예술세계, 1993. 제3기.

김창근, 허세록선생과 그의 작품세계. 예술세계, 2000, 제4기.

라혜주, 허세록과 축첩행진곡. 예술세계, 1995, 제4기.

데 작곡가들의 가요창작 기법에 대한 연구들이 대부분으로서 전통에 뿌리를 두고 창작한 그들의 작품에서 민족성을 엿볼 수 있다고 했는데 이는 우리에게 연구의 기초를 제공하고 있다. 작사자들에 대한 연구는 천청송과 윤해영[34]에 대한 시인으로서의 연구이고 김덕균의 <채택룡 선생의 가사에 포함된 풍부한 음악적 요소>,[35] 허세록의 <합작하여 창작하던 나날에>[36]는 채택룡의 가사창작에 대한 연구에 불과하다.

이상의 기존연구사를 검토해보면 해방 전 중국 조선족가요에 대한 연구는 비록 체계성은 부족하지만 그 산생과 발전의 맥락과 예술적 특징을 규명하고 발전흐름을 파악하는데 귀중한 연구 자료를 제공해주고 있다. 그러나 연구의 한계성을 보여주고 있는바, 그것은 조선족가요를 하나의 연구대상으로 하지 않음으로 하여 그에 대한 총체적인 특징 및 발생, 발전의 기본특질을 깊이 있게 파악하지 못하였다. 예를 들면 시기구분에 있어서 주요하게 근대사, 혹은 주제적 내용과 외세의 침략으로 인한 사회적인 구분, 그리고 지역에 따른 음악 등으로 구분하여 조선족가요의 창작자, 가창자, 주제경향, 예술형식의 발생발전역사의 매 단계에서 보여 지는 여러 가지 특징들을 깊이 있게 규명하지 못한 것이다. 그리고 가요장르와 창작자들을 논함에 있어서 편면성이 보이고 가사창작자들에 대한 연구는 이뤄지지 않고 있는 점 또한 주목해야 할 것이다. 또한 가사에 대한 연구가 미비하고 조선족가요의 형성, 발전원인과 영향요소에 대한 체계적이고 입체적인 조망이 부족하다는 것이 발견된다.

김성준, 허세록 선생이 40년대에 창작한 가요를 두고, 문학과예술, 1993.
32) 연변문학예술계련합회 편찬, 우리민족의 걸출한 작곡가 정진옥, 연변인민출판사, 2010.
33) 최삼룡, 음악가 김종화—그의 음악작품과 인생, 민족출판사, 2004.
34) 김호웅 · 조성일 · 김관웅, 중국조선족문학통사, 연변인민출판사, 2011.
35) 채택룡, 채택룡문집(김덕균, 채택룡 선생의 가사에 포함된 풍부한 음악요소). 연변인민출판사, 2000, 267쪽.
36) 동상서, 221쪽.

첫째, 조선족가요가 전통 민요를 기초로 하였거나 서양음악을 이식하였다는 견해에 관한 추정에만 관심이 집중되는 반면 조선족가요의 생성, 전승, 변이 등에 관한 비교학적, 음악학적, 문화학적 관찰은 현격하게 미비하다.

둘째, 가요형성에 대한 단서를 제공하고 있는 역사학적, 서지학적 고찰이 부족하다. 특히 조선족가요의 형성에 영향을 준 외래 음악문화의 문헌적인 1차 자료의 결핍으로 가요의 특징을 적절하게 규명하지 못하였다. 구체적인 실례로서 조선족가요에 직접적인 영향을 준 항일가요의 연구에서 실증분석이 없이 주관적인 판단과 결론으로 하여 후학들 연구에 적잖은 혼란을 야기한다.

셋째, 노랫말이라는 언어 텍스트에 대한 관심이 미진하다는 점이다. 부분적가요의 음악형식에 대한 연구가 있는 반면 노랫말의 변화나 언어미에 대한 관심은 눈에 띄게 부족하다. 특히 가사언어의 민족성과 다양화, 혼종화에 대한 연구는 공백이라고 볼 수 있다. 또한 작사자들에 대한 연구가 기본적으로 없는 상황이다.

넷째, 통합적해석의 시야가 요구된다는 점이다. 이 시기 조선족가요의 형성과 관련해서는 텍스트에 스며든 정서, 다양한 음악장르들의 접변과 혼종화 등을 복합적으로 읽어낼 수 있는 시각을 다양화할 필요가 있다.

해방 전 중국 조선족가요를 하나의 복합적이고 중층적인 체계로 보고 그것에 대한 거시적이고 미시적인 연구를 진행하지 않으면 해방 전 중국조선족가요의 특징과 기본성격, 예술사적 위치에 대한 상응한 결론을 도출해내기 어려울 것이다. 그러므로 해방 전 중국 조선족가요에 대한 깊이 있는 연구는 더는 미룰 수 없는 중요한 연구과제로 수면 위에 떠오르는 것이다.

따라서 본 연구는 근대적 시공간과 공간속에서 조선족가요의 궤적을 추적하고 그것을 작금의 문예공간과 접맥 시키려는 욕망의 소산이라고 해도 될 것이다.

제3절 연구방법과 내용

필자는 선행 연구 성과의 기초 상에서 해방 전 중국 조선족가요에 대하여 거시적인 시각과 미시적인 시각을 결합하여 연구를 하려 한다. 즉 미시적인 시각을 통하여 거시적인 시각을 구축하고 그 반어적인 사유구조 속에서 미시적인 연구의 깊이를 촉구할 것이다.

가요는 선율과 함께 가사를 통하여 사상 감정을 표현하는 예술이며 모든 음악의 기초이다. 또한 가요는 음악가운데서도 가장 오랜 역사를 가지고 있으며 다양한 장르와 형태는 음악예술발전에 커다란 작용을 한다. 어떤 음악을 기초로 삼는가 하는 것은 전반적인 가요예술발전에서 매우 중요하고도 선차적인 문제로 제기된다. 어디에 기초를 두는가에 따라 그 성격이 규정되며 예술적가치가 결정된다. 그러므로 가요의 특성에 대한 과학적인 이해와 전면적인 연구는 반드시 가사와 선율이 있는 완정한 가요작품이여야 한다고 본다. 가사만 있고 선율이 없거나 선율만 있고 가사가 없어도 완정한 가요작품으로 텍스트를 삼을 수 없다. 본고는 가사와 선율이 있는 연길시 광성중학교에서 사용하던 <최신창가집>,[37] <혁명가요집>,[38] <광복의 메아리>,[39] <중국조선족가요선집>,[40] <60청춘닐리리>,[41] <연변가곡집>(1946~1962),[42] <동북항일련군가곡선>,[43] <먼구름－한형석작곡집1>,[44] <일본의 노래 제1.2집>(日本のうた第1.2集)[45]을

---

37) 해외의 한국독립운동사료(XⅥ) 일본편④, 최신창가집. 국가보훈처, 1996. 172쪽.
38) 조선 로동당 중앙위원회직속당역사연구소 편, 혁명가요집. 조선로동당출판사, 1959, 1969.
39) 독립군가 보존회, 광복의 메아리. 독립군가요보존회, 1991.
40) 최연숙 등, <중국조선족가요선집>, 민족출판사, 1989.
41) 연변동북군정대학 길림분교교사연구회, 60청춘닐리리. 동북조선민족교육출판사, 1992.
42) 연변인민출판사 편집부, 연변가곡집(1946~1962). 연변인민출판사, 1964.
43) 리민, 동북항일련군가곡선. 할빈출판사, 1991.

텍스트로 한다. 여기서 <최신창가집>과 <일본의 노래 제1.2집>(日本のうた第1.2集)은 중국 조선족가요연구에서 취급한 적이 없는 1차 자료로서 조선족가요연구에서 중요한 의미를 가지는 텍스트이다.

　해방 전 중국 조선족가요연구는 가요사의 연구범주에 속한다. 가요 역시 하나의 역사문화현상인 것만큼 이에 대한 연구는 반드시 사실의 본래 면모에 착안해 그 특징과 법칙을 탐구해야 한다. 중국조선족가요의 발생 발전은 가요자체의 발전법칙이 있겠지만 해당시대의 사회역사발전과 긴밀히 연관되어있다. 따라서 작품의 주제의식, 심미취향 등은 직, 간접적으로 그 당시의 시대적 요구를 반영하게 되며 그 당시의 역사적 사실과 연계된다. 그러므로 우리는 가요의 생성배경, 발전과 그 특징을 규명할 때 반드시 시대적인 맥락과 구체적인 역사사실로부터 출발해야 한다. 텍스트는 항상 어떤 역사와 사회 환경 속에서 파생되듯이 그 사회와 역사적 환경의 지문을 가지고 있다.

　조선족가요의 산생, 발전은 전통 민요의 계승과 관계될 뿐만 아니라 외래가요와 중국가요와의 종, 횡적인 수용과도 관계를 갖고 있다. 그러므로 해방 전 중국 조선족가요에 대한 연구는 문화학적인 시각과 방법으로 문화현상의 변화, 발전의 법칙 및 그 의의에 대한 규명에 주안점을 두어야 하며 내적, 외적인 복잡한 상호연계와 상호영향에 초점을 두고 이러한 연계와 영향이 주어지게 된 요인 및 그것이 초래한 결과와 의의를 "텍스트"의 관점에서 읽어야 한다. 한다. 롤랑 바르트의 말로 하면, "텍스트는 기호에 대한 반응으로 접근되고 체험되는 것"이며 그 "복수성을 주목하는 것"[46]이다.

---

44) 한울림합창단, 먼구름-한형석(한유한)작곡집1. 서울:예솔, 2005.

45) 日本のうた第1集.明治·大正(1868~1926).野ばら社, 1998.

46) 롤랑 바르트, 이은주역, 작품에서 텍스트로, 윤난지 엮음, 모더니즘 이후 미술의 화두, 눈빛, 2004, 38, 39쪽.

··· 왜냐하면 텍스트는 어떤 언어도 그냥 내버려두지 않으며, 어떤 서술행위의 주체도 심판자, 주인, 분석가, 고백자, 해독자의 위치에 놔 두지 않는 사회적인 공간이기 때문이다.[47]

이처럼 조선족가요연구는 텍스트의 관점에서 문학사, 음악사, 이민사, 사상사, 교류사, 미학사와 관계되는 다각적인 시각과 방법론을 필요로 한다. 아울러 본고는 예술미학, 문화전파학, 비교문화학 등 방법론을 결합, 활용하여 특정 공간에서 생성 발전한 해방 전 중국조선족가요의 성격을 연구하고 다른 민족가요와의 관계를 "상호텍스트성(the intertextual)"관점에서 해명함과 동시에 가사와 음악을 아우르는 해방 전 중국조선족가요의 생성, 발전맥락 및 특징과 법칙 그리고 사상 예술적 특징을 탐구하고자 한다.

해방 전 중국 조선족가요에 대한 연구는 서론, 해방 전 중국조선족가요의 역사적 전개, 해방 전 중국조선족가요의 의식성향, 해방 전 중국조선족가요의 예술특징, 해방 전 중국조선족가요의 역사·문화적 가치 등 5개 부분으로 나누어 고찰하려고 한다. 이는 중국 조선족가요를 역사흐름의 시공 속에 놓고 그 변화의 과정을 정확하게 포착하기 위함이다.

제1장은 서론이고 제2장에서는 해방 전 중국조선족가요의 역사적 전개에 대해 논의하려 한다.

구체적으로 조선인의 이주와 중국조선이민사회의 형성, 조선족가요 형성발전의 역사·문화적 배경에서 조선인사회의 근대음악의 보급, 음악활동공간의 확대와 사회음악의 발전으로 부터 독립군가, 항일가요, 의용군가, 대중가요의 출현 및 가창환경, 외래음악의 전파와 실천 등을 서술하면서 가요발생의 사회문화적 요인을 밝히려 한다.

1910년부터 1949년까지 해방 전 조선족가요의 발생 및 발전역사는 가요의 창작자, 주제경향, 예술형식의 발전변화의 특징에 따라 형성기, 발전

---

47) 롱랑 바르트, 위의 글, 44쪽.

기, 전환기의 3단계로 나눈다. 따라서 본 논문은 이민과 개척, 정착과정을 거치면서 형성, 발전된 조선족가요의 발전단계 및 그 특징을 규명함으로써 조선족가요를 더욱 깊이 있게 이해하고 그것을 계열화하는데 중점을 둔다.

제3장에서는 해방 전 조선족가요에 담겨있는 의식성향을 복합적인 요인 속에서 읽어내고 그 본질과 의의를 진맥하고자 한다. 중국 조선족가요 창작자들의 가요창작활동은 해당 시대의 현실과 창작주체의 각성과 긴밀히 연관되어있다. 구체적으로 민중계몽 · 민족독립가요에 나타난 민족주의 성향, 항일혁명투쟁가요에 나타난 계급적 성향, 대중가요에 나타난 정착성향에 대해 중층적으로 다룰 것이다.

제4장에서는 해방 전 조선족가요에서 나타난 독특한 예술적 특징을 분석한다. 즉 가사의 예술적 특징, 음악형식의 특징, 가사와 음악의 호응에 대한 분석을 통하여 해방 전 조선족가요의 예술적 특징을 담론한다.

구체적으로 가사의 예술적 특징 부분에서 가사의 형식적 특징과 절가적 특징, 가사 언어적 특징 등을 논의하면서 조선족가사문학의 특징을 다각적으로 모색해 보고자 한다. 그리고 음악형식의 특징에서 선율음조적 특성, 조식적 특성, 박자, 리듬과 장단의 특성분석을 통하여 민족적 음악양식이 어떻게 외래의 음악양식과 결합되어 새롭게 창조되었는가를 텍스트의 관점에서 조명하고자 한다. 다음으로 가사와음악의 호응에서 가사구조와 음악구조의 호응, 정서의 호응, 어법의 호응으로 나누어 음악과 가사의 상호작용의 양상을 밝히고자 하며 한걸음 더 나아가서 문화사적 예술사적 의미를 살펴보고자 한다.

제5장 결론부분에서는 해방 전 중국조선족가요의 역사 · 문화적 가치와 의의에 대해 종합적으로 평가하고자 한다. 당시 특수한 역사적 상황에서 어떠한 의미를 가지고 있는가를 규명함과 아울러 그 한계성과 남겨진 문제를 짚어보고자 한다. 물론 이 모든 것은 우리가 나아갈 방향을 탐색하기 위함이다.

제2장

해방 전 중국조선족가요의 역사적 전개

조선족가요는 중국조선족의 형성과 발전과정에서의 역사 문화적 생산물로서 조선인의 고유한 가요전통을 바탕으로 조선인이 중국조선족으로 전환되는 과정에 일련의 복잡한 문화적 융합을 거쳐 생성된 것이라고 할 수 있다. 때문에 조선족가요는 특별한 사회문화적배경과 역사적 발전단계를 거치면서 발생하였다.

제1절 조선인의 이주와 중국조선이민사회의 형성

일본침략자들은 1905년에 <을사보호조약>을 체결하여 조선의 외교권을 박탈하고 서울에 조선통감부를 설치하였으며 1907년에 <정미약정>을 체결하여 조선의 군사권까지 공제하였다. 결국 1910년에 리조봉건통치배들을 핍박하여 <한일합방>조약을 체결하고 조선을 완전히 강점하여 저들의 식민지로 만들었다. 일제침략자들은 조선에 총독부를 설치하고 무단정치를 감행하였다. 일제는 <토지조사령>에 의거하여 조선농민의 토지를 폭력적으로 약탈하고 식민지통치기초의 중요한 일환인 조선농업경제를 공제하였는바 대량의 농민들이 토지를 잃고 파산에 이르렀다. 또한 조선인민들의 민족의식을 마비시킬 목적으로 민족문화를 말살하려고 온갖 책동을 다하였고 언론출판기관들을 남김없이 폐쇄하였으며 조선의 애국단체들을 강제로 해산시켰고 조선인민들의 모든 권리와 자유를 빼앗았다. 조선반도에서 자행된 식민지 통치는 그토록 잔인하고 가혹한 것이었다.

> 일반적으로 식민지에 있어서는 제국주의가 식민지를 총체적으로 지배한다. 때로는 이전의 지배자였던 왕정을 인정하기도 하고 구 지주 계급이었던 지주들이 매판계급으로 흡수하기도 하지만 그들은 식민지지배의 하부기구 이상에 지나지 않는다. 한국에 있어서 일제의 식민지배도 바로 이러한 것이었는데 그것은 다른 어떤 식민지 지배보다 가혹한 것이었다. 일제는 한반도에 있어서 어떠한 계급과도 권력을 나누어 가지려고 하지 않았다. 인도에서와 같은 자치는 허용되지 않았으며 민족자본의 발전을 억압하고 끝내 그것을 말살하였으며 민족말살정책으로의 동화정책을 실행하였다.[1]

위에서 언급했다시피, 1910년대는 식민지초기사회로서 무단통치시기, 즉 "헌병통치시기"로 특징되는바 조선인민은 극도의 정치적 무권리와 생활적 빈궁, 문화적 암흑 상태에 빠지게 되었다. 관련 자료를 살펴보면 1910년과 1911년 한해사이에 식민통치의 급격한 변화를 유추해볼 수 있다. 즉,

> 전국의 헌병·경찰의 수도 급격히 증가해 강점되던 1910년에 헌병 2,019명, 경찰 5,881명이던 것이 그 다음해에는 헌병 7,749명, 경찰 6,222명으로 증가했다. 또한 도장관(도지사)을 비롯하여 조선총독부 관리, 지방관청의 간부를 모두 일본인으로 임명하고 일부 친일파 인사들을 보좌역·참여관 등으로 참여시켰다.[2]

---

1) 김병태 외 11인, 한국경제의 전개과정, 돌베개, 1981, 19쪽.
2) 다음 백과사전, 무단통치 참조.

조선왕조가 일제에 의하여 합병된 이후 일제의 식민정책에 의하여 토지를 빼앗긴 조선농민들은 중국으로 이주하였고 일제의 중국침략전쟁이 본격적으로 전개된 1931년부터 일제의 대륙개발정책에 따른 강제-반강제적인 이주에 의하여 대규모적인 조선인들이 중국으로 이주하게 된다. 이런 원인으로 하여 중국내 조선이주민의 수는 1920년대부터 급격하게 증가되어 '11년간의 증가총수는 171,550명으로서 매년 평균 15,596명 증가되었다.'[3] '9·18사변'직전 중국의 동북지역의 조선이주민은 100만 명이 넘었다. 일제 패망직전인 1945년 중국의 조선이주민의 수는 2,163,115명으로[4] 이는 당시 조선반도인구의 10%를 차지하였다. 다시 말하면 조선민족의 중국으로의 이주는 일본의 식민지통치의 강도와 정비례되는 것이었다.

주지하다시피, 초기의 조선이민은 거의 생계를 위한 이민이었다. 일제가 동북지역을 점령하고 중국침략전쟁이 확대됨에 따라 전략적 기획의 일부로 일제는 대량의 조선농민들을 중국의 동북지역에 이주시켜 집단부락을 설치하고 황무지를 개간하여 벼농사를 짓도록 함으로써 이 지역을 전면적인 중국침략전쟁의 기지로 삼으려고 하였다. 조선이민들은 '분산집거分散集居'의 형태로 동북지역에 거주하고 있었다. "생계이민"은 중국 조선인의 절대다수를 차지하는바 중국에서의 생활목적은 상대적으로 단순하여 자기들의 노력으로 생존을 영위하고 빈곤에서 벗어나는 것이었다. 생계를 위해 이주한 "생계이민"군체인 농민들의 지역적분포를 살펴보면 대개 아래와 같이 분류 할 수 있다.

조선인들이 중국으로의 이주가 지리적 접근성으로 인하여 두만강, 압록강 연안에서 먼저 시작되었기에 함경도, 평안도 사람들이 강을 건너 가까운 곳에 먼저 자리를 잡게 되고 뒤늦게 이주한 남도사람들이 먼

---

3) 불씨-중국조선민족발자취총서2, 민족출판사, 1995, 81쪽.
4) 김철, 한국의 인구와 경제. 岩波出版社, 1965, 28쪽.

곳인 흑룡강 지역에 정착하면서 이와 같은 분포를 이룬 것으로 생각된다. 하여 두만강연안인 연변지역과 흑룡강성 목당강 지역에는 함경도 민요, 압록강연안인 요녕지역에는 평안도민요, 길림성의 장춘과 길림 지역 그리고 흑룡강성의 대부분지역에는 남도민요가 분포되었다.[5]

아울러 유민들은 조선에서 가지고 온 전통 민요에 기초하여 중국에서의 정착과 개척과정에서 어려운 생활을 민요에 담아 변화, 발전시켰다. 삶의 애환과 하나가 되는 가락이고 소리이고 노래였던 것이다.

억압의 강도와 저항의 밀도와 정비례되기도 한다. 당시 동북에서 독립군은 반일투쟁을 벌렸다. 국권을 빼앗긴 조선우국지사들은 의병의 주력을 중국 만주 등지로 옮겨 독립운동의 재기를 꾀하는 한편 독립군 간부를 양성하는 무관학교를 세우고 독립군을 편성하였다. 1919년 3·1독립 운동과 상해에 대한민국 임시정부의 성립은 독립군진영에 활력소를 증대시켜 주었다. 1937년에 중일전쟁이 일어나자 조선의용대 및 한국청년 전지공작대가 결성되어 항일전선에서 활약하게 되었다. 중일전쟁이 확대됨에 따라 임시정부는 국민당정부를 따라서 중경으로 옮겨 1940년에 한국광복군을 창설하였다. 민족주의계열의 반일투쟁은 민족모순의 해결을 '반제'로 초점을 옮겼는바 대한독립군, 조선의용대, 한국광복군 등 부대들은 국민당의 지지를 받으면서 민족독립과 조국광복을 위한 투쟁을 전개하였다.

이와 함께 공산주의계열의 반일투쟁은 민족모순과 계급모순을 유기적인 통일체로 파악하여 조선과 중국의 해방을 "반제—반봉건"의 기치 밑에서 자기의 근본사명으로 삼는 '이중사명'을 부여받게 되었다. 항일혁명투쟁은 중국공산당의 영도아래 항일유격대, 동북항일연군, 조선의용군 등 부대에서 진행되었다.

항일혁명투쟁에 나섰던 조선인부대들은 투쟁에서의 사기를 진작하고

---

5) 김덕균, 예술론문집―중국조선민족음악개관, 동북조선민족교육출판사, 1995, 42쪽.

전사들과 군중들을 대상으로 항일투쟁의 선전, 선동을 목적으로 항일가요, 군가들을 창작, 전파하고 보급하였다. 이러한 항일가요, 군가들은 중국에서 조선인항일혁명투쟁의 전개와 함께 조선인사회에 널리 영향을 끼쳤다. 따라서 조선이민에서 중국조선족으로의 정체성전환과정을 조선족가요에 투영시켰다.

일제가 조선을 병탄한 뒤 문화영역에 대한 통제 지어는 탄압이 날로 심화되어 조선의 지식인들이 운신할 수 있는 공간이 급속도로 축소되었다. 1931년 '9·18사변'을 통하여 중국의 동북지역을 점령한 일제는 1932년 '만주국'이란 허수아비정권을 건립하고 '일만의정서日滿議定書'를 통하여 '만주국'은 전시기 청 왕조와 일본사이의 모든 불평등조약을 완전하게 승인한 동시에 "공동방위"의 명의로 일제관동군의 주둔과 행동을 승인함으로써 결국 실질적인 일제의 식민지로 전락되었다. 그럼에도 불구하고 적지 않은 지식인들은 식민지조선을 떠나 중국 동북에서 자신의 지식적 욕구와 문화예술에 대한 희망을 실현하려 했다.

조선인 지식인들 중에는 근대적인 음악교육을 받은 많은 전문음악인들이 포함되어 있었는바 이들의 이주는 조선족가요의 발전에 근대음악의 요소들을 가져왔고 중국조선족가요의 형성과 발전과정에 핵심적인 역할을 담당해왔다. 윤극영, 문하연, 류광준, 황병덕, 김광의, 송민영, 김선문, 박찬해, 허승숙 등 작곡가들은 모두 일본 유학생활을 마치고 중국으로 이주하여 음악교사로 일했고 한유한, 정률성, 정진옥, 허세록, 조두남 등의 경우는 중국으로 이주한 이후 여러 가지 도경을 통하여 음악인으로 성장하였다. 문학과 예술에 지향을 둔 작사가들로는 윤해영, 김학철, 채택룡 등이 있었다.

대량의 지식인과 문인들이 조선인학교의 교원 혹은 신문기자와 편집 그리고 악단, 극단 등의 전문예술인으로 취직하면서 조선이민사회의 문화, 예술 공간을 개척하고 확장하는 결과로 이어졌다. 조선이민사회에 새롭게 합류한 이들 문화예술인들을 "문화부대"[6]라고 표현한 이유도 여기에 있다. 리처드 존슨Richard Johnson은 다음과 같이 문화의 '속성'을 언급한 바 있다.

첫째, 문화적 과정들이 사회관계, 특히 계급관계와 계급 구성체, 젠더 구별, 사회관계의 인종적 구조 및 독립의 형태로서의 연령별 억압과 밀접하게 관련되어 있다는 점이다. 둘째, 문화가 권력을 포함하고 개인과 능력에서 그들의 욕구를 규정하고 현실화하기 위해 불평등을 낳도록 한다는 것이다. 셋째, 문화란 자연발생적이지 않으며 영구적으로 결정된 영역도 아닌 사회적 차별과 투쟁의 영역이라는 것이다.[7]

여기서 필자는 우선 문화의 세 번째 함의를 주목하고자 한다. 즉 리처드 존슨의 지적처럼, 문화란 자연발생적인 것이 아니다. 그것은 사회적 차별에 대항하여 투쟁의 자장을 형성할 수밖에 없는 것이다. 그런 의미에서 문화부대라는 침칭은 적절한 것 같다. 즉 부대 내지 군대는 싸움을 직업으로 하는 특수집단이다. 그러나 그 싸움은 총칼을 휘두르는 싸움이 아니라 '문화전쟁'인 것이다. 문화예술인들은 급진적인 예술을 주요한 무기로 전쟁을 하는 집단인 것이다. 그럼 문화의 두 번째 의미를 살펴보자. 즉 문화란 권력이며 그러한 권력은 현실의 불평등을 합리화시키는 기제이다. 본문과 연동시켜 말하자면, 3·1운동이후에 사이토 마코토[8]가 내건 "문화의 발달과 민력의 충실"이라는 주장과 그에 해당되는 '문화통치'가

---

6) 신형철, 재만 조선인작품집 ≪싹트는 대지≫ 발문. 만선일보출판부, 1941, 2쪽. " … 최근 6, 7년간은 거기에 따라 문화부대도 상당히 이동하여 왔습니다"라고 표현했다.
7) 리처드 존슨, 문화연구란 무엇인가?, 존 스토리 엮음, 백선기 역, 문화연구란 무엇인가?, 커뮤니케이션북스, 2014, 164~165쪽.
8) 사이토 마코토 [Saito Makoto]:일본의 해군대장·정치가. 총리(1932~34)와 2차례의 조선총독(1919~27, 1929~31)을 역임했다.

그것이다. 바꾸어 말하면 무단통치보다 더 두려운 것이 문화통치인 것이다. 그러므로 이렇게 말해도 될 것이다. 문화부대는 부대일반보다 더 강한 힘을 발휘할 수도 있다고 말이다. 아울러 조선 이민인구와 집거지역이 확대됨에 따라 조선이민사회의 교육, 언론, 문학, 예술 등 문화수요도 증가하게 되는데, 이는 문화전쟁에 참여한 후비세력을 만드는 과정라고 할 수도 있을 것이다. 그러므로 당시에 전개된 민족교육, 민족 신문, 잡지 등을 내용으로 하는 문화운동을 상술한 맥락 안에서 읽을 수 있을 것이다.

일례로 1906년 리상설李相卨이 개설한 '서전서숙'을 필두로 중국내 조선인집거지에는 대량의 학교가 설립되어 "1916년 말까지 연변 5개현(안도현도 포함하여)에 꾸려진 여러 가지 유형의 사립학교만 하여도 158개였는데 그 학생 수는 3879명"9)에 달했다. 불완전한 통계에 따르면 1928년까지 중국 동북지구에 621개의 민족학교가 있었고 그중에 사립학교가 388개가 있었으며 연변지역에만 하여도 211개의 사립학교가 있었다고 한다.10) 이러한 민족교육기관에서는 창가를 학교과목으로 설치하여 음악교육을 전개하였으며 학교마다 교가를 만들어 행사나 여러 가지 의식에 불렀다.(이에 대한 구체적인 분절은 아래 장절에서 수행할 것이다). 아울러 민족교육의 흥기는 중국내 조선이민들의 삶이 어느 정도 정착이 되였음을 의미하며 이국땅에서 생존을 영위하기 위한 노력이 단순한 의식주의 해결에만 국한되는 것이 아니라 민족문화의 존속과 같은 심층에로 확장되었음을 의미한다.

교육시설의 창설과 함께 신문, 방송, 잡지와 같은 민족 언론기구들도 산생된다. 신문을 크게 민족독립운동가들과 공산주의자들에 의해 만들어진 반일적이고 혁명적인 신문, 일제와 친일분자들에 의해 만들어진 친일신문 두 계열로 나누어 볼 수 있다. 다시 리처드 존슨의 언급을 참고한다면 문

---

9) 박규찬 주필, 중국조선족교육사, 동북조선민족교육출판사, 1991, 20쪽.
10) 高永一, 朝鮮族历史年表及教育史料选－近代－1952年, 辽宁民族出版社, 2009. 211쪽.

화적 과정들은 사회관계, 특히 그 억압구조와 반항결구를 드러내 보이는 부분인 것이다. "차가운 미디어, Cool media" (마셜 맥루한, Marshall McLuhan)[11]를 둘러싼 전쟁이 첨예하고 대립하고 날카롭게 진행되었던 것이다. 그 일례로 1910년대에 창간된 <대성단보(大成团报)>, <신흥학우보(新兴学友报)>, <독립신문(独立新闻)>, 20년대 이후에 창간된 <민성보>, <조선민족전선>, <조선의용-대통신>, <광복> 등이 그것이다.

민족 독립운동가들과 공산주의자들에 의해 만들어진 신문으로는 동북에서 조선문신문 <대성단보(大成团报)>(1910년7월1일)가 연길 국자가에서 창간되었고 반일사상을 가진 민족 독립운동자들과 지식인들이 꾸린 <신흥학우보(新兴学友报)>(1913년)가 류하현 삼원포 대화사에서 발간되었다. 상해 대한민국임시정부의 기관지로 <독립신문(独立新闻)>(1919년8월 상해 프랑스조계지)이 창간되었고, 1928년에 용정에서 <민성보>가 발간되었다. 1938년 4월10일 관내의 한구에서 조선민족전선연맹은 기관지로 <조선민족전선>을 창간하였고 조선의용대가 창건한 후 계림에 옮겨가서 <조선의용대통신>이 발간되었다. 1941년 2월1일 한국광복군 총사령부 정훈처에서 서안에 <광복>지를 창간하였다.[12]

상기의 신문, 잡지는 중국과 조선의 항일투쟁과 떨어질 수 없는 연관성을 갖고 있으므로 연합항전을 해야 한다는 취지하에 창간되었다. 따라서 신문, 잡지들에는 군가와 가요들도 거재되었던 것이다.

일제와 친일분자들에 의해 만들어진 조선문 친일신문으로는 1919년 7월 심양 (봉천)에서 <만주일보(满洲日報)>가 창간되었고 1924년 12월

---

11) 마셜 맥루한, Marshall McLuhan(1911년 7월 21일~1980년 12월 31일)은 캐나다의 미디어이론가이자 문화비평가이다. "미디어"를 말할라치면 누구도 맥루한으로부터 자유롭지 못할 정도로 그의 영향력은 가히 절대적이라고 할 수 있겠다.
12) 崔相哲, 中国朝鲜族新闻出版研究. 香港亚洲出版社, 2007, 14~27쪽.

<간도신보>(전신은 1910년12월에 용정에서 창간한 <간도시보>이다)
는 <간도시보>로부터 독립하여 <간도일보(間島日報)>가 발간되었다.
이들의 발간경위를 살펴보면 일제가 만주를 침략하고 나아가 중국을 삼
키려고 침략야망을 감추면서 백성들을 기만하고 의식을 마비시키려는 홍
보정책의 일환으로 삼았다. 1933년 8월25일 신경에서 <만몽일보>를 창
간하였고, 1937년10월21일에 <만몽일보>의 제호를 <만선일보>로 고
쳤다. 이러한 신문들은 일제와 위만주국정부의 대변인으로 오족협화五族
协和를 고취하고 조선인의 황민화 촉진을 적극적으로 홍보하면서 <왕도
락토>(王道乐土)를 고창하는 것을 내세워 그에 상응한 가사응모활동도
벌렸던 것이었다. 매체의 경향성 및 이데올로기적인 기능을 충분히 활용
한 것이다. 루이 알튀세르Louis Althusser는 <재생산에 대하여서>13)에서
다음과 같이 언급한바 있다.

(그리하여) 특정 이데올로기들의 이론이 결국은 사회구성체들의 역
사, 따라서 사회구성체들에서 결합된 생산양식 및 계급투쟁의 역사에
근거한다는 것을 독자들은 알 것이다.
… 우리가 인지하는 것은 1) 착취가 억압이나 억압형태의 사상으로
대체되고 있다. 2) 이데올로기가 억압이나 억압형태로서의 사상으로
대체되고 있다는 점이다. … 억압적 장치와 이데올로기적 장치들을
동시에 포함하는 국가장치들은 '억압'이라는 추상적 개념으로 귀결되
기 때문이다.14)

여기에서 국가 혹은 국가장치를 식민기구 혹은 식민기구장치로 치환
해도 큰 무리는 없을 것이다. 말하자면 친일신문과 반일신문과의 팽팽한
맞섬과 그 투쟁이란 결국은 사회구성체들의 결합된 생산양식인 수탈구조

13) 루이 알튀세르, 김웅권 옮김, 재생산에 대하여서, 동문선, 2007, 267쪽.
14) 동상서, 274쪽.

와 저항구조에서 기인된 것이며 그것의 역사에 근거를 두고 있는 것이다. 그리고 그러한 잔혹한 수탈을 정당화하는 것이 친일신문의 목적이라고 한다면, 그러한 이데올로기는 구체적인 것만큼이나 식민기구의 추상적 억압을 현실적으로 체현하는 기구인 것이다.

총적으로 이런 멀고도 추운 환경 속에서 조선이민사회의 형성과 조선이민들의 정착은 중국조선족가요가 형성될 수 있는 사회문화적기반이 확립되었음을 의미할 뿐만 아니라 조선족가요의 형성에 필요한 소재, 주제 그리고 창작주체가 두루 갖추어지게 되었다는 것을 의미한다. 더 나아가 그것은 반제국주라는 거대서사 안에서 이해되어야 한다는 시대적인 요청을 깔고 있는 것이다.

제2절 해방 전 중국조선족가요 형성의 역사 · 문화적 배경

■ 중국내 조선인학교의 근대음악교육

거시적인 의미에서 말하자면 19세기말부터 급증한 중국으로의 조선민족의 이민형상은 변형된 모더니티(근대성 혹은 현대성)의 산물이다. 바꾸어 말하면 일본의 "성공적인" 근대국가 건설과 대외확장이 없었다면 조선민족의 대규모적인 대외이주현상이 부재했을 것이다.

아울러 조선족의 민요의 변형은 이러한 흐름 안에서 이해해야 할 것이다. 즉 전통적인 민요가 시대의 변화에 따라 그 음색과 빛깔을 달리할 수밖에 없는 것이다. 주지하다시피 중국으로 이주한 조선이민들은 전통 민요를 가지고 들어왔고 중국에서의 생활체험은 이러한 전통음악에 새로운 음악적 요소들을 부여하여 변화를 일으키게 한 것이다. 중국 조선족민요와 전통민요 사이의 유사성과 정도의 차이는 바로 이렇게 형성된 것이라고 할 수 있다. 유사성이 전통과의 연속적인 관계라면 차이점은 변화(변형)인 것이다. 당연히 조선이민들이 중국에 이주하면서 가지고 들어온 전통 민요가 그대로 중국조선족가요의 형성으로 이어질 수가 없었다. 말하자면 중국 조선족가요는 조선인의 고유한 음악적 취향, 음악적 감수성, 음악적 능력 등이 조선인의 실존상황과 융합되는 이른바 '현지화'/'현재화'의 과정을 거쳐 이루어지는 것이다. 그중 중국조선족가요의 형성에 직접적인 영향을 준 요소는 교육과 문화운동이다.

조선인근대학교는 설립주체와 설립취지에 따라 크게 세 가지 유형으로 나누어 볼 수 있다.

첫째 유형은 중국으로 망명한 조선의 독립운동가와 민족주의자들이 설립하고 운영한 학교이고, 둘째 유형은 유럽과 북미지역의 종교단체에서 선교를 목적으로 설립한 학교이며, 셋째 유형은 조선총독부를 비롯한 일제세력들이 설립하고 운영한 학교들이다.

첫째 유형의 학교들은 교육목적과 취지에 있어서 민족주의입장이 명확하였는바 반일과 민족독립과 반일구국의식의 선양을 주요한 취지로 삼았다. 하여 그 시기 일본인에 의해 쓰인 만주교육사에서는 '간도, 동변도 교육의 제일보는 배일적민족주의'이고 '간도의 교육과 민족주의운동은 혼합되어있는 바 학교는 바로 그 책원지'[15]이었다고 한다.

둘째 유형의 학교들은 천주교, 기독교 등 종교단체들에서 설립되었지만 일제와는 어느 정도 거리를 두고 있었고 교원들 중에도 적지 않은 민족주의자들이 포함되어있어 일정한 정도에서 반일민족주의를 선양하는 효과도 있었다. 일례로 캐나다장로회가 용정에 진출하여 명신녀학, 은진중학 등 학교를 설립하였는데 이들 학교들은 모두 중국조선인사회의 명문학교들이었다.

---

15) 田道弥, 満洲教育史, 文教社, 1935, 416쪽.

셋째 유형의 학교들은 일제의 어용교육기구의 작용에 충실하였고 노화교육奴化敎育을 실시하였다.

하지만 상술한 학교들은 모두 근대식교육을 표방하고 근대화된 교과목과 교육제도를 선택하였다. 따라서 이들 학교의 교과목에는 거의 '창가'라는 음악 학과목이 포함되어있었다. 1917년에 홍경헌(지금의 요녕성 신빈현) 일대의 조선인학교에서 발행하여 사용된 ≪소학교준칙≫을 보면 "성경, 수신, 국어, 산수, 한문, 동국역사, 지리, 이과, 도화, 습자, 창가, 체조"16) 등을 과정 안으로 배정하고 있다. 다시 말하면 세 가지 부류의 학교는 모두 "근대식 교육"이라는 형식을 취하고 있지만, 구체적인 교육이념에 있어서 배치되는 것이다. 특히 첫째 유형과 둘째 유형의 경우에 더욱 그러하다. 그럼 이런 입장 차이는 음악교육에서 어떻게 체현體現되는것일까?

'민족중흥'과 반일을 교육이념으로 하는 학교들에 있어서 창가교육은 주요하게 민족의식의 교양과 강화를 위한 교육적 수단으로 적극 활용되었는데, 이러한 창가는 당시 조선에서 반일교육자들이 가져와 학교에서 보급된 것이다. 창가는 계몽적이고 민족적이면서도 평이한 가사와 간결하고 선동적인 선율을 가지고 있어 보급이 용이한 장점을 가지고 있을 뿐만 아니라 학교를 떠나 일반대중들에게도 널리 보급되고 전파될 수 있었다.

1914년 연길현 소영자에 설립된 광성중학교에서 등사본으로 발행한 창가교과서에는 152편의 창가작품이 악보와 함께 수록되어있다.17) 이밖에 명동학교에서 사용했던 창가교재인 ≪신창가집(新唱歌集)≫은 대부분 나라의 광복과 반일독립애국을 노래한 가요로서 <광복가>, <조선독립가>, <복수설치가>, <대한혼곡>, <열혈가>등 20여곡이 수록되어

---

16) 동상서, 51쪽.
17) 해외한국독립운동사료(ⅩⅥ) 일본편 ④, 최신창가집(1914년 연길현광성중학교용), 국가보훈처, 1996, 21쪽.

동북지역의 조선인학교에 널리 전파되었다. 일제는 이를 막기 위하여 1913년 10월 일제에 의하여 금서로 지정하였다.[18]

　천주교, 기독교 등 종교단체들에서 설립하고 운영했던 학교들 역시 음악을 학과목에 포함시켰다. 동시에 교회의 선교목적으로 음악교육과 함께 해마다 성탄절음악회를 정기적으로 개최하는 동시에 대중들을 향한 비정기적인 음악회를 조직하였는바 공연프로그램에는 교회음악뿐이 아니라 다양한 서양음악작품들이 포함되어있다. 용정의 독일천주교회에서 운영하던 해성학교에서는 1936년 독일의 음악인들을 초청하여 "위안납량음악회"를 개최하였다. 이러한 종교단체의 음악교육과 음악활동은 조선인사회에 서양음악을 소개하는 중요한 경로가 되었고 조선인들의 근대음악계몽에 큰 역할을 함으로써 조선족가요의 발생과 발전에도 직접적인 영향을 주었다고 할 수 있다.

　일본계열의 학교들은 비록 황민화교육을 실시했지만 일본이 동양에서는 가장 일찍 서양음악을 수용한 나라인 만큼 일본화의 과정을 거친 서양음악을 음악교육에 적용하였기에 간접적으로 서양음악을 전파하는 작용을 하였다. 이는 비단 조선민족에게만 국한된 문제가 아니라 중국 전체 적지 않는 지성인에게 양향을 미친 문제이기도 하다. 음악과 근대의식의 결합양식에 대한 지정학적 탐사였던 셈이다.

　　량계초는 "중국인에게는 상무정신이 없는데, 그 원인은 매우 많지만 음악이 발전하지 않은 것이 그 중 하나"라고 말한다. … 그가 바꾸고자 한것은 민족성이었고 다시 이를 바탕으로 애국주의를 고취하고자 했던 것이다. … (일본의) 중국유학생들이 발기하여 1902년에 "음악강습회音乐讲习会"를 창립하고, 1904년 "아아음악회亚雅音乐会"를, 1905년

18) 杨昭全, 中国境内韩国反日独立运动史 第一卷(1910~1945), 吉林人民出版社, 1996, 40쪽.

에는 "국민음악회国民音乐会" 등을 조직하여 다양한 형식의 음악활동을 전개하였다. 아아음악회의 경우를 예로 들면 "학교, 사회 음악을 발달시켜 국민정신을 고취" 하는 것을 목적으로 삼았다.[19]

　말하자면 음악(교육)은 '부국강병'의 정신과 연동되는 상무정신과 밀접한 연관을 맺을 뿐만 아니라 한 민족의 정신을 바로 알고 그 민족을 바른 길로 걷게끔 이끄는 근대적인 소리교육이었던 것이다. 계몽과 민족의 진흥과 음악교육은 불가분 한 것이었다.(위에서 언급했던 <광복가>, <조선독립가>, <복수설치가>, <대한혼곡>, <열혈가>가 그 좋은 경우일 것이다). 바꾸어 말하면, 전통적인 "악乐－화和－례礼 등의 의미 계열체와 다른 지평선에 자리하는 것이다. 례악전통礼乐传统문화[20]에 대하여서 리택후 등 학자들이 상세하게 논하였으므로, 편폭의 제한으로 근대음악과 전통음악의 공능차이에 대한 비교는 여기서 지나가기에 앞서 류협刘勰의 『문심조룡 / 文心雕龙』[21]에서 음악에 대한 논의를 잠간 살펴보도록 하자.

　　음악이란 인간성정에 근거하여 지은 것이어서 그 영향은 바로 인간의 골수에 스며든다. 그러므로 고대제왕은 음악을 제작함에 있어서 매우 조심성과 심중성을 기하였으며 … 귀족 자제의 교육에는 아이들이 구덕九德의 노래를 부를 줄 알아야 한다는 요구조건이 들어있다. 그렇게 함으로써 그들은 하늘과 땅을 감동시킬 수 있었고 … 방방곡곡의 교화教化에 영향을 미칠 수 있었다. 아름답고 올바른 음악이 쇠퇴한 이후로 …

---

19) 문정진외 7인, 필요한 인간을 만드는 소리-음악교육, 『중국근대의 풍경』 그린비, 2008, 295쪽.
20) 李泽厚, 华夏美学 · 美学四讲, 三联出版 2010年版, (第一章,第二节 "乐从和" 부분을 참조)
21) 류협(刘勰), 김관웅, 김정은 한역, 『문심조룡/文心雕龙』 外国教学与研究出版社 · 延边人民出版社, 2007, 77쪽.

즉 음악에서 중요한 기능職能이란 교화敎化이고 또한 음악의 공능功能이 란 하늘과 땅과 인간을 하나로 든든히 잇고 맺는 것이었다. 물론 여기에 서의 하늘(과 땅)은 고대제왕의 뜻과 하나로 이어지는 하늘일 것이다. 그리고 무릇 아름다운 9가지 덕九德이란 "忠、信、敬、剛、柔、和、固、貞、順" 등등 따위를 일컫는 것이라면, 이러한 '충', '신', '경', '강', '유', '화', '고', '정', '순'은 구체적인 사회정치적 맥락에서의 개념이고 의미의 계열체라 면, 여기에서 "대중을 계몽하는 의미"로서의 근대적 음악개념과는 다른 의미로 읽어야 함은 당연한 것이다. 물론 대중을 계몽하는 것도 또 다른 교화일터이지만, 이는 논외로 하자.

모두어 말하면 조선인학교의 근대교육으로 하여 학교뿐만 아니라 근 대음악이 대중들에게 보급 되었고 아울러 조선족사회에서의 군가의 보급 과 항일가요의 보급에 가창기초를 닦아주었다. 즉 한편으로는 서양음악 을 흡수함으로써 기교적이고 형식적인 면에서 나름대로의 혁신을 가져왔 으나 그것의 목적과 내용은 구망救亡이었다. 말하자면 구망을 위한 계몽 이, 인간자체의 계몽을 위한 계몽보다 더 앞설 수밖에 없었던 것이다.[22] 아울러 이러한 "구망"과 "계몽"의 변증관계는 아래에서 살펴볼 조선인군 사학교의 군가 보급에서 더 집약적으로 드러날 수밖에 없다.

■ 조선인군사학교의 설립과 군가의 보급

이상의 일반학교들과는 달리 특별한 취지 즉 민족독립에 필요한 군사 인재의 양성을 목적으로 한 조선인 군사학교의 설립은 군가가 조선인사 회에 전파되고 조선족가요의 형성과 발전에 큰 영향력을 발휘하게 되는 계기가 되었다.

---

22) 李泽厚, 中国现代思想史论, <启蒙和救亡的双重变奏>, 三联书店 2008, 1~46쪽 참조.

1905년 '을사보호조약'으로 조선에 대한 병탄을 본격적으로 시작한 일제는 1909년 이른바 '남한대토벌'이라는 대규모 소탕작전을 진행하여 조선의 식민지화에 가장 큰 저애라고 생각되었던 조선 내 의병투쟁에 대한 잔혹한 탄압을 시작한다. 이 작전으로 조선 내에서 활동하던 의병부대는 거의 훼멸적인 타격을 입게 된다. '한일합방'후 일제는 잔혹한 무력진압체계와 감시체계를 세워 조선내의 일체 반일운동을 최대한 압제하려고 하였다. … 이러한 역사적 사실들은 우리의 구망의 원인을 집약적으로 말해주기에 족하다.

조선 내에서의 항일운동과 무장투쟁은 더 이상 전개하기 어려웠고 일제의 영향력이 상대적으로 약했던 중국의 동북지역과 러시아의 연해주지역으로 전이하게 된다. 특히 1910년대까지는 중국의 동북지역에 대한 일제의 간섭이 매우 제한적이었기에 무장투쟁을 항일운동의 주요수단으로 인식했던 반일지사들과 의병출신인사들이 중국의 동북지역을 새로운 활동공간으로 선택하였다. 게다가 중국의 동북지역은 바야흐로 조선이민들의 새로운 생활공간으로 형성되어가고 있었기에 반일무장투쟁을 전개 할 수 있는 사회적, 물질적기반도 형성되어가고 있었다. 말하자면 구망의 사회적 토양층이 두꺼웠다는 이야기인 셈이다.

아울러 자연발생적인 무장투쟁인 의병운동의 실패를 경험한 조선의 독립 운동가들은 진정한 무장투쟁을 진행하려면 반드시 근대적이고 체계적인 군사지식을 갖춘 반일군대의 필요성을 절감하게 되였고 중국의 동북지역에 군사학교를 설립하여 독립군을 양성하고 독립군기지의 건설하는 전략을 세워 추진하였다. 이러한 운동은 1910년대에 고조를 일으켜 1912년에 신흥무관학교(신민회의 주관으로 설립), 1914년에 왕청 태평구 무관학교(독립운동가 리동휘가 교장을 맡고 왕청현 라자구 태평구에 설립), 1920년에 왕청현 십리평 사관양성소(북로군정서 김좌진장군이 교장) 등이 설립되었다.

그중 대표적인 군사학교가 신흥무관학교이다. 이 학교는 4년제 학제로 운영되었는바 반일구국, 민족독립의식을 고양하는 취지하에 학생들에게 군사지식, 문화지식을 전수하였다. 1911년 제1회 졸업생에서부터 1920년 8월 폐교될 때까지 신흥무관학교는 3천5백 명의 졸업생을 배출하여 많은 반일무장투쟁의 골간들을 양성하였다.[23]

그 후에도 김원봉이 교장을 담임했던 강소성 강릉현에 세워진 조선혁명간부학교, 1942년 김두봉이 교장을 담임하고 팔로군과 합작하여 세워진 태항산의 화북 조선혁명군정간부학교 등 군사학교들이 육속陸續 세워졌다.

전시에 군가는 매우 중요하고 효과적인 정신적 무기가 되었다. 당시 중국의 동북지역에서 전개되었던 조선인의 반일무장투쟁은 성세호대하게 전개되었지만 그 물질적 기반이나 제반 조건들이 극도로 열악하였다. 이러한 상황에서 반일무장투쟁을 보다 효과적으로 전개하기 위하여서는 많은 사람들의 참여를 이끌어 내야했고 강력한 정신력에 의존하지 않으면 안 되었다. 군사학교의 학생 혹은 반일부대의 병사들은 반일구국의 일념으로 고향을 등지고 황막한 중국의 동북지역으로 찾아와 험악한 환경과 조건을 이겨내기 위해서는 사기와 정신력이 무엇보다 중요했던 것이었다. … 미루어 보건대 반복적인 훈련과 함께 많은 군사학교학생들과 반일부대의 병사들은 마음과 마음을 하나로 잇는 음악의 힘과 매력을 절감했을 것이다. 이를테면 극한 상황 속에서 그것은 부르면 부를수록 하나의 결집을 이끌어내는 마술적인 소리이고 마법적인 주문이었을 것이다. 애국심을 고취시키고 국민성을 일깨우고 몸을 계율화 하는 것이 근대음악으로서의 조선인군사학교에서의 교가의 공능이었고 조선인 항일투쟁무장세력에서의 필수불가결한 소리였을 것이다. 이것이 또한 근대국가를 한발 앞서 건설한 제국일본이 상무교육에 있어서 주목하고자 한 음악의 특수 기능

---

23) 독립운동사 제5권. 182쪽.

이었다면, 우리가 주목하야 할 것은 음악교육의 근대적인 전환 그 자체여야 할 것이다.

　　국민의 애국심을 고취하고 병사들의 사기를 진작시키는 기능 외에 음악은 또 다른 기능을 발휘한다. … 상무정신의 연장선상에서 음악은 신체를 규율하기 위하여 사용될 수 있다. 그러니까 음악은 국민들을 동원하고 제어하는데도 효과적인 수단이 된다. 바로 군악, 군악대의 기제가 음악교육에 자리 잡았다. [24]

더 말할 것도 없이, 조선인 군사학교에서 불렸던 군가는 민족적 자긍심과 자주, 자강의식을 강조하며 반일독립이라는 조선인의 시대적, 보편적 염원을 대변하고 있기에 군사학교학생과 반일부대뿐만이 아니라 이들의 기반으로 되고 있는 조선인사회와 정서적공감대를 형성할 수 있어 사회의 각계각층에 널리 전파될 수 있었다. 대표적인 군가는 <신흥무관학교 교가>[25]를 들 수 있다.

이 시기의 군가는 모두 서양음악을 바탕으로 하여 만들어졌다. 특히 일본에서 먼저 받아들여 일본식으로 재구성한 서양음악의 선율들을 바탕으로 만들어진 노래들이 많다. 그 이유라면 우선, 조선인들이 직접 작곡한 노래가 많지 않았고 다음으로, 근대화의 시작과 함께 일본노래가 조선에 이미 많이 유입되어 조선인들에게 익숙해졌으며 셋째는, 일부 경우 그 노

---

24) 문정진외 7인, 필요한 인간을 만드는 소리−음악교육, 『중국근대의 풍경』, 그린비, 2008, 287~288쪽 참조
25) 원의상, 신흥무관학교, 독립운동사자료 · 제10집 · 제1호, 독립운동사편찬위원회, 1975, 240쪽.
　　1912년 7월 이회영 형제와 이상룡, 김동삼 등이 세운 신흥강습소가 길림성 류하현 합니하에서 신흥무관 학교로 발전하여 3,500여명의 독립군 간부들을 길러낸 학교의 교가이다. 신흥학교 생도들은 그 시절 민족독립의 맹세를 거듭하면서 교가를 우렁차게 불렀을 뿐만 아니라 집식구나 가족들에게 학교에서 배운 노래를 가르쳤다고 한다.

래가 일본노래인지 모르고 수용했을 수도 있다. 한마디로 조선 문화의 근대화과정에 일본의 영향은 절대적이었는바 군가 역시 그 영향에서 빗겨가지 못했다고 할 수 있다.

그렇다. 우리는 일본의 것을 배워서 일본과 대항하여 싸워야 하는 모순과 역설을 내포할 수밖에 없었을 것이다. 말하자면 서구의 것을 배워 서구와 싸워야 했던 일본의 역설과 아이러니는 우리는 다시 반복해야 했던 것이다. 광의적인 의미에서 이것이 우리가 초극해야 할 근대였고 모더니티였던 것이다.

> 일본의 근대화 프로젝트가 보여주는 것처럼 내면화된 오리엔탈리즘(동방화 된 서구의 동방주의)은 아세아를 벗어나서 서구에 들어서는 것만이 유일한 길임을 제시한다. …말하자면 뒤집어진 옷처럼 내면화된 시선은 자기 모순적이고 이율배반적인 것이다. …26)

주지하다시피, 군가는 군인음악으로서 군인들의 정서적 표현을 목적으로 하고 있기에 보다 격정적이고 역동적이었다. 그리고 구령소리에 맞추어 힘차게 나아가는 군인들의 행동적인 운율을 탐구하여 전진의 기상과 행진곡에 맞는 음악적 박자를 효과적으로 창조하였다. 따라서 군가는 중국조선족가요의 형성발전에 새로운 요소와 음악적 특징들을 부여할 수 있었다.

말하자면 몸과 행동을 계열화하고 그 행동하는 몸에 맞추어서 음악리듬을 탐색해야 했듯이 역으로 음악리듬에 몸을 복종시키는 것이 전진의 기상에도 알맞았던 것이다. 넓은 의미에서 보자면 훈련이란 반복이다. 그리고 훈련의 근간에 자리하는 것은 규율이다. 그 규율에 맞춘 반복적인 훈련은 "오합지졸"을 하나의 강성한부대로 거듭나게 할 수 있고, 그러한

---

26) 리영일, 뒤집혀진 몸, 주체화의 두 얼굴『애브젝트의 미학』,연변대학출판사, 2014, 217~218쪽.

군대만이 간결성과 명확성을 근저로 한 하나의 명령체계에 절대적으로 복종할 수 있었을 것이다. 그것은 "상무정신으로 철저히 무장한" 제국일본을 물리칠 수 있는 선결조건이자 근본과제겠다.

> 훈련은 신체에 반복적이면서 동시에 상이하고 또한 점증적인 임무를 부과하는 기술이다. 규율은 단지 개인의 신체를 배분하고 그것으로부터 시간을 축출하여 축적하는 기술에 머무는 것이 아니라 여러 가지 힘을 조합하여 효율적인 장치를 만들어내는 기술이다. 훈련을 받게 된 개인의 모든 활동은 간결성과 명확성에서 효력이 있는 여러 가지 명령체계에 의해 구분되고 지속되어야 한다.[27]

이러한 의미에서 보자면 음악을 통한 극기 훈련, 음악을 통한 항일정신의 승화, 음악을 통한 근대식 군인대오의 훈육과 창설 등등의 역사적 의의는 심원하다고 할 수 있겠다. 바꾸어 말하면 구망이 계몽을 압도한 것이다.

■ 중등전문학교의 건립과 음악교사의 양성

초기의 조선인학교들은 당시의 물력, 인력 여건의 제한으로 거의 모두가 중소학교육의 단계에 해당하는 교육만 가능했다. 즉 문맹퇴치 등 계몽적인 교육은 가능했지만 보다 전문적인 분야별 인재의 양성은 불가능했다. 동시에 초등교육의 보급에 따라 교사의 수요가 급증하게 된다. 당시의 지역당국 역시 이러한 필요성을 인지하여 조선인교사의 양성을 추진하게 되였다.

1915년 4월, 연길도립소학교 교원강습소가 개설되어 고등소학교 졸업자들을 모집하여 1년간 전문적인 교사교육을 실시하였다. 그해 11월, 길림성교육청에서는 이 교원강습소를 연길사범강습소로 개편하였고 1917년 8월에는 다시 4년제 도립사범학교로 승격시켰다.

---

27) 미셸 푸코, 오생근 옮김, 감시와 처벌, 나남출판, 2005, 254, 258, 261쪽 참조.

도립사범학교에는 조선인학생들로 구성된 '간민교원강습과'가 따로 설치, 운영되었다. 1920년 7월 도립사범학교는 도립 제2중학교와 합병하여 길림성립 제4사범학교로 개편하였다. 조선인소학교 교사를 양성하기 위하여 길림성립 제4사범학교에서는 해마다 100명의 조선인학생을 모집했다.

'만주국'이 건립된 후 길림성립 제4사범학교는 국자가사범학교로 개칭되었고 1938년에는 또 간도성립연길사도학교로 개칭되었다. 광복 후 이 학교는 연길공립사범학교(1946년)로 재건되었고 1948년3월 연변사범학교로 개편된다.

중국조선인사회의 가장 완전한 학제를 가진 사범학교로서 이 학교는 조선인초등교사의 양성에 주도적인 역할을 하였다. 1936년의 과정 안을 보면 수학修学, 경학 经学, 교육教育, 만어满语, 한어汉语, 일어日语, 영어英语, 역사历史, 지리地理, 수학数学, 물리物理, 화학化学, 식물植物, 체육体育, 음악音乐, 도화图画, 실습实习 등이 설치되었고 2년제 특수과는 전문 조선인학생들로 구성되어 있었다.[28]

이 학교는 전문적인 음악교사양성학교는 아니지만 음악이 교과목에 포함되어있어 기초적인 음악인재를 다수 양성하여 중국내 조선인사회의 근대음악의 보급에 지극히 중대한 역할을 하였다고 할 수 있다. 조선의용군 제3지대 선전대의 음악지도로 있었던 작곡가 박의환은 간도사도학교의 졸업생으로서 <혁명항선> 등 가요를 작곡하였다.

또한 당시 유능한 조선인음악인들이 이 학교에서 교편을 잡고 있었는데 음악 교육가이고 성악가인 문하연文河淵, 작곡가 윤용하尹龍河 등이 대표적이다. 문하연은 일본의 동경음악원을 졸업하고 1935년에 용정에 와서 대성중학교 음악교원으로 활동하다가 이 학교의 음악교원으로 있었고 윤용하는 장춘의 신경음악원에서 활동하다가 이 학교에 와서 교편을 잡았다.

---

28) 허청선 등, 중국조선족교육사, 연변교육출판사, 2009, 553쪽.

이밖에 일제강점기 '만주국'의 유일한 종합적인 음악 관련기관으로서 신경음악원이 1939년에 설립되었는데 부속 기관으로서 교향악단과 취주악단 그리고 신경음악원악원양성소新京音乐院乐员养成所를 설치하였다. 신경음악원은 철저하게 일제의 침략정책에 의하여 만들어졌고 또 그것을 위하여 봉사하는 친일기관이었다. 하지만 여기에는 적지 않은 조선인들이 포함되어 있었는바 김동진, 리재옥, 윤용하 등이 대표적이다. 이들은 신경음악원에서 활동하면서 '만주국'의 조선음악인들을 모아 '재만 조선인 연합 합창단'을 설립하여 활동을 전개하였다. 이들은 일본인들을 위한 음악활동을 주로 전개하였지만 객관적으로 평가하면 중국내 조선인사회의 음악수준이 높지 못하던 시기 중국내 조선인사회의 서양음악의 보급과 수준향상에 일정한 영향을 주었다고 평가할 수 있다. 즉 예술로서의 음악의 순수성과 음악이 구유한 사회정치성(친일성향)을 갈라보아야 하는 시선이 요청되는 대목인 것이다. 그리고 당시 조선민족의 역사적 지평이 수요 하는 것은 음악의 예술성보다 음악으로 불러들인 전투적인 정신의 고양이었음을 더 말할 것이 없다.

■ 조선악단의 중국진출과 대중음악의 보급

중국내 조선인사회의 발전에 따라 조선인들이 음악에 대한 대중적수요도 증가하게 된다. 하지만 대다수가 이주농민들로 구성된 조선인사회는 이러한 음악적 수요를 만족시킬 수 있는 인적, 물적 기반과 능력을 갖추지 못하였다. 따라서 1920년대에 들어서면서 조선의 많은 악단들이 중국의 동북지역에 진출하여 순회공연을 펼치게 된다. 아울러《간도신보间島新报》[29)]의 음악관련 기사를 보면 조선악단들의 연변지역에서의 순회

---

29) 1920년대부터 30년대에 연변지역에서 발행되었던 일본어 신문임.

공연과 관련된 기사가 적지 않음을 두루 확인할 수 있다. 1936년 3월 23일 자 ≪간도신보≫의 기사내용을 보면 당시 서울에서 무척 인기가 있었고 영향력을 발휘했던 OK레코드사가 연변지역에서 벌였던 순회공연에 대하여 아래와 같이 평하였다.

> 경성 OK레코드사의 전속악단의 지방 순회단 일행이 20일 용정에 도착하였다. 그날 저녁 7시경 용정의 성서극장에서 성대한 공연이 있었는데 두 도구와 이도, 삼도의 사람들도 구경을 와 장내는 만원을 이루었고 장외에도 700~800명의 사람들이 있었다. 그중 많은 사람들은 입장권을 가진 사람들이었다. 하여 다음날 오전 9시경에 추가로 공연을 하였는데 역시 만원을 이루었다.[30]

이를테면 대중문화시대에로의 진입을 알리는 사태이고 대목이기도 한 것이다. 아울러 당시 문화 활동이 빈약했던 중국내 조선인사회에 있어서 조선악단들의 공연은 비상한 관심을 끌었고 이들이 공연했던 음악은 곧바로 유행음악이 될 수밖에 없었다. 즉 역사 속에서 침전되면서 구전되어온 전통 민요와 대별되게 갑자기 화자 되는 '모두'의 음악인 것이다. 그리고 이런 "대세"에 맞추어서 대중의 욕망을 자극하는 프로그램도 고안되었다. OK레코드사와 빅타 레코드사는 연변지역에 와서 가수선발콩쿠르를 진행하였던 것이다. 1935년 10월 27일의 관련기사는 아래와 같이 적고 있다.

> '일찍 용정의 금융 부서에서 다년간 사서로 일해 왔고 수개월 전 로두구의 금융부서로 전근한 류종섭 군이 빅타 레코드사에서 진행한 가수선발콩쿠르를 통과하여 전속가수로 선발되었다. 회령의 상업원 출신인 그는 성악에 대하여 짙은 흥취를 가지고 있어 동료들은 그를 가장 전도유망한 테너라고 인정했다.'[31]

---

30) 1936년 3월 23일자 <간도신보> 관련기사.
31) 1935년 10월 27일자 <간도신보> 관련기사.

대중적인 감성을 먹고사는 대중문화답게 조선악단의 공연프로그램은 당시 조선에서 유행되던 대중가요들이 주를 이루었다. 당연히 그것과 부침되는 것은 대중문화가 주목하는(그 목적이기도 한) 상품성이고 시장성이다. 즉 당시의 음악공연기사 외에 신문광고들을 보면 일본의 레코드음반을 소개하고 홍보하는 광고가 많이 실려 있지만 당시 조선이민들의 경제적 여건을 고려하면 조선인들에 대한 영향력은 극히 제한적이라고 사료된다. 하지만 라디오 방송은 모든 사람들이 상대적으로 저렴하게 접할 수 있어 보급성이 훨씬 강했을 것이라고 판단하여도 큰 하자는 없을 것이다.

조선악단의 순회공연과 함께 중국내 조선인사회의 대중음악보급에 큰 영향을 준 요소는 라디오 방송이다. 연변지역의 라디오방송은 1937년에 시작되었는데 일본인이 경영하는 방송이 있었고 1938년 일제가 '만주국'에서의 대 조선인선전을 위하여 설립한 "연길방송국"이 개국하여 한동안 조선어, 일본어, 중국어로 방송을 하였다.[32]

라디오가 지금의 인터넷이고 TV였던 시절이니 라디오가 제국일본의 이데올로기를 전파하고 헤게모니霸权를 행사하는 주요한 장치이고 루트渠道였던 것이다. 즉 이들 방송프로그램과 관련된 사료들을 대체적으로 살펴보면, 대저 일제의 침략정책을 미화하고 선전하는 내용이 주를 이루었다. 나치독일이 전쟁이데올로기 확장과 심화에 라디오를 적극 활용한 역사를 떠올리게 하는 대목이다. 시공간의 제약을 떠나서 동일한 소리를 동시적으로 체험할 수 있다는 것, 그것은 인류역사에 있어서 기적적인 사건인 것만큼이나, '나쁜 정치'에 악용될 소지를 다분히 안고 있는 것이다.

그 외 음악관련 (일반)프로그램을 보면 조선민요, 일본민요, 대중가요, 서양음악, 관현악, 교향곡 등도 포함되어 있었다. 라디오에서 방송된 음

---

32) 崔相哲, 中国朝鲜族新闻出版研究. 香港亚洲出版社, 2007, 40쪽.

악프로그램들에도 적지 않은 일본대중가요들이 포함되어 있었다. 미시정치적 차원으로 말하면 일본적 감수성이 식민지인민의 감성구조에 깊숙이 파고드는 역할을 수행했다 해도 할 수 있겠다. 부조리한 식민지현실 속에서 조선음악과 일본음악과 서양음악이 오버랩重叠摄影되면서 어색한 '세계화'의 한 양상을 연출해보였던 것이다.

그럼에도 불구하고 악단의 순회공연과 라디오방송은 중국내 조선인사회에 대중가요를 보급하는데 적지 않은 역할을 하였고 또한 중국조선족가요의 형성과 발전에 대중가요적인 요소를 제공할 수 있었음이 또한 역사적 사실이겠다.

■ 민족주의계열의 음악활동과 독립가요의 보급

민족주의자가 "민족"을 지상과제로 한다면 공산주의자는 공산주의사회건설을 그 분투목표로 하는 것만큼, 두 계열의 가요보급에 있어서 나름대로의 세미하고 분명한 차이를 보여준다. 그럼 아래에 민족주의 계열의 음악활동과 공산주의계열의 음악활동을 나누어서 살펴보도록 하겠다. 물론 제국주의를 몰아내는 것이 민족주의자들의 역사적 중임이었듯이 공산주의사회건설을 위하여 제국주의를 몰아내고자 한 공산주의계열의 이념구조와 일치하는 부분이 적지 않기에 양자의 관계는 붙어 설 수밖에 없겠다.

1910년 한일합방과 1919년 조선의 3·1반일독립운동이 폭발한 후 조선의 많은 항일지사들이 중국동북지역과 관내에 들어와 적극적으로 반일집회와 반일독립운동단체를 조직하여 발일무장투쟁을 벌렸다. 이러한 반일독립투쟁 속에서 항일을 주제로 하는 노래들이 독립군진영과 사회에 불렸고 점차 보급되었다.

1910년 홍범도는 의병부대를 거느리고 중국동북에 건너와 장백, 무송현에서 원 의병을 위주로 포병 단을 건립하여 반일투쟁을 벌렸다. 1919년

홍범도는 포병 단을 기초로 하여 대한독립군을 건립하고 본부를 연길현 명월구에 설치하였다.[33]

이 시기 왜군과 혈전하다가 순국한 독립군 추모의 노래로서 광복군에서 많이 불린 <독립군추도가>, 항일영웅들의 의기를 모범으로 삼아 적개심을 고취하는 노래 <영웅의 모범> 등이 의병 및 독립군 진영에서 불려졌다. 1920년대 봉오동 청산리 전쟁이후 독립군에 대한 왜군의 대공세에 고난을 당하던 당시 <고난의 노래>가 독립군에 불리어졌고 <자유가>, <작별의 노래>, <송별곡>은 연변과 동북각지역의 조선족사회에 널리 불려졌다.[34]

그리고 1920년대 김좌진 장군이 지휘하는 동북의 유력한 항일독립군단 북로군정서[35]는 여행단 단장 리범석의 인솔 하에 근거지를 이동하면서 왕청현 춘명향 서대파구에서 왕청따칸즈(大坎子)[36]로 이동도중 이동경로가 일제에게 탐지되어 주둔지를 화룡현 삼도구 청산리[37]에 옮겼다. 이 지역은 일찍이 라철 등이 대종교 총본사를 건립하고 단군교를 전파한 곳으로, 다수의 대종교 신자들이 거주하고 있었음으로 근거지를 개척함에 있어서 대중적기반이 있었기 때문이다. 이 시기 청산리전투를 전후하

---

33) 楊昭全, 中国境内韓国反日独立运动史·第一卷(1910~1945), 吉林人民出版社, 1996, 189쪽.
34) 독립군가곡집 광복의 메아리, 독립군가보존회, 1991, 51~89쪽.
35) 북로군정서는 중광단·대한정의단 등이 발전적으로 해체하면서 조직되었다. 대한정의단의 대종교인들은 1919년 8월 이후 만주지역의 독립운동단체들이 무장투쟁을 본격화하자, 군사경험이 풍부한 인물들의 필요성을 절감하였다. 이에 따라 총사령관으로 김좌진을 영입하고, 그를 통해 신흥무관학교의 이범석·李章寧·朴寧熙·姜華麟·백종열 등을 교관으로 임명한 것이다. 이들의 합세는 북로군정서 조직을 한층 강화시키는 계기가 되었다.(한국민족운동사료 3·1운동편 1, 국회도서관, 1975, 724쪽 참조)
36) 北墾島에 在한 我獨立軍의 戰鬪報告, 독립신문, 1920. 12. 25.
37) 三一節의 産物인 北路我軍實戰記(1), 독립신문, 1921. 3. 1.
   박영석, 日帝下 獨立運動史硏究, 일조각, 1984. 157~158쪽.

여 북로군정서 전사들의 사기를 북돋아 주고 결사적 투쟁을 다짐한 <기전선가>(리범석 작사), <승리 행진곡>(김좌진 작사), <망향곡>(리범석 작사)[38] 등 노래는 독립군에서 뿐만 아니라 왕청, 화룡등지에도 널리 불리어졌다.

또한1920년대 임정산하 서로군정서는 류하, 해룡, 홍경, 림강, 집안, 환인 등 지역에서 독립운동을 활발히 진행하였다. 그때 당시 <순국용사 추모가>, <독립군은 거름> 등 노래가 보급되어 불려졌다. 1930년대 양세봉장군 지휘하의 독립군이 엄동설한에서 왜군과 싸우다가 퇴각할 때에 부상한 전우를 구하지 못하여 종내는 전사한 동지의 영령을 추모하는 노래 <전우 추모가>(김학규 작사-광복군 제3지대장) 등도 불려졌다.

1938년 10월 국민당의지지 하에 무한에서 창건된 조선의용대는 계림에 총부를 옮겼다가 낙양, 중경 등지에서 항일투쟁을 견지하였다. 조선의용대(총대장 김원봉)는 주로 항일선전사업을 맡았는데 노래, 연극, 삐라 등 여러 가지 형식으로 국민당구역에서 선전활동을 벌렸고[39] <최후의 결전>(외국 곡, 윤세주 작사), <중국의 광활한 대지우에서>(리정호 작사 작곡), <혁명가>(리정호 작사, 작곡)등 전투적인 항일가요를 창작하여 불렀다. 이런 노래는 해방 후에도 중국의 조선족들 속에 깊이 뿌리를 박았고 중국조선민족항일가요의 대표작으로 취급되고 있다.

1940년 한국광복군이 창설되면서 총사령관 리청천, 참모장에 리범석이었다. 1942년 한국광복군의 격려의 훈시로 되였던 리범석이 작사하고 한유한이 작곡한 <국기가>는 매일아침 합창으로 불렸고 또 격전지였던 태항산에까지 울려 퍼졌다. 당시 광복군의 음악활동은 주로 위문, 선무공작, 공연활동을 통해 이루어졌다. 그 지역은 주로 서안西安, 보계宝鸡, 한중汉中, 왕곡王曲, 태곡太谷등 전선이 가까운 후방도시를 중심으로 <아리랑>, <조선의 한 용사>등 가극과 <광복군제2지대가>, <압록강행진

38) 독립군가곡집 광복의 메아리. 독립군가보존회, 1991, 66~79쪽.
39) 김덕균, 예술론문집, 동북조선민족교육출판사, 1995, 49쪽.

곡>, <조국행진곡> 등 군가들이었다. 1943년10월 군가집 1, 2집이 인쇄되어 전 광복군에게 보급되었으며 중국어로 번역되어 항전가곡집으로 출판, 보급되기도 했었다. 또한 항전가극 <아리랑>은 노래가사와 대사가 조선어로 되였으나 중국인들에게 반응이 대단하였고 공연대가 지나간 지역에는 <아리랑> 노래가 유행할 정도였다.[40] 이 시기 유행되었던 광복군 가요들은 항일의식을 고취하고 광복군과 중국 국민당 군 연합전선을 견고하게 하는데 많은 영향을 주었다.

총적으로 민족주의 계열인 독립군, 의용대, 광복군의 음악활동은 조선족 집 거구뿐만 아니라 관내의 주류사회에 독립가, 항일군가, 광복군가 등 가요들을 보급하였으며 중국 가창자들의 환영을 받았고 특히 한유한과 같은 중국에서의 다양한 체험을 한 작곡가들은 그 혁명체험, 문화적 체험, 생활적 체험, 민족적 체험들을 승화시켜 가요창작을 진행함으로써 주류가요계에 진출하여 중국음악의 발전에 영향을 주었다.

■ 공산주의계열의 음악활동과 항일가요의 보급

막스에 의해 제시된, 자본주의는 필연적으로 사멸해간다는 진리는 비단 자본주의 진영에 커다란 균열자국을 냈을 뿐만 아니라 피식민지인민들의 빛과 희망이 되기에 부족함이 없었다. 공산주의로의 희망은 현실의 참혹함에 정비례하여 광대한 인민대중의 대안장치로 작동하기에 부족함이 없는 것이었다. 그것은 전투적인 것만큼 아방가르드先鋒派적이고 전위적인 것만큼 현실 비판적이고 미래 지향적이었다. 우리는 1928년부터 시작하여 1932년까지(자료 1과 자료 3참조) 그리고 더 나아가 1937년 로구교사변(루거우차오 사건)까지의(자료 2참조) 연변지구 공산주의조직의

---

40) 한형석, 나의 인생 나의 보람, 부산일보, 1977, 31회.

발전을 통하여, 그것이 공산주의 계열의 음악활동과 항일가요보급에 나름대로 풍요로운 토양을 제공하였음을 알 수 있다.

자료1) 1928년2월, 중국공산당 만주성위는 용정에 연변지구 제1중 공당지부-동만특별지부(용정촌지부)를 건립하였고 그해 10월에 중공 동만지부를 중공동만구 위원회로 개칭하였다.[41]

자료2) 불완전한 통계에 따르면 9.18사변전까지 동만구 당원수는 630명이고 그중 조선족이 618명이였고, 남만200명 당원중에서 조선 족이 193명이였고, 북만 농촌지구 240명 당원중에서 대부분이 조선 족이라고 한다.[42]

자료3) 중국공산당의 영도아래 연길, 화룡, 왕청,훈춘등 연변각지 에 항일유격대가 창건되었고 이어서 연길현, 팔도구, 왕청, 훈춘, 화룡 등 10여개 항일유격근거지가 건립되었다. 1932년 말까지 동만지구에 6개 구 쏘베트 정부와 20여개 촌 쏘베트 정권부가 건립되었다.[43]

이 시기 유격근거지들에는 반일유격대의 문예선전대와 아동단문예선 전대들의 음악활동이 성황을 이루었다. 음악은 선전이고 음악은 위안이 고 음악은 고무였던 것이다. 음악은 심미성의 문제가 아니라 정치와 하나 가 되였던 것이다. 말하자면 전투에서 승리하였거나 명절날에는 다채로 운 문예종목을 공연하여 항일 전사들과 근거지대중들의 투쟁신심을 높여 주고 최후승리를 쟁취하도록 고무하는 장치로 적극 활용되었던 것이다. 그 가장 대표적인 례로 1934년 여름 20여명의 조선아동으로 조직된 왕청 현 요영구 항일근거지의 문예선전대는 반일동맹군군장인 주보중周保中의 지시에 따라 영안지구의 항일구국 군, 산림대를 위문하고 항일민족통일 전선을 선전하여 당지 대중들의 높은 절찬을 받았다. 음악은 통일전선 구

41) 高永一, 朝鮮族历史年表及教育史料选-近代-1952年, 辽宁民族出版社, 2009, 55쪽.
42) 동북항일련군 제3로군의 주요책임자의 한사람인 冯仲云이 제공한 자료를 참조.
43) 金昌国, 东北抗日游击根据地史研究, 延边人民出版社, 1992, 101쪽.

축에 일조하고 군과 민을 하나로 묶는 끈끈한 끈이었던 것이다. 아울러 유격근거지들에서의 항일가요는 유격대원들과 아동단원들의 일상적인 가창을 통해 널리 보급되었으며 부대와 대중조직들의 혁명적선전선동사업의 중요한 수단의 하나였던 것이다. <유희곡>, <농촌쏘베트>, <의회주권가>, <우리는 삐오넬> 등 노래들이 대중들에게 많이 불렸다. 중국공산당의 선전매체로서의 노래는 시대적 상황에 따른 대중의 요구에도 잘 부합되었던 것이다. 그리고 이것은 유격근거지를 근간으로 끊임없이 타오르는 불씨 같은 것이었다.

　구체적으로 말하면 1932년10월에 리홍광이 반석에서 항일유격대를 건립하였고 이어서 1934년에 양정우, 리홍광의 지휘 하에 금천, 림강, 류하, 통화, 몽강현 일대의 接壤地(지금의 혼강시와 류하현의 접양지)에서 유격근거지와 많은 밀영을 건립하였다. 1935년 조상지의 하동지대를 기초로 하여 동북인민혁명군 제3군이 성립 되었고 1934년에 밀산현에 민중항일군이 창건하여 후에 동북항일연군 제4군으로 발전하였다. 항일연군에서는 조선족문화를 존중하고 사랑하였다. 항일 전사들은 강렬한 전투의 짬짬에도 노래를 불렀을 뿐만 아니라 춤도 추었으며 연예대를 조직하여 공연활동도 벌렸다. <반일가>反日歌, <혁명가>革命歌, <국치기념가>国耻紀念歌, <동북인민혁명군가>東北人民革命軍軍歌, <동북항일련합군가>東北抗日联合軍歌, <반일전가>抗日战歌, <장백산아리랑>阿里郎 등 항일가요가 한어44)로 번역되어 항일 전사들에게 불려 졌고 그 지역의 조선족과 한족 대중들에게도 널리 보급되었다. 민족 간의 경계를 무화시키고 한족과 조선족을 하나로 묶는 매체로서의 음악이고 노래였던 것이다.

　북만지구 항일유격대의 조선인들은 중공만주성위의 영도 하에 학교를 세워 반일민족교육을 하였다. 1932년 최용건이 宝清县小城子에서 군정강

---

44) 东北抗联史实陈列馆, 不朽的旋律-东北抗联史料之歌谣集, 2008.

습소를 세웠고 1935년 봄에 주덕해가 벌리헌 수전촌에 항일 야학교를 세웠다. 학제는 일반적으로 4년인데 많이는 단기와 비정기적학교이고 학비는 없었다고 한다. 학교의 교학과정은 주요하게 조선어문, 조선역사, 조선지리, 정치, 산수, 작문, 한어, 리과, 군사, 체육, 가창 등이었고 조선어로 교수를 하였다. 각 학교마다 간고한 투쟁환경 속에서 문예선전대를 조직하여 과외시간을 이용하여 희곡, 가무 등 여러 가지 방식으로 대중들에게 혁명의 도리와 일제의 침략행위를 폭로하였다.

1938년 무한에서 성립된 <조선의용대>는 1939년 계림에 총부를 옮기고 전국 각지에서 일제와 싸우다가 국민당의 소극적인 항일에 불만을 품고 많은 지휘원과 전사들이 집단적으로 태항산 항일 근거지에 옮겨갔다. 나머지 사람들은 한국광복군에 합병되었다. 1941년1월에 태항산에 이르러 <화북 조선청년연합회>를 세우고 , 1942년 7월에 화북 조선청년연합회를 <조선독립동맹>으로, 조선의용대를 <조선의용군>(무정 총 사령원)으로 개칭하였다. 1944년 4월 조선의용군은 연안에 이르러 계속 화북 조선혁명군사학교를 꾸리고 근거지 대생산 운동에도 적극 참가하였다. 1945년 초에 화북 조선혁명군사학교 구락부를 화북 지대선전대로 개칭하고 진찰기변구에서 군민에게 위문공연과 선전사업을 하여 당지 군민의 열렬한 환영을 받았다.[45] 조선혁명군사학교에서 추석만회를 준비하면서 <호미가>(류동호 작사, 평안도민요)가 창작되어 불렸고 여성대에서 미나리를 캐면서 <미나리타령>(리화림 작사, 민요곡)이 창작되어 불려졌다. <호미가>는 의용군전사들에 의하여 전파되어 지금까지 애창 되고 있다. 그만큼 <호미가> 등 노래가 우리의 삶속에 깊이 들어왔던 것만큼이나 우리와 함께 숨결을 같이 하였던 것이다. 그 외 조선의용군에서는 <어둠을 뚫고>(김학철 작사, 류신 작곡), <의용군추도가>(김

---

45) 金钟国 · 金昌浩 · 金山德, 中国朝鲜族文化活动, 民族出版社, 1993, 408~415쪽.

학철 작사, 류신 작곡), <의용군과 백성>(한족민요에 새 가사를 넣은 것), <조국 향해 나가자>(작사자 미상, 정률성 작곡) 등 노래들이 널리 불려졌다. 아울러 우리는 "어둠", "추도", "군민", "조국" 등 키워드들에서 그때 당시의 갈급했던 상황들과 그들의 전투성과 지향점을 두루 확인할 수 있다.

한 점의 불꽃이 요원의 불길로 타오르듯이 일제가 패망한 1945년 이후 조선족집거지역에서의 음악활동은 상대적으로 보다 전문화, 정규화, 집단화로 나아갔다. 당시 <이스크라 극단>, <길동군구문공단>, <양양극단>, <리홍광지대선전대>, <태양극단>(흑룡강), <무궁화악극단>, <홍경현(신빈현)청년문예대>(요녕성) 등 전문 또는 비전문문예단체들이 세워져 음악창작과 활동을 전개하였는데 이 모든 것이 그 좋은 예증일 것이다. 아울러 조선의용군 1지대 (요녕성), 3지대(흑룡강성), 5지대(연변) 등에도 선전대가 세워져 부대와 조선족사회의 음악활동을 통해 조선족가요창작과 발전에 아주 큰 역할을 하였다. 조선족가요는 투쟁 속에서 정금같이 단련되어 나왔다고 할 수 있는 대목인 것이다.

그럼 보다 구체적으로 살펴보자.

1) 조선의용군1지대 선전대는 1946년1월에 통화에서 창립하여 림강, 무송, 매하구, 심양등지에서 음악창작과 공연활동을 벌렸다. <리홍광지대의 노래>(집체 작사, 정진옥 작곡), <근거지건설의 노래>(주선우 작사, 정진옥 작곡), <지뢰수 조성두용사>[46](왕자인 작사, 정진옥 작곡),

---

46) 김덕균의 <예술론문집>(동북조선민족교육출판사, 1995, 52쪽)은 이 노래작사가 주홍성으로 되였고 중국조선족음악연구회의 <20세기 중국조선족음악문화>(민족출판사, 2005, 103쪽)에서는 왕자인 작사로 되였다.
김병민의 <와룡산 일지>(연변인민출판사, 2013, 140쪽)의 <군인 겸 학자의 기품이 넘치는 철학자—주홍성교수>에서 왕자인 사령원이 초고를 쓰고 주홍성이 윤색한 노래라 한다. 글에서 <주홍성교수의 회억에 의하면 부대의 전사들은 가렬한 전투마당에서도 조성두용사를 생각하면서 리홍광지대 선전대의 작사, 작곡으로 된 이러한 노래까지 불렀다>고 한다.

<공신의 노래>(집체 작사, 유덕수 작곡), <심양건설의 노래>(집체 작사, 정진옥 작곡)등 가요는 의용군전사들과 그 지역의 대중들에게 널리 보급되어 애창되었다.

2) 조선의용군 3지대선전대는 1946년 2월, 흑룡강성 빈현에서 성립하여 음악활동을 통하여 부대와 지방조선족대중들에게 혁명의 자각성을 고취하고 생산을 회복하여 지방정권을 공고히 하며 청년들에게 참전할 것을 호소하는 역할을 하였다. 이 선전대는 할빈, 목란현, 통하현, 방전현, 학강시, 오상, 연수, 해림, 목단강, 밀산, 계서, 수분하, 가목사, 홍개호 등 일대를 순회공연을 하면서 <싸움터로 나가자>(장해심 작사, 백고산 작곡), <우리는 인민의 전사>(장해심 작사, 백고산 작곡), <혁명항전>(장해심 작사, 박의환 작곡)등 가요들이 대중들에게 보급되었다.[47]

3) 조선의용군5지대 선전대는 1946년1월에 조양천에서 주둔하여 용정과 연길등지에서 음악활동을 벌렸다. 1945년 말에 화전에서 조선의용군7지대 선전대가 창립하여 음악공연활동을 활발히 벌려 <무산대중의 봄이 왔네>(작사 미상, 류광준 작곡) 등 가요들이 널리 보급되었다. 화전에서의 대형공연은 모두 당지 한족경극단과 연합으로 대형공연을 진행하여 조선족은 물론 한족들에게도 광범한 영향을 과시하였다. 조선의용군5지대선전대는 1946년 8월에 조선의용군7지대 선전대와 합병하여 길동보완단선전대, 길림군구문공단 제2대대로 개편되었고 1947년에 5·1부대선전대와 합병하여 길림군구 연변분구선전대로 개편되었다가 1948년 3월에 연변전원공서 문공단, 즉 훗날의 연변가무단으로 정착하였다.[48] 연변가무단은 항일이라는 서사 속에서 탄생한 예술단체라고 하기에 손색이 없는 대목인 것이다.

이상에서 보다시피 공산주의 계열의 항일유격대, 항일연군, 조선의용

---

47) 金钟国·金昌浩·金山德, 中国朝鲜族文化活动, 民族出版社, 1993, 85~94쪽.
48) 중국조선족음악연구회, 20세기 중국조선족음악문화. 민족출판사, 2005. 112쪽.

군, 조선의용군1.3.5.7지대 선전대의 항일가요, 의용군가요가 조선민족의 군부대뿐만 아니라 중국인 군부대 군인들에게도 널리 애창되었고 전반 조선족사회에 보급되어 중국 조선족가요발전에 크게 기여하였다는 점에서 그 가치와 의의가 있다.

제3절 해방 전 중국조선족가요의 발전단계와 그 특징

해방 전 중국 조선족가요발전 단계는 3단계로 나눌 수 있다. 즉, 형성기, 발전기, 전환기로 나뉜다. 본 장에서는 이민과 발전, 정착과정을 거치면서 형성된 조선족 가요의 발전단계를 보다 깊이 있게 해명하고 체계화하는데 중점을 두고 논의를 진행할 것이다.

1) 조선족가요의 형성기(1910~1931)

1910년 <한일합방>후 1930년까지 자유이민시기[49]로서 일제의 무단정치로 인해 파산된 농민들이 대량으로 중국에 이민하여 동북변강을 개척하였다. 이외에도 많은 애국지사들이 국권회복을 위해 동북지방을 중심으로 하는 중국 땅에 이주함에 따라 정치이민의 경향이 선명해졌다. 이리하여 조선인 학교와 무관학교들이 창설되었고 민족독립운동이 중국 땅에서 활발하게 전개 되었다.

또한 청 왕조의 '치발역복'이라는 민족동화정책아래 '귀화입적'을 강요당하고 일제의 '황민화'운동으로 일본천황의 '신민'이 되고 '천조대신'을 믿을 것을 강요당하였으며 '창씨개명 령'에 의해 이름마저 일본식으로 고

---

49) 朴昌昱, 中国朝鲜族历史研究, 延边大学出版社, 1995, 54쪽.

쳐야 하는 시기였다. 따라서 나라를 빼앗긴 민족의 울분과 원한, 망국노의 비참한 처지에 대한 통탄, 빼앗긴 조국에 대한 절절한 그리움의 감정, 나라의 독립을 성취하려는 반일애국적인 투쟁정신 등을 반영한 다양한 노래들이 널리 보급 되었다. 참고로 이 부분에 있어서야나기 무네요시[50]가 조선의 미학적 정서를 한의 미학으로 정립한 부분을 떠올리게 한다. 울분, 원한, 분노, 탄식, 회환 등 "부정적 감성"이 우리 노래 안에 깊이 침투해 들어올 수밖에 없는 역사적 상황이었던 것이다. 동시에 비분강개의 시기이기도 했다.

아울러 이 시기 조선족사회의 형성과 함께 민요가 전승, 발전되었고 근대교육기관인 학교설립으로 인하여 조선에서 유입된 근대적 성격을 띤 창가와 교가 등 새로운 양식의 노래가 창작, 보급되었다.

조선족의 이주와 함께 유입된 조선민요는 조선족사회의 형성과 함께 부단히 변형되고 재창조 되었다. 민요가 구전되는 과정에서 민요 형식 자체 안에서 일련의 변화과정을 산생시켰고 또한 반봉건사상의 시대적 요구에 의한 새로운 민요들도 창조되었다. 이는 전통적인 민요에서 조선족가요로 생성되어가는 과정이며 조선족가요창작의 양식적원천이 되었다.

민요의 창조는 주요하게 1910년에서 1920년 사이에 나온 <북간도>, <신아리랑>, <농사타령>, <이팔청춘가>로 볼 수 있다.[51] 이러한 민요는 대중성을 가지고 시대적 변천에 따라 자체발전의 길을 걸어왔다고 볼 수 있다. 특별히 민요는 대중들에 의해 창작되었고 그들의 노동생산과정에서 불렸다는 점에서 조선족가요 창작의 원천이 된다고 할 수 있으며, 이러한 과정을 통해 조선족가요의 싹이 발현하기 시작했다고 볼 수

---

50) 야나기 무네요시(柳宗悅, 1889. 3. 21~1961. 5. 3)는 일본에서 민예운동을 일으킨 사상가, 연구가, 미술평론가이다. 이에 대한 최근의 관련논문은 리영일, 가라타니 고진의 풍경개념으로 읽는 야나기 무네요시의 비애미 (한국기초조형학연구 2014년 12월호)를 참조해도 됨.

51) 중국조선족음악연구회, 20세기 중국조선족음악문화, 민족출판사, 2005, 15쪽.

있다. 그러나 이후에 전문 음악인들의 참여와 창작과정에서 그들 스스로의 형식적면모와 가창군체로 확립하기까지는 적지 않은 시간이 걸렸다.

민요와 근대 가요장르의 만남은 직접적으로 이루어지지 않았다. 그 이유는 근대가요는 근대교육기관의 새로운 집단의 형성을 통해서 이루어졌기 때문이다.

민요와 달리 이 시기 근대음악의 대표자라고 할 수 있는 창가[52]를 비롯한 새로운 음악양식들의 발생이 급격히 진행되었다. 새롭게 출현한 창가와 교가, 군가 등 가요종류의 음악양식이 조선족가요의 태동이 보여주기 시작하는 여러 가지 특징을 가지고 있었다.

우선, 당시의 사회정치적환경과 시대발전에 민감하게 반응하여 출현한 창가는 그 발생 후 비교적 짧은 기간에 자기의 양식적 특성을 확립하고 활발하게 보급되었다. 그 주제적 의식성향은 문명개화에 대한 계몽의식과 애국, 독립 등 성격이고 선율은 찬송가나 일본 창가가 위주이므로 음악적으로 평이하고 간결한 절가의 새로운 양식적 특성을 가지고 있다. 이렇게 짧고 간결한 구조형식이야말로 대중들이 쉽게 이해하고 받아들일 수 있다는 점에서 노래가창에서의 대중성이라고 할 수 있다. 말하자면 음악의 내적인 자율성보다 그것의 정치성과 사회성과 대중성을 주목하였던 것이다.

창가의 특징은 한 음표에 한 음절의 가사가 배치되고 곡의 구성은 4/4, 3/4박자였으며 6/8과 같은 유연한 박자는 거의 없었다. 그리고 곡의 구성은 단일부형식이고 종지감이 명료하다. 즉 명석하고 판명한 형식이 요청되었던 것이다. 아울러 이런 음악언어는 학교학생들에 의한 가창을 초월하여 전민이 부를 수 있는 가창 기반을 형성하였고 외래음악형식의 보급으로 인해 조선족가요창작의 새로운 음악양식을 이룩했다는 점에서 음악사적으로 중요한 의의를 지닌다.

---

52) 최창익(한국대중가요사 1, 한국대중예술문화연구원, 2003, 68쪽)은 창가의 범주에 속하는 노래를 찬미가, 학교에서의 교재용 곡, 신식 군가라고 하였다.

그리고 신문화 보급과 민족의식의 고취로 많은 학교들에서 교가를 창작하여 불렀다. 학교교가는 주요하게 교육 지도자들인 김약연, 박창익과 같은 학교장들이 애족의 정신과 애교심을 고취시키는 내용의 가사를 창작하였다. 특히 종교계 학교 교가의 창작으로부터 보면 많은 노래들은 소박한 교회 찬송가 선율을 참조근거로 삼은 것이다. 그것은 이러한 노래를 자유롭게 부르는 장소를 허용해준 것이 기독교 찬송가였던 것이다.

이 시기 학교 교가는 주요하게 학교개학식, 졸업식, 학교운동회 등 행사에서 학교사생들이 함께 집체가창으로 불렀고 각 학교의 설립종지를 충분히 반영하였다. 특히 학생들로 하여금 애국애민애교의 가치관과 일제식민통치를 뒤엎고 국권회복을 위하여 영용히 싸워야 한다는 원대한 이상을 수립시키는데 중요한 역할을 하였다.53) 그 대표적인 학교 교가로는 <인성학교교가>, <인성학교 운동가>, <인성학교 졸업가>, <동흥중학교 교가>,54) <은진중학교 교가>,55) <대성중학교 교가>,56) <홍경화흥중학교 교가>,57) <명동학교 교가>58)(김약연 작사, 1922), <창동학교 교가> (박창익 작사, 1926) 등이다.

---

53) 杨昭全, 中国境内韩国反日独立运动史 · 第一卷(1910~1945). 吉林人民出版社, 1996. 40쪽.

54) 1921년 천주교도 최상룡이 룡정에 동흥중학교를 세웠다. 이 교가는 반일민족색채가 짙은 노래이다. (윤극영이 동흥중학교에서 음악교원을 하였다). 满洲国学务司, 满洲国教育方案. 1932, 125쪽.

55) 1914년 카나다 전교사가 룡정에 꾸린 학교이다. 1940년대 초 서울연예전문학교를 졸업한 박창해가 음악교원을 하였다.

56) 일본 동양음악학교를 졸업한 문하연(1909~1988)이 대성중학교 음악교원으로 있었다. 1946년에 평양에 돌아감. 음악세계. 음악교육과 조선음악사연구에 기여한 문하연. 주체, 100(2011), 루계47호.

57) 1921년 정의부에서 길림성 홍경현에 꾸린 화흥중학교 교가이다.

58) 1908년 화룡현 대립자 명동촌에 세운 반일민족교육의 선봉으로 김약연이 꾸렸다. 1913년 3월에 명동학교에서 발행한 禹時郁선생이 엮은 <新唱歌集>은 금서로 되였다. 허청선 · 강영덕, 중국조선족교육사, 연변교육출판사, 2009, 139쪽.

… 민족은 사랑을, 때때로 심오한 자기희생의 사랑을 고취한다는 사실을 기억하는 것이 유용하다. 민족주의의 문화적 산물인 시, 산문 소설, 음악, 조형 미술 등은 수많은 다른 형태의 스타일로 이 사랑을 매우 명백하게 보여준다. …59)

　상술했다시피 '애국·애민·애교'를 구체적으로 실천하는 방식은 자기희생정신을 드러내 보이는 것이다. 무릇 나라를 사랑하고 민족을 사랑하고 학교를 사랑하는 자라면 누구나 모두 일제와 싸워야 할 성스러운 임무로부터 자유롭지 못한 것이다. 물론 교가마다 차이가 있지만 이러한 사랑과 "부자유"의 혼연일체는 역사가 우리에게 부여한 정언명(칸트의 용어)인 것이다. … 그것은 사랑의 노래이자 자기희생정신으로 충일한 창가였듯이 구국항전의 메아리였다. 이와 동시에 우리가 주목해야 할 것은 학교음악교육활동은 창가와 교가의 가창으로 음악의 사회적 위치를 제고시켜주었고 후기창작자들의 출현과 가창대중의 음악심미정서의 성장에 중요한 무대가 되었다는 사실이다.

　다음으로, 남북 만주의 독립군 진영에서는 군가의 필요성을 느끼고 간부급들이 직접 가사를 지었는데 대표인물로서는 리범석, 김좌진, 리청천, 김광현 등 군부대 지도자들이다. 군가의 주제의식은 일제의 타도와 복수심을 고취하고 항전의욕을 진작하는 것과 고국에 대한 향수를 담은 노래들이였으나 작곡가가 없는 시대 상황에서 선율은 외국 곡에 의존했다. 그러나 이런 것은 "별로 문제가 되지 않는다." 베네딕트 앤더슨의 지적처럼,

　아무리 가사가 진부하고 곡이 평범해도 국가를 부르는데서 동시성을 경험할 수 있다…. 부르는 것은 화합의 기회, 상상의 공동체가 메아리치며 물리적으로 실현하는 기회를 제공한다.60)

---

59) 베네딕트 앤더슨, 윤형숙 옮김, 상상의 공동체, 나남출판, 2007, 183쪽.
60) 베네딕트 앤더슨, 위의 책, 188쪽.

당시의 대표적인 군가로는 <용진가>,[61] <독립군 추도가>,[62] <혁명
군행진곡>,[63] <전진가>[64](김광현 작사), <광야를 달리는 독립군>[65]
(리청천 작사), <승리의 행진곡>[66](김좌진 작사), <기전사가>[67](리범
석 작사), <망향가>[68](리범석 작사)등이다. 이러한 군가가 세련되었는
지, 외국음악선율의 어떤 번안이었는지, 음악적 언어로 얼마큼 완숙된 것
인지는 그다지 "중요하지 않다." 앤더슨의 말을 빌리면, 그것은 상상의 공
동체를 구체적으로 구축하고 서로 다른 이질적인 개인을 화합하는 기회의
장을 충분히 제공하기에 남으면 되는 것이었다. 아울러 이런 군가들은 독
립군전사들의 전투적사기를 북돋아주고 애국독립사상을 고취하는 주요
한 무기로서 1945년 항일전쟁결속에 이르기까지 전사들에 의해 불려 졌
다는 사실이 중요한 것이다. 그리고 박력 있고 행진곡적인 리듬이 후기 조
선족가요의 형성에 영향을 주었다는 점에서 우리의 감성구조의 근간을 두
루 살펴볼 수 있겠다.

---

61) 1910년대 독립군의 대표적인 노래이다. 독립군가곡집, 광복의 메아리, 독립군가
보존회, 1982, 44쪽.
62) 1920년대 만주일대에서 왜군과 혈전하다가 순국한 독립군 추도의 노래로서 광복
군에서 많이 불렀다. 독립군 가곡집, 광복의 메아리, 독립군가 보존회, 1982, 84쪽.
63) 1922년 10월28일 항일군대 양성과 지원을 위하여 임시정부 산하에 로병회(勞病
會)를 조직한 때부터 불려진 노래. 일명 "로병회가"곡은 프랑스의 "라 밀세이유".
독립군 가곡집, 광복의 메아리, 독립군가 보존회, 1982, 86쪽.
64) 1920년대 만주 독립군 진영에서 부른 노래. 독립군 가곡집, 광복의 메아리, 독립군
가 보존회, 1982, 73쪽.
65) 1920년 이청천 장군이 신흥무관학교 생도 300명을 인솔하고 북만주로 이동 당시
부르던 노래(곡은 푸른 다늅강의 왈츠). 독립군 가곡집, 광복의 메아리, 독립군가
보존회, 1982, 65쪽.
66) 1920년대 김좌진 장군이 지휘하는 박만주 독립군이 청산리 전쟁을 전후해서 불려
진 독립군가, 독립군 가곡집, 광복의 메아리, 독립군가 보존회, 1982, 64쪽.
67) 1920년대 독립군의 노래, 청산리 전쟁을 앞두고 결사적 투쟁을 다짐한 노래. 독립
군 가곡집, 광복의 메아리, 독립군가 보존회, 1982, 66쪽.
68) 1920년대 남북만주와 시베리아 중국대륙을 동분서주하는 독립지사들이 고향에
계신 부모생각과 나라생각에 애태우며 부르던 노래. 독립군 가곡집, 광복의 메아
리, 독립군가 보존회, 1982, 79쪽.

주지하다시피, 이러한 작사자구성은 이민초기 집체창작으로 이루어졌던 민요와는 질적으로 구분된다. 특히 창가, 교가, 군가에서 보여 지는 집체적 가창형식인 합창, 강박과 약박이 뚜렷한 음악, 빠른 속도 등은 민요 가창자들이 경험하지 못한 것들이었다. 새로운 상상의 공동체 구축에 일조하기에 부족함이 없는 것이었다. 새로운 음악의 음량과 리듬감과 속도감은 그 전파의 급속함과 강력함과 더불어 서양음악에 접촉이 없었던 잠재적 음악집단에게 영향을 미쳤고 수용되었음을 보여준다. 또한 창가, 교가, 군가 등의 사회참여적인 '부르는 음악'의 가창경험을 정착시켰다. '부르는 음악!' 그렇다. 그것은 '부름'으로써 '하나'가 되는 음악이고 부름으로써 비로소 우리의 조선족 가요의 형성에 큰 영향을 미쳤던 것이다.

    … 바로 그 순간에 서로 모르는 사람들이 같은 곡조에 맞추어 같은 구절을 소리 내어 부른다. 그 이미지는 화음이다.[69]

총적으로 조선족가요의 형성기 특성은 가요생성의 온양단계로서 가요창작의 가능성을 보여주었다. 형성기에는 민요가 전승, 발전되고 조선에서 전래된 창가가 변화 보급되었으며, 교가와 독립군가가 창작, 보급되었다. 음악적으로 외래음악과 일본음악, 그리고 중국가요 등의 영향과 수용을 동반하였다. 특히 외래 가요선율에 가사를 창작하여 부르는 경우가 많았다. 이러한 가사들은 흔히 교육자, 혹은 독립투사들에 의하여 창작된 것이 특징이며 그 의식성향에 있어서 이민과 정착의 아픔과 민중 계몽적 지향과 민족자강의식을 반영하고 있다.

---

69) 베네딕트 앤더슨, 위의 책, 188쪽.

■ 조선족가요의 발전기(1931~1945)

1931년 9월 18일 일제는 '만주사변', 1932년 3월1일 '위만주국'의 성립, 1937년 7월7일 '로구교사변(로거우차우 사건)'을 일으켜 중국 전역 전면적인 침략을 개시하였다. '민주사변'이 복합적인 국내, 국제 정세가운데서 폭발한 사변이라면(자료 1 참조), '로구교사변(로거우차우 사건)'은 일본 정부와 그 국민경제로 하여금 파탄으로 치닫게 한 전쟁이라고 할 수 있다(자료 2 참조). 그만큼 항전은 불길은 뜨거웠다는 이야기인 셈이다.

> 자료-1) 만주사변은 중국 국민혁명의 확산으로 초래된 위기상황뿐만 아니라 간도 항일운동으로 인한 조선의 동요를 타개하고 세계 대공황의 여파로 빈사상태에 빠진 일본자본주의의 활로를 모색하고자 한 군사적 대응이었다. 또 소련과 미국에 대한 지구전의 기반을 마련하고 이를 동력으로 일본의 '국가개조'를 추진한다는 전략에 입각한 것이기도 했다. …70)
> 자료-2) (로구교 사변이후 - 필자) 일본군 수뇌부는 단기간에 중국을 제압할 수 있다고 판단했으나 중국의 끈질긴 저항으로 고전을 면치 못했다. … 팽창된 국가 재정가운데 군비의 비중은 점점 더 높아져서, 만주사변직전에 국민소득의 5퍼센트였던 군비가 1940년에 20퍼센트를 넘어섰다. ….71)

일제의 무단적 통치와 침략을 반대하는 항일 전쟁이 전면적으로 시작과 함께, 이 시기의 중국 동북지방의 항일혁명투쟁, 중국 관내에서의 민족주의운동 등도 활발히 전개되었다. 다양한 항일혁명투쟁과 민족해방운동은 1945년 항일 전쟁이 승리할 때까지 이어졌던 것이다. …그럼 이러한 폭풍우 속에서 음악은 어떻게 사적 상황에 구체적으로 개입한 것일까?

---

70) 일본사학회, 아틀랜드 일본사, 사계절, 2011, 176쪽.
71) 위의 책, 180쪽.

일단 이 시기 전통 민요가 전파되는 동시에 조선에서 새로운 형태의 신민요와 유행가들이 유입되었다. 아울러 조선족가요의 창작대오는1930년대 후반기부터 많은 문화인들이 연변을 중심으로 중국 전역에 이민하여 오면서 형성하기 시작하였다. 이는 조선족이 하나의 공통체로 형성되는 과정에 나타난 주요한 창작군체로서 중국 조선족문화를 창조해나가는 주력군으로 되었다.

흑룡강성 목단강지구에서는 조두남, 박한규 등 작곡가와 가사창작에 윤해영 등이 조선족공동체에서 가요창작을 시작하였으나 그 활동이 활발하지 못하였다. 이 시기 조선족집거구의 가요창작이 활발하지 못한 데는 원인이 있다. 그것은 일제의 문화전제주의가 극성을 떠는 상황에 가요창작자들은 민족의식을 구현하고 현실을 부정하는 가요작품을 발표할 수 없었고 작품에서 보다시피 음악적 선호나 취향은 거의 없었다고 볼 수 있다.

> 만주국의 지배이념으로서의 유교적 '왕도주의王道主义'와 다민족 공존의 '민족협화民族协和'를 내걸기도 했다. … 만주국은 2차세계대전이후 등장한 '신식민지 형'간접지배의 원형에 해당하는 실험장이었다. ….(그리고) 일본본토의 전시통제체제는 만주국을 원형으로 추진되었다고 해도 과언이 아니다.[72]

그만큼 일본의 식민지 통치 질서에 있어서 위만주국은 중요한 위치를 점하고 있었던 만큼, 노래 혹은 음악을 둘러싼 전쟁은 치열할 수밖에 없는 것이었다.

> 하늘과 땅 사이에 신만주가 있도다 신만주
> 새로운 하늘과 땅사이에 하늘을 쳐받치고

---

72) 위의 책, 176, 177쪽.

땅에 굳건히 선 고통도 없고 우울도 없는
우리나라 이룩하였네
오직 친애뿐, 아무런 원한과 복수심도 없어라
인민 삼천만 인민 삼천만
….

만주국 국가[73]

말하자면 하늘과 땅 사이에 아무런 근심걱정도 없는 왕도락토가 있을 진대, 그 어떤 원한과 복수심을 갖는다는 것은 반역행위였을 것이다. 우리는 이러한 불행('행복')한 현실 속에서 일련의 창가들을 구체적으로 위치 지워야 할 것이다. 예컨대 주요한 작품으로 읽혀지는 윤해영이 작사하고 조두남이 작곡한 <룡정의 노래>[74](윤해영작사, 조두남 작곡, 1944), <아리랑 만주>[75](윤해영 작사, 조두남 작곡, 1943), <목단강의 노래>(윤해영 작사, 조두남 작곡), <산>(윤해영 작사, 조두남 작곡), <홍안령 마루에 서운이 핀다>(윤해영 작사, 조두남 작곡), <징병령만세>[76](김영삼 작사, 조두남 작곡, 1943), <슬픈 자장가>[77](박한규 작사, 작곡, 1942) 등이 그것이다. 그 외 아래의 구체적인 역사적 사실들로 살펴보도록 하자. 집거구의 창작군체와 달리 중국에 살면서도 공동체에 합류하지

---

73) 民生部, 日滿语唱歌(上册), 日滿图书柱式会社, 康德五年(1938)版
74) 1960년대초 한국에서 가사와 제목을 고쳐 <선구자>로 불리웠다. (김종화 회상기). 최삼룡, 음악가 김종화―그의 음악작품과 인생. 민족출판사, 153쪽.
75) 윤해영이 <만선일보> 1941년 1월 1일 발표. 최삼룡, 음악가 김종화―그의 음악작품과 인생. 민족출판사. 187쪽.
76) 일본징병령제도를 만세하는 내용으로 1942년 9월11일 김영삼 작사로 <징병령 만세>가 <만선일보>에 발표한 것이다. 최삼룡, 음악가 김종화―그의 음악작품과 인생. 민족출판사, 192쪽.
77) 박한규(1919. 3. 2~1992. 2. 14) 는 어릴 때 아버지를 따라 룡정에 이주하여 소학교와 중학교를 졸업하였다. 1941년 일본의 음악학원에서 1년 7개월 수학하다가 중퇴하고 중국으로 돌아와 할빈에서 러시아인에게서 바이올린을 배움. 1945년부터 목단강고려중학교에서 음악교원을 지낸 후 동북신흥문예협회 음악부장으로 있다가 조선인 민주동맹문공단에서 작곡가로 활약하였다.

않고 주류문화에서 영향력을 과시했던 최음파, 한유한, 정률성의 창작음악도 간접적으로 중국조선족가요의 형성과정에 동참하였다고 보아야 할 것이다. 그러므로 이들의 창작한 발전기 음악을 일정하게 취급하는 데는 큰 무리가 없다고 생각한다.[78]

조선의용군과 광복군 산하의 각종 선전대, 전지공작대, 조선 의용군연예대에서는 많은 가무와 가극작품들이 창작되었다. 홍군학교에서 음악교관으로 있었던 최음파 외에 한유한, 정률성과 같은 주류문화에서 활동한 작곡가들이 가요창작을 활발히 진행하였고 부대에서 가사창작은 형성기와 류사한 군부대 지도자들이었던 윤세주, 김학규, 리두산, 리범석, 리해평, 신덕영 등이 가사창작을 하였다.

공산주의 계열의 가요의 주제의식성향은 중국해방과 민족해방을 공동주제로 한 항일가요들이 창작 보급되었다. 민족주의 계열의 가요는 주제의식에서 민족해방을 주제로 한 노래가 많이 창작되어 불려졌다. 아울러 이 시기 군부대의 창작 가요는 부동한 계열에서 창작되고 불렸지만 그 공동한 이념은 민족 해방이었고 음악적 특징에 있어서 행진곡적인 리듬과 강약이 분명한 2박자 계열의 노래가 압도적이고 가창군체는 군인을 위주로 한 대중들이었다. 가요들을 살펴보면 형성기 창가가요 형식을 적극적으로 지양하면서 다양한 내용과 형식으로 조선족가요의 발생을 마련하였다는데 그 특징이 있다. 특히 이 시기 가요는 외래가요 형식을 다원적으로 수용하면서 창작과 밀착시켰다.

창작 가요는 소위 음악의 기록이라는 넓은 의미의 악보가 기록으로 남아있는 것이다. 특히 전문음악인들에 의해 서양음악의 수용으로부터 악보체계인 기보방식을 채용하였으므로 이 시기부터 창작자와 가창자들이 분리되었다.

---

78) 장춘식, 일제 강점시기 조선족이민문학. 민족출판사, 2005, 2~6쪽.

조선의용군과 한국광복군에 의해 창작된 가요는 대부분 군인들의 혁명적사기를 진작시키는 격정적인 음악위주로 조선어와 한어로 창작되었다. 이는 특별히 이 시기의 시대적상황과 결부지어 생각해볼 수 있는데 이 시기의 가요는 대중의 투쟁 의지를 불러일으키고 승리로 이끄는데 견인차 역할을 담당하고 있었기 때문이다. 따라서 이러한 시대적 배경에서 탄생된 음악은 당대를 살아가는 대중에게도 이러한 음악을 즐기는 분위기를 만들었다고 본다.

주요작품은 조선의용대에서는 <최후의 혈전>(윤세주 작사, 외국 곡), <추도가>(윤세주 작사, 외국 곡), <중국의 광활한 대지우에서>[79](리정호 작사, 작곡, 1942년에 <조선의용군행진곡>으로 제목을 고쳤다), <혁명가>(리정호 작사, 작곡, 1940)등이 창작되었고 조선의용군에서는 <어둠을 뚫고>(감학철 작사, 류신 작곡), <의용군추도가>(감학철 작사, 류신 작곡,1942) ,<호미가>(류동호 작사, 평안도민요, 1944), <의용군과 백성>(한족민요에 새 가사를 넣은것), <미나리타령>(리화림 작사, 민요, 1943), <조국향해 나가자>(정률성 작사, 작곡, 1945) 등 전투성이 강한 것도 있고 근거지 대생산을 반영한 서정가요들도 창작되어 의용군과 지방의 대중들에게 보급되고 애창되었다.

한국광복군에서는 <광복군가집>제1집(한국광복군 제2지대 선전위원회, 1943)에 출간된 군가집에는 <국기가>(리범석 작사, 한유한 작곡), <조국행진곡>(신덕영 작사, 한유한 작곡), <광복군 제2지대가>(리해평 작사, 한유한 작곡), <신출발>(신덕영 작사, 한유한 작곡), <압록강행진곡>(박영만 작사, 한유한 작곡), <려명의 노래>(리해평 작사, 한유

---

79) 1938년 무한에서 건립된 <조선의용대>에서 불렀다. 1942년 태항산에서 <조선의용대>를 <조선의용군>으로 개칭하였다. 이렇게 되어 <중국의 광활한 대지우에>가 <조선의용군행진곡>으로 고쳐졌으며 가사에 <의용대기발이 휘날린다>가 <의용군기발이 휘날린다>로 고쳐졌다.

한 작곡), <광복군가>(리두출 작사, 한유한 작곡), <흘러가는 저 구름>
(신덕영 작사, 한유한 작곡)외에도 1940년대 <광복군행진곡>(리두산 작
사, 작곡), <광복군지하공작대가>(장호강 작사, 작곡), <앞으로 행진
곡>(김이한 작사, 신하균 작곡), <선봉대가>(리두산 작사, 작곡), <사향
가>(김철남 작사, 작곡), <지평선 노래>(옥인찬 작사, 작곡)등 노래들이
한국광복군, 그리고 국민당통치구역의 군인과 대중들에게 불려졌다.

　그리고 조선족가요의 발전에 영향을 미친 가요로는 동북항일유격구의
항일가요를 논할 수 있다. 항일가요의 주제는 주요하게 항일 전사들과 대
중들에게 항일투쟁에 대한 확고한 신심과 불굴의 정신을 앙양시켜주는
의식성향을 띠고 있다. 또한 가사형식에서 7.5조류의 운율 특성을 계승하
면서 가사언어의 혼종적 특성을 나타내고 있다. … 또한 당시 동북항일유
격구지역에 근대음악을 배운 음악가들이 극히 적었던 원인으로 유격구인
민들이 불렀던 노래들은 대부분 러시아가요의 선율, 일본가요의 선율, 중
국민요의 선율에 가사를 창작하여 만든 노래이거나 전통 민요에 근대적
인 가사를 붙여 부르는 노래였다. 따라서 그 시기 구전에 의하여 광범위
하게 보급되었던 기성곡들은 아무런 거부감 없이 대중들에 의해 가창되
었고 대중적으로 즐길 수 있는 기반이 되였다. 그것은 이 시기 조선족사
회의 정신적 힘이 외래가요들에 표현된 행진곡적인 박력과 강력한 리듬
감을 필요로 했기 때문이다.

　이 시기의 주요 작품으로는 <유격대행진곡>,[80] <총동원가>, <결사
전가>, <혁명가>, <십진가> 등이다.

　결론적으로 조선족가요의 발전기 특성은 문화전제주의 영향으로 조선
족집거구역의 가요창작이 활발하지 못한 반면에 군부대와 유격대를 중심
으로 전시기에 비해 신민요의 유입, 창가의 창조적변용, 외래가요형식의

---

80) 박성우, 이 노래와 함께 살았다, 조선음악, 1959년 2월호, 40~41쪽.

수용을 창작과 밀착시켜 항일가요, 의용군군가 광복군군가, 대중가요 등이 새롭게 창작되었다. 음악적으로 민족적인 전통을 계승, 발전시키는 동시에 타민족문화예술을 적극적으로 수용하는 혼종성 특징을 보여주기도 한다. 가요창작자들은 전문적인 예술인 혹은 예술적 기량을 갖춘 투사들이었다. 이 시기 가요의 의식성향은 일제와의 싸움에서 치열한 투쟁의지와 승리의 신념을 노래하고 있다. 따라서 항일가요, 의용군가요에서는 사회주의혁명사상의 영향이 짙은 것이 특징이고 광복군가요에서는 민족독립의식이 짙게 나타나고 있는 동시에 두 계열의 많은 가요가 중국인들에게 번역, 보급되었다. 조선민족의 문화유산[81]인 항일가요는 '중국군민의 투지를 격려하는데 있어서 큰 역할을 했을 뿐만 아니라 근대중한문화교류에도 큰 역할을 하였다.'[82] 이 시기 창작가요들은 근대음악적인 성격이 '드러난 형식顯形'으로, 전통 민요적인 성격이 '드러나지 않은 형식隱形'으로 나타나는 것이 특징이다. 즉 내적인 연결성을 가지면서隱形 단절적 측면顯形도 시사하는 것이라고 할 수 있다. 아울러 이러한 차이와 반복은 전통과 근대음악의 세미한 차이에로의 주목을 요청한다.

■ 조선족가요의 전환기(1945~1949)

1945년 일제가 투항한 후 동북3성에 거주하고 있는 조선인들은 중국공산당의 령도 하에 전국의 해방을 위한 동북근거지의 창설, 민주정권 건립, 토지개혁, 토비숙청, 국내해방전쟁에 용약 참가하여 민족정체성과 국민정체성을 소유한 중국조선족으로서의 전변과정에 있었다. 아울러 상술한 사회 정치적 변혁은 조선족가요의 발전에 새로운 전환을 가져오게 하였다.

---

81) 김덕균, 예술론문집. 보귀한 문화유산－항일가요, 동북조선민족교육출판사, 1995, 95쪽.
82) 양소전 · 이보온, 조선의용군항일전사, 고구려출판사, 1995, 212쪽.

우선 조선반도로 돌아간 문화인들 외에 중국에 남은 창작자들이 사회정치적인 변화에 따라 재조합이 이루어지면서 중국조선족가요의 창작군체가 형성되었다. 주요성원들로는 조선의용군이나 기타 부대의 창작자들과 부분적인 교원출신의 창작자들이었다. 조선의용군의 대표적인 작곡가들로는 정진옥, 서영화, 유덕수, 류광준, 백고산, 박의환, 리경택이고 교원출신의 작곡가들로는 허세록, 김종화, 박우, 박한규 등이다. 작사자들은 림원갑, 채택룡, 현남극, 리록당, 윤해영, 김삼석, 왕자인, 홍성도, 천청송 등이다. 1948년 1월부터 조선의용군선전대는 지방에 귀속되면서 중국조선족 가요창작군체는 1949까지 허세록, 김종화, 유덕수, 박우, 동희철, 리경택등 작곡가들과 림원갑, 채택룡, 현남극, 홍성도, 리록당등 작사자들로 재건이 이루어졌다.

이 시기 조선의용군 1지대의 주요한 가요로는 <근거지건설의 노래>(주선우 작사, 정진옥 작곡, 1946), <리홍광지대의 노래>(집체 작사, 정진옥 작곡, 1946), <지뢰수 조성두용사>(왕자인 작사, 정진옥 작곡, 1947), <심양건설의 노래>(집체 작사, 정진옥 작곡, 1949), <박격포의 노래>(김영진 작사, 서영화 작곡, 1947), <방어공사의 노래>(김정달 작사, 서영화 작곡, 1947), <웃어라 와하하>(리재현 작사, 서영화 작곡, 1947), <공신의 노래>(집체 작사, 류덕수 작곡, 1948), <승리의 개가>(집체 작사, 정진옥 작곡, 1948)이다.

제3지대 주요한 가요로는 <싸움터로 나가자>(장해심 작사, 백고산 작곡), <우리는 인민의 전사>(장해심 작사, 백고산 작곡), <혁명항전>(장해심 작사, 박의환 작곡)이다. 여기에서 창작된 가요는 전부가 전투적인 행진곡이다.

조선의용군 제5지대인 길림지구 선전대의 주요한 가요로는 <송화강 5백리>(정길운 작사, 박○○ 작곡), <고요한 송화강>(정길운 작사, 박○○

작곡), <무산대중의 봄이 왔네>(작사자 미상, 류광준 작곡, 1946)이다.

흑룡강성 목단강일대의 주요한 가요작품은 <동북인민행진곡>(윤해영 작사, 김종화 작곡, 1945), <동북인민자위군송가>(윤해영 작사, 김종화 작곡, 1946), <희망의 노래>(김태희 작사, 박한규 작곡, 1945), <간도>(박한규 작사, 작곡, 1946), <수인의 노래>(박한규 작사, 작곡, 1946), <배노래>(박한규 작사, 작곡), <아침은 빛나라>(박한규 작곡), <인도의 노래>(박한규 작곡)이다.

연변집거지구의 주요한 가요작품은 <토지 얻은 기쁨>(박순연 작사, 리경택 작곡, 1946), <우리는 민주청년>(림원갑 작사, 박우 작곡, 1947), <우리의 향토>(림원갑 작사, 리경택 작곡, 1948), <전선지원가>(홍성도 작사, 김수록 작곡, 1947), <녀성행진곡>(현남극 작사, 동희철 작곡, 1948), <생산의 봄>(홍성도 작사, 허세록 작곡, 1949), <농민의 노래>(천천송 작사, 류광준 작곡, 1947), <새 아리랑>(채택룡 작사, 허세록 작곡, 1947), <베짜기 노래>(채택룡 작사, 허세록 작곡, 1947), <청년행진곡>(림원갑 작사, 허세록 작곡, 1948), <싸우러 나가자>(신활 작사, 최룡호 작곡,1947) 등 가요들이다. 연변가요들은 향토를 노래한 서정가요, 생산을 반영한 서정가요들과 토지개혁, 전선지원 등 다양한 제재들로 창작되었다. 다음으로, 이 시기 조선족가요는 객관적인 현실반영의 원칙을 진지하게 견지하면서 계급적 해방을 목적으로 하는 국내혁명전선지원과 토지개혁의 현실을 반영하였다. 현실반영의 원칙을 견지한 례로 천청송을 들 수 있다. 천청송은 <북향> 2호에 문학비평 '농민문학 이전'이라는 글에서 '농민은 우량한 예술품을 생산하는 예술가이며 예술가로 만든 힘은 노동'이라는 견해를 펼친다. '원형예술이 예술의 원시적이고 또 가장 초보적이면서 가장 발달한 최고급의 예술'인 것처럼 농경사회의 노동문학은 원형예술로서 동시대의 작가문학보다 우위에 놓이며 현재에도 농민문학이 우위에 놓일 수밖에 없다[83]고 주장하면서 막스주의의 역사유물론에 부합되는 관점으로 문예의 기원을 해석하고 나아가서 농민문학의 중요성을 강조하였다. 이러한 창작의식은 전환기의 대표적인 가요의 하나인 <농민의 노래>(천청송 작사, 류광준 작곡, 1947)에서 여실히 표현되고 있다.

또한 이 시기 조선족가요는 민족적 특성을 구현하였는바 민족음악전통을 현실적 요구에 맞게 계승, 발전하는 조선족가요의 새로운 지평이 이루어진다. 민족적 특성을 구현함에 있어서 <베짜기노래>(채택룡 작사, 허세록 작곡, 1947), <새 아리랑>(채택룡 작사, 허세록 작곡, 1947)은 언어가 대중적이고 내용전달이 잘 되고 운율조성이 명확하고 '민족적 풍격과 정서가 농후하여 나의 마음을 확 끌었다.'[84]고 허세록은 창작소감을 말하였다. 이 노래에서 보다시피 짙은 민족적 향토언어, 민요적 조흥구 등이 민요풍의 농후한 리듬과 선율을 낳게 하였다.

전환기의 조선족가요의 발전특징은 정착을 중심으로 대중가요가 많이 창작되었고 동북에 진출한 의용군 각 지대 가요들이 대폭 창작되었다. 이 시기 가요들은 민족적인 음악전통을 계승, 발전시키는 동시에 타민족문화예술을 적극적으로 수용하였으며 혼용과정을 거쳐 자기화하는 과정에서 가요예술의 문화융합과 창조를 과시하였다. 말하자면, 조선족가요가 '발전기'를 거쳐 '전환기'를 넘어가면서 다원화라는 루트를 통하여 정체성을 획득해가는 과정이라고 할 수 있을 것이다. 또한 주목해야 할 사실은 가요작사자와 작곡가들은 절대다수가 전문적 예술인 혹은 일정한 예술훈련을 받은 군인-예술인들이였다는 점이다. 주제적으로 광복이후 조선족의 본토의식과 새 생활의 지향을 노래하고 있으며 중국 해방전쟁에 나선 조선족투사들의 혁명정신과 불굴의 의지를 노래하고 있다.

---

83) 김호웅 · 조성일 · 김관웅, 중국조선족문학통사(상권), 연변인민출판사, 2011, 293쪽.
84) 채택룡, 채택룡문집, 허세록-합작하여 창작하던 나날에, 2000, 221쪽.

위의 내용을 종합해보자.

중국 조선족가요는 그 발전과정에 세 가지 중요한 요소가 개입하는데, 즉

첫째로, 반제 반봉건이라는 시대적과제를 예리하게 포착하면서 형성하고 발전하였는바 항쟁의 나팔로, 민중교양의 양식으로 예술적 힘을 과시하였다.

둘째로, 이민초기 구전가요의 한계에서 벗어나 점차 전문적인 작사자, 작곡가들에 의하여 가요창작이 이루어졌고 전문적 예술인들의 가요창작으로 하여 그 사상예술적질이 향상되었으며 따라서 민족적인 특성과 근대적 특성도 뚜렷해졌다.

셋째로, 민족적인 전통을 계승하고 발전시키는 동시에 타민족문화예술을 적극적으로 수용하고 혼용과정을 거쳐 자기 조직화하는 과정에서 가요예술의 문화융합과 창조를 점차 과시하였다.

이를테면 반제반봉건이라는 슬로건□號으로 출발하여 민족적 전통을 나름대로 보듬으면서 복합적인 '혼성화'과정을 거쳐 근대적인 민족음악의 지형을 구축해온 역정이라고 할 수 있겠다.

제3장

해방 전 중국조선족가요의 의식성향

주지하다시피 해방 전 조선족가요는 해방 전 중국조선족과 운명을 같이 하면서 발생, 발전하였다. 중화인민공화국 창립이전 조선족 작사자와 작곡가들의 창작활동은 시대적인 현실에 입각하고 있으며 그들의 주체의식의 각성과 긴밀히 연관되어있다. 이 시기 조선족 작사자와 작곡가들은 시대적인 요청을 민감하게 반응하면서 이주와 정착의 의지/욕망, 민족의 운명에 대한 우려와 열애 및 그들의 심미취향을 가요라는 예술형식을 통하여 중층적으로 표현하였다. 그러므로 창작주체인 작사자들의 사회활동과 그들의 창작과정을 면밀히 살펴보면서 가요작품에 담겨져 있는 주제경향을 정확하게 읽어내고 그러한 의식성향의 본질과 의의를 밝히는 것은 중국 조선족가요발전의 총체적특성을 파악하는데 있어서 반드시 필요한 작업일 것이다. 조선족가요들은 중국에 이주하여 생활한 조선족들의 반제 반봉건정신을 훌륭히 반영하였는바 이러한 경향은 가요의 의식성향, 그 큰 밑거름을 규정지을 수밖에 없었다. 즉 민중계몽과 민족독립투쟁에 민족주의 성향, 항일혁명투쟁에 대한 계급적 성향, 이민과 정착에 대한 예술적 반영 등으로 그것이 표현되었던 것이다.

제1절 근대의식의 각성

생존과 구국의 길을 찾아 중국에 이주한 조선민족은 중국 근현대사회의 복잡하고 험악한 정치적환경속에서 일본침략자들과 그 주구들을 반대하는 항쟁을 견지하면서 민중계몽과 민족자주권을 회복해야 하는 사명감과 책임감을 가지고 있었다. 본 절에서는 민중계몽과 문명에 대한 추구, 민족역사에 대한 긍정적인 찬양, 민족자강에 대한 옹호 등 측면에서 근대의식의 지향에 대한 특징을 살펴보려 한다.

■ 모더니티, 그리고 민중계몽과 문명에 대한 추구

그럼 근대의식이란 무엇일까? 바꾸어 말하면 우리에게 "근대(성)"란 무엇인가 하는 물음은 "근대일반"과 우리의 근대의 차별성에 대할 질문이기도 하다.

> 모더니즘과 모더니티라는 두 낱말은 분명하게 구별되지 않고 사용되는 경우가 많다. 두 낱말이 한편으로는 다 같이 근대성, 현대성을 뜻하는 접두어를 공유하여 다 같이 반전통을 지칭하지만 다른 한편으로는 전자가 'x, y, z …. 이즘', 즉 주의主义와 후자가 'x, y, z …' 즉 추상적 성격을 각기 지칭하는 어미를 갖고 있어 어떤 이론이나 경향을 지칭하고 후자는 본질을 지칭하는 것으로 이해되기 쉽다. … 모더니티는 모더니즘과 마찬가지로 전통과 대립해서 근대성, 현대성을 강조하는 점에서 개혁적이고 전위적이지만, 그것이 전통과 대립되는 영역은 예술 혹은 미학이라는 특정한 문화영역이 아니라, …. 모더니티 즉 근대성과 현대성의 핵심은 신神중심의 세계관에서 인간중심의 세계관으로, 주술적 즉 비합리적 사유에서 합리적 즉 과학적 사유에로의 전환을 뜻하고, …. 이성에로의 의존으로 교체됨을 뜻한다.[1]

---

1) 박이문, 모더니즘과 모더니티, 사유의 열쇠, 산처럼, 2004, 217~218쪽.

말하자면 근대성은 근대의 본질이고 모더니즘이란 그 위의 "얼룩"들이다. 아니, 모더니즘을 통하여 모더니티가 드러나고 그러한 근대성의 출현이 근대와 전통을 가로지르는 좌표이다. 그러니까 근대 혹은 근대성의 바깥쪽에 놓인 것은 전통사회인 것만큼이나 그것은 후자와의 배치관계 속에서 의미를 획득하는 것이다. 구체적으로 말하자면 이성중심주의가 신 중심 사회구조 혹은 주술화 된 사유방식을 대체하는, 특수한 역사시기에 출현한 자율적인 사회발전 규율인 것이다. "서구로 말하면 그것은 16세기에서 18세기에 이르는 유럽사회 전체를 지배하는 흐름이었으며, 19세기와 20세기에 들어와 세계로 확산된 사상적, 정신적 흐름이었던 것이다."[2] 이를테면 이러한 자율적인 근대성에 비견되게 우리의 근대성은 타율적인 것이었다. 그리고 그러한 타율성에 불구하고 "계몽"과 "문명"과 "발전"을 동일한 모토座右銘로 한다는 점에서 우리의 근대화는 봉건사회가 스스로 잉태한 근대사회가 아님에도 불구하고 모더니티의 속성을 구유한 것만은 확실하다. 말하자면 "타율적인 모더니티"였던 것이다. 이러한 맥락에서 우리는 당시에 유행했던 민중계몽과 문명에 대한 추구 및 민족교육의 홍기를 대표하는 신교육에 대한 찬송 등을 읽어야 할 것이다. 신교육에 대한 찬양은 타율적인 근대화를 극복하고 자율적인 근대화를 지향하는 몸부림이었던 것이다. 아울러 신교육에 대한 찬송은 주요하게 학교의 창가와 교가, 졸업가 등에서 반영되었다. 창가와 교가, 말하자면 구체적인 이러한 '예술형식'이 독특한 '모더니즘'의 한 양식이었다고 할 수 있겠다. 예술은 삶을 반영하고 그리고 더 나아가 예술이 삶의 무늬와 결을 엮었던 것이다. 우리에게는 삶과 분리된 자율적인 예술이 아닌, 비근한 삶을 구제하고자 호소하는 전투적인 창가가 요청되었던 것이다. 그것이 우리 창가가 구유한 전투성이었고 모더니즘적 정신이었다. 예컨대

---

2) 박이문, 동상서, 218쪽.

당시1914년 연길시 광성 중학교에서 사용하던<최신창가집>는 주로 애국 · 독립 · 민족정신 · 학도 · 권학 · 체육 · 운동 · 절개 · 혈성 · 부모은덕 · 자유 · 망향 · 졸업 · 국민 · 농민 · 행진 등 모든 분야를 걸쳐 152곡이 수록되었다. 특히, 문명개화, 자주독립사상으로 새 교육을 전수하려는 신식교육의 적극적인 의도를 보여주고 있다. 이는 조선족대중들에 대한 계몽적 역할을 훌륭히 수행하였다. 그 시기 많은 조선족학교에서는 <최신창가집>에 실린 노래들을 불렀다. 이를테면 152곡의 주종을 이루는 "애국 · 독립 · 민족정신 · 학도 · 권학 · 체육 · 운동 · 절개 · 혈성 · 부모은덕 · 자유 · 망향 · 졸업 · 국민 · 농민 · 행진" 등등을 구체적으로 계열화하고자 한다면, 1) 애국−독립−민족정신−국민−자유, 2) 망향−농민−부모은덕, 3) 학도−권학−운동−졸업 등등으로 나누어 볼 수 있겠다. 즉 1)이 우리네가 지향하던 희망(성공적인 근대국가 건설)이었다면 2)는 인간존재의 실존성과 전통적 문화유산의 흔적을 보여준다면 3)은 1)과의 관계를 비스듬하게 지시하는 것이다. 아울러 그 당시 대표적인 창가는 <학도>, <권학>, <운동> 등으로 모두 새 시대를 떠메고 나갈 청년학도들의 시대적사명감을 강조하고 있음은 주지의 사실이다. 이외에도 <단군>,[3] <경부철도>,[4]<희망>[5] 등은 문명개화를 목적으로 한 민중계몽에 중요한 역할을 하였다. 말하자면 18세기의 계몽사조가 꽃샘추위를 이겨가며 늦은 봄처럼 우리에게 찾아온 것이다. 계몽, 발전 그리고 근대적 국가건설이라는 전형적인 모더니티가 조선민족의 삶에 깊숙이 들어온 것이다. 구체적인 사례를 살펴보도록 하자.

---

3) 해외의 한국독립운동사료(ⅩⅥ) 일본편④, 최신창가집. 국가보훈처, 1996. 106쪽.
4) 해외의 한국독립운동사료(ⅩⅥ) 일본편④, 최신창가집. 국가보훈처,1996. 210쪽. 곡조는 스코틀랜드 민요인 <Comin' Through the Rye>이고 최남선이 작사한 것이다. 작곡자 미상
5) 해외의 한국독립운동사료(ⅩⅥ) 일본편④, 최신창가집. 국가보훈처, 1996. 77쪽. 곡조는 메이슨(Lowell Mason: 1792~1872)이 1840년에 작곡한 찬송가이다.

상해임시정부에서 꾸린 <인성학교 교가>,[6] 요녕성 <화흥중학교 교가>(리호원 작사, 작곡) 등 교가들은 신교육을 통한 학생들의 민족정신과 문명에 대하여 계몽적 역할을 하는 노래이다.

> 사랑읍다 인성학교 덕지체로 터를 세우고
> 완전인격 양성함이 대한민국 기초 완연해
> 만세만세 우리 인성학교 청천명월 없어지도록
> 네게서 난 문명샘이 반도우에 넘쳐흘러라
>
>   – <인성학교 교가>

1919년부터 1935년까지 한국 임시정부 소속으로 상해에 설립된 인성학교의 <인성학교교가>는 민족의 문명개화를 위하여서는 청년들이 분초를 아껴가면서 덕지체의 발전에 정력을 다해야 한다는 사상 감정을 열정적으로 노래하였다. 그리고 이러한 덕지체를 함양하는 목적은 국가의 초석을 닦기 위함이다. (즉, "대한민국 기초 완연해") 그리고 학교교육과 국가건설은 하나로 붙어서는 것이고 그러한 국가란 문명을 근간으로 한 민족국가이다. 이러한 '깊은 뜻'은 "만세만세", "문명샘", "반도" 등등 언표에 면면히 스며들어 있다. 위에서 언급했다시피, 민족, 국가, 문명, 계몽은 하나의 거대한 서사를 이루면서 불우한 영혼을 일깨우고 새로운 여명을 보여주고자 하는 것이다. 즉 1절은 학교의 '교훈'을, 2절은 인격과 국가건설기초를, 3, 4절은 문명을 기저로 한 부국강병을 바라는 절절한 마음을 담아낸 것이다.

당시에 있어서 학교마다 자기의 교가를 만들어서 불렀는데 교가는 학

---

6) 인성학교는 많은 독립운동자를 양성했고 력대 학교 교장과 교원은 림시정부 요인들이 담당했다.
  김덕균, 중국조선민족예술교육사. 동북조선민족교육출판사, 1992. 재인용.

교의 전통을 구현하고 배움의 목적을 가르쳐주는 교재가 되었다. 1926년에 공산당원이었던 박창익 이연길 현국자가 와룡동 <창동학교 교가>[7]를 작사하였다.

> 흰뫼가 우뚝코 두만강물 흐르는
> 넓다란 벌판에 형제의 마음과 힘을 모이여
> 배움의 집을 세웠으니 창동
> 동천이 불그스레 돋는 해같이
> 젊은 생명에 힘을 주노나!
> 보아라, 보아라, 이 세상을 보아라
> 주림에 우는자 광야에 엎드러진 그 참경
> 젊은 생명에 힘을 주노나
>
>   − <창동학교 교가>(1926)

이 노래는 학생들에게 지식을 배워 힘을 합쳐 낡은 사회를 뒤엎어야 한다는 교육의 목적으로 지은 교가이다. 이런 교가는 학교의 운동회, 졸업식, 문예회 등 모든 행사에서 불렸음으로 그 교양가치는 아주 컸다고 볼 수 있다. 즉 일상의 구체적인 활동을 통하여 거대서사의 힘을 세밀하게 구현했다고 할 수 있는 것이다. 그럼 구체적으로 가사를 살펴보자. 상징적인 두만강과 '우리'의 삶의 보금자리인 넓다란 벌판(벼농사의 근간인)은 우리의 마음과 함께 붙어서있다(1절에서 3절까지). 그러므로 어제 날의 잿빛 같던 태양은 이제 붉게(불그스레) 읽힌다. 그리고 힘은 솟구친다. 그것도 일반 힘이 아닌 "젊은 힘"이 말이다. 여기서 젊은 힘과 동천의 붉은해는 조응하면서 그 다음절의 "보아라 보아라"는 함성을 더 우렁차

---

7) 1907년 연길국자가 와룡동에 세운 학교이다. 1926년 박창익이 작사한 이 교가는 러시아2월 혁명시기 곡을 차용한 것이다. 김덕균 주필, 중국조선민족예술교육사. 동북조선민족교육출판사, 1992. 42쪽 재인용.

게 해준다. 무엇을 볼 것인가? 주림에 우는 자와 그것으로 얼룩진 광야의 참상이 그것이다. 여기서 주림은 생리적인 굶주림이라고도 할 수 있고 지적인 굶주림이라고도 읽을 수 있을 것이다. 여기서 7절과 8절은 1~6절과 선명한 대비 구조를 이룬다. 즉 7~8절이 원인이라면 후자는 결과인 것이다. 인성학교교가가 형이상학적이라면 창동학교 교가는 보다 근접거리에서 어두운 현실을 반영하고 부조리란 현실은 폭로하고 나서는 것이다. 화난과 수난으로 점철된 1926년이라는 역사적 공간에서 창동학교 교가의 폭발적인 울림을 우리는 가히 상상할 수 있을 것이다. 바꾸어 말하면 민족의 구원을 외치는 선각자적인 노래가 일제의 시선을 주목시키기에 모자람이 없었을 것이다. 즉 조선족학교의 이러한 움직임에 일제는 1920년 대로부터 갖은 방법을 다하여 조선인의 민족교육을 말살하고 노예교육을 강화케 하였다. 그들은 조선인 교육기관을 약화, 감소시켰고 일본의 개천일을 기념하는 <기원절의 노래>, 일본천황의 생일을 축하하는 <천장절> 등 황민화교육을 강화하는 창가들을 가르쳤다. 노래의 전쟁인 것이다. <천장절>과 <기원절의 노래>가 우리민족의 급진적인창가를 탄압하고자 나선 것이다. 그리고 후에는 아예 일부 조선인학교를 강제해산시키거나 일본인학교에 합병시키고 일본인 교장과 특무 혹은 군사교관을 파견하는 등 조취를 취하기도 하였다. 동시에 조선인학교에서 창가과목을 통해 배일정서교육을 하는 문제에 대하여 엄밀하게 감독하고 징계하였다. 그들은 자기들이 편찬한 창가교과서를 쓰도록 강요하는 한편 군가를 대량적으로 증가하여 군국주의적인 정서교양을 강화하였다. 말하자면 약자에 대한 강자의 물리적인 폭력이 강행된 것이다. 구체적인 실례로 1914년 7월에 <최신창가집>은 일제 간도영사관에 압수되었고 1913년 3월에 발행한 우시욱禹時郁선생이 엮은 명동학교의 <신창가집新唱歌集>[8]은 일제의 의해 1913년 10월에 "금서"로 되였다.

---

8) 허청선 · 강영덕,중국조선족교육사. 연변교육출판사, 2009. 139쪽.

이러한 물리적인 강박과 압력 속에서도 노래를 둘러싼 피착취자의 저항은 계속되었다. 즉 노래가 단순히 창가가 아닌, 정신과 영혼을 둘러싼 양도 불가능한 문제였던 것이다. 일례로 1930년에 창작한 <대성중학교 교가>도 공부에 힘써서 민족을 위하여 모교의 정신을 떨치라는 노래이다.

검푸른 해란강 옆에다 끼고서
연학에 힘쓰는 우리 동무들
진취의 그 자취 누리에 비추매
우렁찬 이 모임 대성이리라
대성아 대성아

온 누리 새로이 흐르는 문물을
귀여운 이 집에 가득히 담아
아울러 낳노니 우리의 자랑은
배달의 영화를 길게 하려니
대성아 대성아

이 숨에 모였다 흩어가는 동무들
그들의 취하는 씩씩한 그 맵시
대성의 정신이 떨쳐나리라
대성아 대성아

– <대성중학교 교가>(1930)

이 노래는 "해란강", "배달의 영화", "대성의 정신"등 가사언어를 사용하여 민족정신과 얼을 살리려는 의식이 농후하다. 그리고 위의 두 창가(<인성학교 교가>, <창동학교 교가>)와 비교하면 "대성"이라는 학교 존재자체에 더욱 집착함을 읽을 수 있다. 즉 대성이라는 학교가 존재하는 것만으로 민족의 희망이 남아있음을 역설하는 것이다. 각 단락의 끝 절에

"대성아 대성아"라는 가사언어가 더욱 그러하다. 그리고 길지 않은 교가 속에서 "대성"이라는 언표가 모두 8번 출현한다. 우리는 이 '과잉'된 "8 번" 속에서 그들의 갈급한 마음과 위기의식, 그리고 한 자락의 희망을 붙잡고 놓지 않으려는 절절한 마음의 무늬를 충분히 읽을 수 있다. 아울러 이러한 정신과 소망 속에서 많은 항일투사들과 문화예술인들을 양성되었음은 우연히 아닐 것이다. 대표적인 시인과 작곡가로 윤동주, 허세록이다. 참고로 모두에게 익숙한 윤동주의 시 한수를 살펴보자.

> 죽는 날까지 하늘을 우르러
> 한점 부끄럼이 없기를
> 잎새에 이는 바람에도
> 나는 괴로웠다
>
> 별을 노래하는 마음으로
> 모든 죽어가는 것을 사랑해야지
> 그리고 나한테 주어진 길을
> 걸어가야겠다
>
> 오늘 밤에도 별이 바람에 스치운다.
>
> ─<서시>9)(1941. 11. 20.)

하늘을 우르러 한 점 부끄럽기를 바라는 시인은 죽는 날까지 사람을 보고 양심의 어두운 일을 하지 않겠다는 것이 아니라 '하늘'과의 약속을 보여주는 것이다. 물론 여기서 "하늘"이란 상징적인 것만큼 절대적인 것이다. 죽어가는 모든 것을 사랑하는 시인, 그것은 우리민족의 사라져가는 모든 불우한 것일 수도 있다. 그리고 이런 죽어가는 가는 것에 대한 사랑

---

9) 윤동주시집, 하늘과 바람과 별과 시, 흑룡강조선민족출판사, 2002. 1쪽.

으로 조선민족으로서 자신이 가야할 길을 가겠다는 결심과, 별이 바람에 스치운다는 감성적 시어와 잎새에 이는 세미한 바람에도 괴로워하는 시적화자의 세밀한 마술적 언어는 우리의 영혼을 울리고도 남는다. …천재적 "시인"의 소산인 것만큼이나 진주같이 명멸하는 시어의 진수를 보여주는 윤동주의 "서시"이기에, 그것은 조선민족의 얼과 넋의 몸부림을 집약적으로 확인시켜준다. 동시에 정결한 도덕의식과 불굴의 투쟁의지의 강도를 넉넉하게 보여주는 것이다.

그럼 상술한 내용을 종합해보자. 이처럼 중국 땅에 나타났던 조선인학교의 창가과목은 그 시작부터 신교육제창과 함께 배일/반일사상을 고취하고 일본의 노예교육에 저항한다는 이중의 과제를 짊어지게 되었다. 만일 제국일본이 "서구로부터 투사되었던 오리엔탈리즘을 밖으로 투사하는 일본의 외부화 된 내부를 보여"[10]준다면, 조선민족은 이 외부화 된 내부를 뒤집어야 할 역사적 숙명을 안고 계몽운동을 전착해야 했던 것이다.…

단순한 서양의 곡에 얹혀서 부르기 시작한 이 시기의 창가들은 부르기 쉽고 행동적인 실천을 촉구하는 구호적인 표현과 낙관적인 전망의 제시가 지배적이어서 당시 공개적인 집회나 가정의 안방에서 제창齐唱 또는 독창独唱으로 불려 대중에 대한 신교육에 큰 기여를 하였다. 이와 같이 민중계몽과 문명에 대한 추구는 학교 교가, 창가들을 통해 거대한 사회 계몽적 역할을 발휘하였고 외래가요에 새로운 가사를 창작함으로서 가요의 근대적 발전을 나름대로 추동하였다.

10) 리영일, 뒤집혀진 몸, 주체화의 두 얼굴 『애브젝트의 미학』, 연변대학출판사. 2014. 214쪽.

■ 민족역사에 대한 긍정과 찬양

해방 전 조선족가요에서 주요한 자리를 차지하는 것은 민족역사와 문화에 대한 열렬한 사랑과 민족영웅에 대한 열정적인 숭배와 찬미를 보여준 가요들이다. 이런 가요들의 지향은 강렬한 근대민족의식과 직결되어 있다. 이는 조선민족이라는 유민들로 말하면 자연발생적인 감성구조 같은 것이다.

<최신창가집>에 수록된 <영웅모범>은 작곡가 미상의 찬송가에 가사를 붙인 것이다. 이 노래에서는 역사적으로 내려오면서 일본 놈들과 저항하고 투쟁한 민족영웅들에 대한 숭배의식이 내포되어있다. 노래에서는 <일본신하 안되려고 죽기까지 결심한 박제상의 충성>, <거북선을 타고서 일본함수 천척을 함몰한 이순신>, <임진왜란 때의 의병 천강 홍의장군 곽재우>, <이등박문을 삼발삼중에 죽인 안중근>등 민족영웅들의 모습을 일반화하였다. 이러한 영웅들의 정신은 민족정신, 정의정신, 자주자립정신, 청렴결백정신으로 청년 학생들과 대중 등은 계몽하였다. 영웅적인 역사적 인물이 갈금 하게 수요 되었던 시기이기도 한 것만큼이나 역사사실이 재코드화 되어 현재적 욕망을 담아낸 것이라고 할 수 있겠다.

1940년대 김이한이 작사하고 신하균의 작곡으로 된 <앞으로 행진곡>에서는 고구려의 상무정신과 삼국통일의 화랑도 정신으로 자유를 쟁취하자는 내용을 담은 행진곡이다. 말하자면 화랑도와 고구려 무사와의 대화를 통하여 현대적 입지와 입장을 공고히 하는 것이다.

> 장하도다 한배님 아들딸들은 배달겨레며
> 백두산 동해물과 한반도는 우리집일세
> 반만년의 역사는 밝고밝은 한빛되며
> 찬란한 문화는 무궁화 향기로세

고구려의 강대하던 무용을 본뜨세
신라의 삼국통일 화랑을 본받세
청구에 자유종이 우렁차게 울릴때
동아에 다시서서 세계만방 으뜸되세
한겨레 한덩이되어 하늘땅 있을때까지
우리정신 길고멀게 앞으로 나가세

— <앞으로 행진곡>(1940년대)

이 노래는 '백두산', '동해물'을 시적이미지로 보여주면서 아름다운 강산을 '반만년 찬란한 역사와 문화' 무궁화향기로 형상화하였다. 또한 노래는 고구려의 상무정신과 신라의 화랑을 내세워 민족정신과 민족의식의 고양에 역점을 두었다. 그렇다. 일제식민지치하에서 우리에게 모자란 것은 상무정신으로 읽혀졌던 것이다. 일본에게 사무라이 중심의 상무정신이 있다면 우리에게도 그와 비견되는 고구려무사와 화랑도정신이 있는 것이다.

1940년대 광복군에서 불린 <광복군 항일 전투가>는 아름다운 자연과 민족의 역사를 생동한 시적 형상 속에 담아 노래한 가요이다. 물론 그러한 가사언어 속에서 백절불굴의 정신과 피의 수사학이 숨겨져 있다.

동반도의 금수강산 산천리 땅은
반만년의 긴 역사를 자랑하였고
그품에서 자라나는 모든 영웅은
누구든지 우리위해 피를 흘렸다
본받어라 선렬들의 자유의 독립을
쟁취하기 위하여 싸워 죽었다
삼십여년 흑암속에 노예생활은
자나깨나 망국한을 잊을수 없다
천고의 한 우리원쑤 그 누구인가
삼도왜놈 제국주의 조작아닌가
때가왔다 우리들의 복수할 시기가

너와 나의 피로써 광복에 바치자

하략

―〈광복군 항일 전투가〉(1940년대)

이 노래는 아름다운 강산과 자랑스러운 역사와 피를 대치시킴으로써, 흘려야/흘린 피는 더 없이 값진 것이라고 찬미한다. 한 개인의 피를 "삼천리 땅"과 "반만년 역사"와 접합시킴으로써, 웅혼한 감성으로의 도야를 주목하는 것이다. 서정적주인공은 금수강산과 자기 땅을 빼앗겨 피를 흘리는 독립 군인으로 되어있다. 서정적주인공은 '동반도의 삼천리 땅'을 '그 품'이라고 한다. 조금 확대해석한다면, 근엄한 부모의 더없이 따스한 품을 연상시키는 대목인 것이다. 따라서 '삼십 여년 망국노예'로 사는 운명을 통탄하면서 침략자들을 '우리 강토'에서 몰아낼 때까지 죽도록 싸우자는 민족적 지향을 노래하였다. "복수할 때가 왔다. 광복할 때가 왔다"는 가사가 더욱이 그러한데 여기서 "때"는 시간속의 어느 지점으로서의 '때'가 아니라 항상 인 것이다. 그때 항상 그 노래를 불러졌을 테니깐 말이다.

이와 같이 민족역사에 대한 찬양은 창가와 광복군가에서 아름다운 자연, 민족영웅 등 다양한 측면으로 근대의식을 반영하였다. 위에서 언급했다시피, 여기서 '피의 수사학'은 곧 근대의식인 것이다.

> … 국가의 위기시에 반란을 일으켜 첨예한 계급투쟁을 전개한 서양의 민중과는 달리 한국 민중들은 일치 단결하여 외국의 침략에 맞서 민족투쟁을 벌였다는 것이 민족사의 특징으로 자주 강조된다.[11]

여기에서 '한국 민중'을 조선민족으로 치환해도 될 것이다. 즉 우리의

---

11) 임지현, 민족주의는 반역이다, 소나무, 2005, 69쪽.

근대사가 외세와의 혈전과 불가분한 것만큼이나 그 근대는 피의 수사학을 요청할 수밖에 없는 것이다. 일본제국주의를 몰아내는 것, 그 의지와 정신을 음악언어로 담아내는 것이 곧 근대음악인 것이다. …

■ 민족자강에 대한 옹호

나라를 빼앗긴 민족의 슬픔과 민족적자강의 애국 감정을 담은 조선족 가요는 1920년대부터 1940년대 사이에 창작되어 널리 불려졌다. 이러한 원인과 결과는 자명하고 판명한 것이다.

민족자강의식은 주로 독립군과 광복군 등 군부대에서 민족자주권을 쟁취하기 위한 독립투쟁에 대한 긍정에서 표현되었다. 그 주요한 작품들로는<독립운동가>, <독립군가>, <최후의 결전> 등에서 볼 수 있다.

그럼 가요 <독립운동가>를 살펴보자.

> 동포들아 일어서자 용감하게
> 적수공권 뿐이라도 두려울소냐
> 정의 인도 광명이 비치는 곳에
> 원수의 천군만마 능히 이기리
> 독립만만세
>
> 하략
>
> － <독립운동가>[12](1919)

말 그대로 자유의 기발을 높이 들고 용감하게 일어서면 비록 적수공권이라도 두려울 게 없다고 했다. 그것은 의지의 산물인 것이다. 즉 우리의 뜨거운 가슴들이 '이제야 10년 원한을 풀 때가 왔'고, 독립만세를 '하늘에

---

12) 1919년 림시정부 제23호로 지정된 독립운동가, 독립운동년감, 61쪽.

닿도록' 외치고 있기 때문이다. 폭력과 억압에 맞선 윤리적이고 도의적인 함성인 것이다. 즉 '정의, 인도, 광명이 비치는 곳에 원수의 천군만마 능히 이기리' 라는 도덕적 확신을 갖고 있기 때문이다. 더 나아가 그들은 '단군 자손 억만대의 자유를 위해 이천만이 소리 높여 독립 만만세'를 부르고 있는 것이다. 즉 '독립'과 '만세'는 모든 것을 뛰어넘고 잠재우는 강력한 근대적 구호인 것이다.

　이러한 강한 민족자강과 독립의식을 주창한 또 다른 가요는 1920년 3월1일 상해임시정부 기관지인 <독립신문独立新聞>에 발표되었던 <독립군가>[13]이다. 무려 12절에 달하는 이 가요는 1919년 '3·1'운동이 일어난 후 남북만주의 독립군이 상해임시시정부 산하로 통합되어 북만에서는 북로군정서, 남만에서는 서로군정서로 정비되면서 독립전쟁을 준비할 때 불린 노래이다.

　　　나아가세 독립군아 어서 나아가세
　　　기다리던 독립전쟁 돌아 왔다네
　　　이 때를 기다리던 십년 동안에
　　　갈았던 날랜 칼을 시험할 닐이

　　　나아가세 대한민국 독립군사야
　　　자유독립 광복할 날 오늘이로다.
　　　정의의 태극깃발 날리는 곳에
　　　적의 군사 낙엽같이 쓰러지리라.

　　　(3, 4절 중략)

　　　탄환이 빗발같이 퍼붓더라도

---

13) <광복의 메아리>에는 이 <独立軍歌>가 <독립군행진곡>으로 소개되어 있고 발표일자도 1920년 2월 17일로 되여 있음.

창과 칼이 네 앞길을 가로막아도
대한의 용장한 독립군사야
나아가고 나아가고 다시 나가라

최후의 네 핏방울이 떨어지는 날
최후의 네 살점이 떨어지는 날
네 그리던 조상이 다시 살리라
네 그리던 자유 꽃이 다시 피리라14)

(하략)

　　　　　　　　　　　　　　　　- <독립군가>(1920)

　국가와 민족의 최악의 비운을 맞아 식민지통치에 반항하며 독립을 꿈
꾸었던 10년의 세월, 드디어 갈고 갈았던 서슬 푸른 칼을 들고 자유 독립
을 위해 싸울 날이 왔기에 최후의 핏방울, 살점이 떨어질 때까지 싸우겠
다는 비장한 투쟁의지를 강하게 드러나고 있는 이 가요는 당시 다른 가사
들에 비해 남성적화법의 사용으로 장중하고 꿋꿋한 기상이 흘러넘치고
있다. 더군다나 너의 진 붉은 피와 검붉은 살점 위에서 조상의 넋과 자유
의 꽃이 피어난다는 부분이 더욱 그러하다. 죽음은 '아름다운' 것이고 살
과 피는 "꽃"을 피우는 충분한 자양분이 되여야 하는 것이다. 또한 군사학
교 교가들도 민족적 자긍심과 자주, 자강의식을 강조하여 조선인사회와
정서적 공감대를 형성하였으며 사회의 각계각층에 널리 전파되었다.
　일례로 신흥무관학교의 교가를 들 수 있다.

西北으로 黑龍大原南의 寧浙의
여러 萬萬軒轅 子孫 업어기르고

---

14) 동상서, 58~59쪽.

東海성중 어린것을 품에다 품어
젖먹여준 이가 뉘요
우리 우리 倍達나라에
우리 우리 祖上들이라
그네 가슴 끊는피가 우리핏줄에
쫠쫠쫠 걸치며 돈다.

장백산밑 비단같은 만리락원은
반만년래 피로 지켜온 옛집이어늘
남의 자식 놀이터로 내어맡기고
종서를 받느니뉘뇨
우리 우리 배달나라에
우리 우리 자손들이라
가슴치고 눈물 뿌려 통곡하여라

칼춤 추고 말을 달려 몸을단련코
새론 지식 높은 인격 정신을 길러
썩어지는 우리민족이 끌어내어
새 나라 세울이 뉘뇨
우리 우리 배달나라에
우리 우리 청년들이라
두팔 들고 고함쳐서 노래하여라.
자유의 깃발이 떴다15)

— <신흥무관학교 교가>(1910년대)

    "쫠쫠쫠 흐르는 붉은 피", "(이제 망가진) 반만년래 피로 지켜온 옛집", "가슴치며 눈물뿌려 통곡하는 이"등이 유구한 역사와 그것이 마주한 오늘날의 참담한 사태라면, 그러한 잔혹한 현실을 극복하는 것이 역사적이고

---

15) 원의상, <신흥무관학교>, <독립운동사자료> 제10집 제1호, 독립운동사편찬위원
    회, 1975, 240쪽.

영웅적인 작금의 행동이라는 가사결구를 고스란히 보여주는 것이다. 즉 신흥무관학교는 역사와 현실(과 미래)이 만나는 지점에 위치하는 것이다.

두말할 것도 없이, 당시 중국의 동북지역에서 전개되었던 조선인의 민족독립투쟁은 성세호대하게 전개되었기는 하였지만 그 물질적 기반이나 제반 조건들이 극도로 열악하였다. 이러한 상황에서 무장투쟁을 보다 효과적으로 전개하기 위하여서는 많은 사람들의 참여를 이끌어 내야했고 또한 강력한 정신력에 의존하지 않으면 안 되었다. 군사학교의 학생 혹은 독립군부대의 병사들은 반일구국의 일념으로 고향을 등지고 황막한 중국의 동북지역으로 찾아왔는바 이들이 험악한 환경과 조건을 이겨내기 위해서는 사기와 정신력의 중요성이 그 무엇보다 중요했다고 할 수 있다. 따라서 군가는 매우 중요하고 또한 효과적인 정신적 무기가 되었다.

항일독립투사들의 불굴의 정신과 용감성은 1920년대 독립군진영에서 널리 불렸던 가요 <항일전선가>[16]에서 잘 보여 지고 있다.

> 착취받고 억압받는 배달민족아
> 항일의 전선에 달려나오라
> 다달았네 다달았네 우리나라의
> 독립의 활동시대 다달았네
> (후렴) 풍운같이 일어나자 모든일터에서
> 달려가자 독립전선 한마당에로
>
> 병사는 칼을 들라 선봉전에서
> 노소도 소원대로 총동원하라
> 원수들을 처없애는 최후의 결전에
> 한마음 한소리로 모여들어라
> (후렴)

---

16) 독립군가보존회, 광복의 메아리(독립군가곡집), 1991. 60쪽.

소화궁전 활금탑에 폭탄던지고
군벌재벌 소굴에 불을지르자
백의동포 학살하는 강도놈들을
단두대에 목을 잘라 복수를 하자
(후렴)

독립문에 자유종을 높이 울리고
삼천리에 태극기를 펄펄 날릴제
수십년을 짓밟히던 무궁화동산
우리조국 낙원으로 만들어 보자
(후렴)

- <항일전선가>(1920년대)

이 노래의 시적화자는 '독립활동의 시대 다 달았네'라고 외치면서 '착취 받고 억압 받는 배달민족'은 모두 '한마음 한소리'로 모이고 일어나 '백의동포 학살하는 강도 놈들을 단두대에 목을 자르고' '소화궁전 황금 탑에 폭탄 던지고' 복수를 하여 '독립문에 자유종을 높이 울리고 삼천리에 태극기를 펄펄 날리는' '무궁화의 동산'과 '낙원으로 만들어보자'고 노래하고 있다. 여기서 소화궁전昭和宮殿이란 일본 황제가 살고 있는 궁전을 말함이니 독립군의 멸적의 의지와 기세가 얼마나 강하고 높은가를 알 수 있다. 이 노래의 이러한 추호의 숨김도 없는 '강렬한 직설적 표현'[17] 은 독립군가요의 가장 특징적인 것이다. 그만큼 언어적 사용에 있어서 "모질고 과격하다." 결전, 단두대, 칼 등 언표와 연접되는 형용사나 동사의 극단적 사용이 더욱 그러하다. 노인이나 아이들이나 할 것 없이 모두 칼을 들고 나와 왜놈들의 목을 사정없이 자르는 피의 축제를 만끽하자는 포효인 것이다. 그만큼 짓밟힌 무궁화강산은 더 없이 아름답고 소중한 것일진대,

---

17) 신광호, 일제강점기 가요의 정서 연구. 한국학중앙연구원, 2009. 168쪽.

이러한 가사가 1920년대에 창작되었다는 점에서 우리는 당시의 비분강개한 감정과 질풍노도의 강도를 충분히 체감할 수 있다.

일제의 식민지로 전락한 조선을 등지고 중국이라는 낯선 땅에서 이주민으로 살아온 중국조선족의 역사는 고난의 역사요, 피눈물의 역사였다. 그들에게 있어서 일제를 몰아내고 국권회복의 소망은 그 누구보다도 간절했다. 민족자존, 자강의지로 불타는 가요들은 애국적인 중국조선족 청춘남녀들로 하여금 민족독립에 대한 사명감과 책임감을 안고 험난한 독립투쟁의 길에 나서게 하였다.

이러한 주제의식을 반영한 노래로는 항일가요 <최후의 결전>[18]에서도 볼 수 있다. <최후의 결전>은 뽈스까의 <와르샤와 혁명행진곡>에 윤세주가 가사를 붙인 것임을 조선의용군 전사들인 최채, 김학철의 회고에서 볼 수 있다. 1930년대 말부터 1945년 사이 관내의 조선인 무장부대인 조선의용대, 한국광복군, 조선의용군 부대에서 불린 윤세주의 <최후의 결전>이 러시아 혁명가요를 수용한 대표적인사례로서 폴란드의 와르샤와 혁명행진곡(Varschavianka)이 러시아혁명을 계기로 전 세계로 퍼졌던 것과 마찬가지로 민족독립의지와 감정, 그리고 민족적 기개를 간결한 형식으로 표현하고 있다. 말하자면 혼용적인 형식에 우리민족의 얼을 올곧게 담아낸 것이다.

> 최후의 결전을 맞으려 가자
> 생사적운명의 판갈이로
> 나가자 나가자 굳게 뭉치어
> 원수를 소탕하러 나가자

---

18) 1930년대말기부터 1945년까지 중국의 관내에 있던 조선의용대, 한국광복군, 조선의용군에 널리 불리워진 대표적인 노래의 하나이다. 김덕균, 윤세주의 항일가요 '최후의 결전'에 대하여. 한국음악사학보, 1991,제7집, 5쪽 재인용.

총칼을 메고 혈전의 길로
다앞으로 동지들아
독립의 깃발은 우리앞에 날린다
다앞으로 동지들아
무거운 쇠줄을 풀어헤치고
뼈속에 사무친 분을 풀자
삼천만 동포여 모두 뭉치자
승리는 우리를 재촉한다
(후렴)

－ <최후의 결전>(1930년대)

이 노래는 최후의 결전을 통해 자주와 독립을 이룩하려는 민족의 염원과 의지를 잘 표현하고 있다. 아울러 1930년대 조선의용대에서부터 시작하여 한국광복군, 조선의용군에 이르기까지 널리 불렸다는 사실은, 나라를 빼앗긴 민족적 울분과 독립의 애국적 지향과 투쟁결의가 "결전"에서 유기적으로 잘 결합된 데서 연유한 것이리라. '총칼을 메고 혈전의 길로', '다 앞으로 동지들아', '독립의 깃발은 우리 앞에 날린다.', '다 앞으로 동지들아'로 된 후렴구는 나라를 빼앗긴 울분, 혈전의 길로 나가려는 앙양된 정서를 민족 투쟁정신으로 승화시키고 결속하는데 효과적이라고 볼 수 있다.

이처럼 일제에 대한 분노와 저항을 바탕에 깔고 형성된 민족자강의식은 중국조선족가요의 주제성향의 진보성을 한층 강화했다. 이 가요들의 특징은 대부분 일제의 만행을 열거하여 민중의 분노를 촉발시키는 동시에 그러한 일제의 만행을 그냥 두고 볼 수만은 없으니 모두 일떠나서 목숨 걸고 싸워 이겨야 한다는 도리를 직설적으로, 그리고 명료하게 표현하고 있다. 1940년대 한국광복군에서 불렸던 <류랑인의 노래>, <광복군 제2지대대가> 등도 민족독립과 자강의식을 잘 보여주는 노래들이며 아울러 민족주의 경향을 보여준 노래들이라는 점에서 특히 주목된다.

모두어 말하면 강렬한 민중계몽의식과 강성대국(문명)에 대한 추구와 열망, 민족역사에 대한 돈후한 사랑과 집요한 애착, 민족자강의 웅혼한 꿈은 모두 반봉건 반 식민지적 근대적 지향으로서 교가, 창가, 독립군가, 광복군가 등 민족해방을 위하여 부른 노래들에 깊이 침전되었다. 민족주의경향과 음악과 모더니티는 불가분 한 것이었다.

제2절 계급의식의 신장

1930년대에 접어들면서 항일혁명투쟁의 지속적인 전개와 함께 항일군 부대에서는 항일혁명가요들이 창작되었는데 이러한 항일가요들은 무산계급혁명의식이 표현되고 있다. 구체적으로 보면 반식민지 반 봉건사회에 대한 비판, 무산계급해방에 대한 지향, 항일투쟁의 승리에 대한 불굴의 신념 등을 열정적으로 노래하였다.

계급의식을 반영한 가요는 주로 동북지역의 항일유격대와 항일연군, 나아가서 인민대중들 속에서 널리 불려졌다.

■ 반식민지반봉건사회에 대한 비판

망국의 백성으로 정든 고향을 등지고 산 설고 물 설은 땅 중국에서 이주민으로서 새로운 삶의 터전을 개척하는 과정에서 조선족은 일제와의 모순, 계급적 모순 등 여러 가지 복잡한 모순과 갈등, 그리고 부조리한 사회제도로 말미암은 여러 가지 피해를 받아야 했다. 따라서 조선족 인민대중들은 일제와 그와 야합한 지주, 자본가들의 이중삼중의 착취와 억압 속에서 생존의 권리를 박탈당하고 비참한 생활고에 시달렸다. 예리한 통찰력을 가진 창작자들은 그러한 사회 모순에 대한 폭로, 비판의 목소리를 높였다.

이 시기 모순된 현실에 대한 대중들의 증오와 규탄의 감정을 반영한 가요들이 발전하였다. 특히 일제의 식민지 약탈정책을 폭로비판하면서 그로 인한 대중들의 비참한 생활처지와 울분, 고통을 강요한 일제와 봉건세력들에 대한 증오의 감정을 진실하게 반영하였다.

식민지 반봉건사회제도에 대한 비판의식이 잘 드러난 대표적인 작품으로는 가요 <사회모순가>, <일주일가>, <반일전가> 등이 있다.

가요 <사회모순가>를 보면 다음과 같다.

> 일제놈의 사회제도 관찰한다면
> 만가지 큰 모순이 여기 있고나
> 평등 행복 구하려는 시대의 마음
> 이런 불평 그대로 못 참을거라
>
> 자동차가 우릉우릉 다니는 길은
> 로동자 농민들이 닦은 길인데
> 길닦을 때 놀던 놈 지나는 바람에
> 길닦은 이내놈 통분하고나
>
> 3.4.5.6절 략
>
> 돈이며 세력이란 그 무엇이냐
> 모순된 이 물건을 없애버리자
> 온 세상이 골고루 잘살수 있는
> 새 제도를 세우려 일어들 나자
>
> — <사회모순가>(1930년대)

7절로 된 이 노래는 일제의 착취와 무단통치의 현실을 예리하게 폭로 비판하여 항일유격구 뿐만 아니라 인민대중의 계급각성을 불러일으키는 훌륭한 역할을 하였을 것이다. 그리고 우리가 주목해야 할 부분은 식민지 압박과 착취로 인하여 고통을 받고 있는 노동자, 농민들의 참상을 제시할 뿐만 아니라 나아가서 모순된 사회를 뒤엎고 새 제도를 세우려는 결의를 다지고 있는 점이다. 그리고 한 해 동안의 노동의 결실을 일제 놈들에서 수탈당하여 조밥도 차려지지 않은 현실상황, 돈 없으면 병 치료도 못하는 그러한 현실제도에 대한 항거의식을 표현하고 있다. 아울러 일제의 침략과 만행, 부패무능한 통치자들의 죄행을 폭로, 비판하고 그러한 사회모순을 극복하고 '골고루 잘 살 수 있는 새 제도를 세우려 일어들 나자'고 하면서 민중들의 각성과 궐기를 촉구했다. 전편에 걸쳐 작품은 심각한 사회모순에 대해 강한 비판의식을 드러내고 있으며 새로운 사회에 대한 열망을 훌륭히 보여주었다. 다시 말하자면, 그것은 단순히 주권 회복이나 금수강산을 되찾자거나 강도보다 못한 왜놈의 피를 받아내자는 '일차적인 의미'가 아니라, 썩고 썩은 사회(모순)자체를 절개하고 새로운 제도를 구축하자는 의식을 드러낸다는 점에서 상기에서 분석했던 가사들과 변별점을 명약관화하게 보여주는 것이다. 즉 어느 정도의 '복합적인 사회의식'(사회 역사발전 전개의 분석틀)을 가지고 부조리한 현실을 직시하고 갈파하고 있는 것이다.

또한 기한에 혜매는 인민대중들에게 무참하게 유린하는 자본사회와 제도의 진면모를 폭로하면서 모든 민중들에게 일제를 반대하는 투쟁에로 일어나 설 것을 호소하기도 했다. 1932년 화룡현위서기로 있었던 최상동[19])이 작사한 <기민투쟁가>가 대표적 작품이다.

---

19) 최상동은 1901년 러시아 연해주의 한 조선족마을에서 태어났다. 그는 1930년에 중국공산당에 가입하였으며 1932년에 화룡현 약수동을 거쳐 동만의 광활한 대지에서 항전을 불러일으켰던 <기민투쟁가>를 창작하였다.

기한에서 헤매이는 기민대중아
도시에서 농촌에서 다 일어나라
산송장을 묶어내는 원쑤제도를
쇠망치로 곡괭이로 때려부시자
(후렴)나가자 싸우자 굳게 뭉치여
무산정권 세우려 나가싸우자

오직 한길 혁명에서 살길을 찾자
나리님 하느님도 돕지 않는다
우리에겐 감옥밥만 차례지거니
제힘으로 새 사회를 어서 세우자
(후렴)

삶을 위해 기민전이 열리였으니
자본가와 지주에게 달려들어라
적의 창고 적의 금고 헤쳐내고서
기민대중 모두다 구제를 하자
(후렴)

하략

— <기민투쟁가>(1932년)

평강구 인민들을 투쟁에 일떠서게 한 이 노래는 자본가와 지주들의 강도적 착취와 약탈에 대한 날카로운 폭로규탄, 원수들에 대한 불타는 적개심과 증오심, 피압박기민대중은 자본사회와 제도를 뒤엎고 한결같이 일어나 싸워 새 사회를 건설해야 한다는 사상이 반영되어있다. 더군다나 무산계급 정권을 세우는 것이 모든 불평등을 잠재우는 길임을 제시한다는 점에서 그 계급의식이 선명하게 드러난다. 그것의 지향점은 단순히 부국강병, 그 근대국가 축조가 아니라 무산계급이 주축이 된 새나라 건설이다.

이외에 <농민혁명가>, <농촌쏘베트>도 낡은 사회제도와 모순을 신랄하게 폭로비판하고 있으며 혁명투쟁으로 낡은 사회를 뒤엎어야 함을 호소하고 있다.

상기한 의식성향을 드러낸 가요 중에서 중요한 자리를 차지했던 형식은 수자풀이나 글자풀이 가요였다. 특히 <일주일가>와 같이 수자풀이나 글자풀이 가요들은 음악형식이 간결하고 음악언어가 소박한 특점이 있고 네 개 악구로 되어있어 대중들이 쉽게 배우고 누구나 부를 수 있는 평이성과 통속성을 가지고 있다.

> 일요일이라 일본제국주의
> 강도놈들은 강도놈들은
> 이삼월에 눈 녹듯이
> 쓰러지누나 쓰러지누나
>
> 토요일이라 토지 깔고 호강하던
> 지주놈들은 지주놈들은
> 철저히 조사하여
> 청산합시다 청산합시다
>
> 금요일이라 금은보화 가지놈들
> 없애버리고 없애버리고
> 평등평화 새사회를
> 건설합시다 건설합시다
>
> 하략
>
> — <일주일가>(1930년대)

가요는 일제와 그 앞잡이 지주에 대한 격멸의 사상과 인민대중은 총동원되어 새 사회건설에 나설 것을 노래하고 있다. <일주일가>와 함께 전형적인 수자풀이 노래로는 장백산유격구에서 불렀던 <십진가>이다. 이러한 노래들은 '새로운 사회제도'로 이루어진 항일유격근거지에서 무산계급문화가 싹트고 발전하면서 혁명투쟁과 긴밀히 결부되어 인민을 단합, 교양하고 적을 타격하는 유력한 무기로 사용되었다.

선들바람 불어오는 가을만 되면
피땀흘려 지여놓은 모든 농작물
지주와 자본가에 다 빼앗기고
혁명의 길 찾기에 피가 뜁니다

혁명위해 무장들고 단합하여서
번개같이 달려가는 유격대앞에
개떼처럼 쓸어드는 군벌놈들은
봄눈이 녹아나듯 쓰러집니다

전 세계의 로농대중 단합하여서
혁명전에 용감하게 뛰여나오라
제국주의 토호들을 청산하고서
가난한 농민에게 나눠줍시다

— <농민혁명가>(1930년대)

이 노래는 식민지 반봉건사회에서 지주와 자본가들의 착취에서 벗어나 무장투쟁에 떨쳐나선 항일유격대의 혁명 기세에 대하여 노래하고 있다. 따라서 전 세계 노농대중이 단합하여 제국주의와 토호를 청산하고 농민들에게 땅을 나누어 주려는 혁명사상도 고취하고 있는바 선진적인 혁명사상의 영향도 가늠케 한다. 이 노래는 당시 유격구에서 항일유격대와 대중들에게 널리 불린 노래이기도 하다. 전 세계 무산자여 연합하라는 막스의 테제를 가사화했다고도 볼 수 있다.

가요 <농촌쏘베트>는 통렬한 사회비판의식과 함께 새로운 사회정권
을 수립할 것을 호소하였는바 사회주의사상의 영향이 짙게 드러나 있는
작품이다.

　　　기차는 간다고 높은 고동을 트는데
　　　혁명은 왔다고 물 끓듯하누나
　　　(후렴)엥 헤야 어야 끝까지 피 흘려라
　　　쏘베트 위하여 끝까지 싸워라

　　　때려라 부셔라 지주 자본가 그놈들을
　　　찔러라 죽여라　제국주의 군벌을
　　　(후렴)

　　　용감한 주먹은 붉은 용사에 달리는것
　　　지주를 타도하고 농촌쏘베트 건설하자
　　　(후렴)

　　　찾아라 뺏아라 지주 토지와 재산을
　　　넘겨라 주어라 빈고농민들에게
　　　(후렴)

　　　무장코 나서라 농촌의 쏘베트야
　　　혁명의 재판에 반혁명은 목짤린다
　　　(후렴)

　　　　　　　　　　　　　　－ <농촌쏘베트>(1930년대)

이 노래에는 혁명이 도래하는 붉은 기상과 함께, 지주, 자본가와 제국
주의를 때려 엎고 군벌을 박멸하려는 강한 의지, 쏘베트정권 수립을 위해
정진하려는 불굴의 투쟁정신과 새로운 정권을 수립하려는 계급적성향이

훌륭히 반영되어있어 상응한 주목을 요청한다. 모주석이 지적한바와 같이 지주, 자본가, 제국주의 및 군벌은 워낙 중국혁명의 삼대산이었다. 그만큼 중국혁명은 간고한 것만큼 피 끓는 적개심과 굴할 줄 모르는 혁명정신을 요구하였던 것이다. 그만큼 유토피아적인 색채가 강하였던 것이다.

> 유토피아는 공상적으로 구상된 이상형을 말하는데, … 그들이(모어, 캄파넬라, 베이컨 등) 그려 보인 사회에서는 공동재산, 공동노동, 공동생활이 추구되었으며, … 이러한 구상은 그 후의 사회주의나 공산주의 사회에 관한 사상을 앞으로 보여주는 것인데, …20)

우리는 공상적 사회주의를 극복한 것이 과학적공산주의임을 알고 있다. 역으로 역사 유물론에 바탕을 둔 과학적 공산주의가 공상적 사회주의에 젖줄을 대고 있음을 알고 있는 것이다. 아울러 사회구조가 가장 탈구된 시공(제정러시아, 구 중국, 해방이전의 조선)에서 유토피아(이상주의)를 근간으로 사회주의국가가 건설되었음을 상기할 때, 첨예한 계급투쟁의식을 근간으로 한 일계열의 가요들 속에 강력한 유토피아 정서가 흘러넘치고 있음은 결코 우연이 아닐 것이다.

■ 무산계급해방에 대한 지향

해방 전 조선족사회에는 일제의 압박에서 벗어나려는 민중의 투쟁과 더불어 무산계습의 진정한 해방을 위한 선진적사상이 싹트기 시작했다. 가요창작에 있어서도 이러한 계급의식은 자유평등에 대한 젊은 세대들의 추구와 갈망과 연결되어 표출하였다.

대표적인 노래로는 <자유가>를 볼 수 있다.

---

20) 임석진 외 25인, 철학사전, 중원문화, 2008, 524쪽.

사람은 사람이라 이름 가질 때
자유권을 똑같이 가지고 왔다
자유권 없이는 살아도 죽은것이니
목숨은 버리여도 자유 못보려

억눌린 아이들아 어서 자라서
우리들의 자유를 지켜 싸우자
원쑤야 너의 힘이 그 얼마나 되느냐
레닌의 싸움법이 여기도 있다

차라리 다 죽어서 자유혼 돼도
이몸쓰고 종노릇 할줄 아느냐
자유권 없이는 살아도 죽은것이니
목숨은 버리여도 자유 못버려

— <자유가>(1930년대)

이 노래는 인간이라면 누구나 똑같이 자유권을 가지고 있고 목숨을 버릴 수 있어도 자유는 버릴 수 없다고 하면서 자유를 지키기 위해 끝까지 싸울 것을 호소하고 있다. 그러나 '레닌의 투쟁 법'이 등장하는 부분에서 우리는 작곡가가 1798년의 인권과 자유개념과 1917년의 구 소련식 자유 개념을 병치시키면서, 그 계급적 입장을 튼튼히 하고 있음일 알 수 있다. 즉 자유"일반"을 자산계급의 자유개념과 무산계급 자유개념으로 나누어 보면서 그 입지점을 분명히 하는 것이다. 말 그대로 공산주의 사상과 투쟁정신으로 무장해야만 진정한 자유를 획득할 수 있으며 자유 없는 행복은 죽은 목숨과도 다름이 없다고 강조/주장하고 있는 것이다.

1930년대 초 연변을 중심으로 중국공산당이 영도하는 항일근거지에서는 소련정권이 수립되어 노동자, 농민들은 무산계급 혁명기치를 선명하게 내세웠다. 항일가요들은 이러한 사회적 변혁을 열정적으로 노래하였다.

착취받고 압박받는 무산 대중아
혁명의 결사전에 달려나오라
다달았네 다달았네 온 천지에
무산혁명시기가 다달았네
여지없이 부서내자 부르죠아사회를
낱낱이 박멸하자 제국주의아성을

로동자는 망치를 둘러메고
농민은 괭이와 호미를 메고
부르죠아 박멸하는 최후결전에
한마음 한뜻으로 달려나오라
여지없이 부서내자 부르죠아사회를
낱낱이 박멸하자 제국주의아성을

전세계 무산자는 서로 돕고
모두다 단결하여 싸워나가자
고초도 죽음도 두려움없이
광명에 싸여서 힘을 다 낸다
최후의 결승전에 승리할 때에
새사회의 주인공은 우리 모두다

- <결사전가>(1930년대)

이 노래는 노동자, 농민들을 비롯한 무산대중들을 단합하여 부르주아
사회와 제국주의 사회를 박멸하고 새 사회 주인이 되려는 의식성향이 짙
게 나타나고 있다. 즉, 우리가 '행복하지 않은 것'은 자산계급과 제국주의
때문이기에 행복할 권리를 추구하기 위한 유일한 길은 그들을 철저히 박
멸하는 것임을 웅변하고 있는 것이다.…

다음으로 무산계급의 해방적 지향을 노래한 것으로는 항일가요 <불평
등가>에서도 찾아볼 수 있다.

혁명을 찾아서 암초 많은 바다로
감옥살이 두려우랴 혁명대렬 앞으로
어느곳의 감옥이 내집처럼 되든지
단두대의 이슬대도 겁날것 없다
적은 무리 잘살고 많은 대중 못사는
자본주의 노예의 그 설음 원통해

일어나라 로동자 농민과 녀성들
불평등한 현사회를 때려부시자

　　　　　　　　　　　　　　－ <불평등가>(1930년대)

　이 노래는 장백산 항일유격구에서 불리던 노래로서 불평등에 대한 비
판과 자유에 대한 갈망 그리고 혁명적 이치를 밝혀주고 인민대중을 각성
시키는데 중요한 역할을 하였다.

　식민지 조선에서 탈출하여 중국이라는 낯선 땅에 찾아왔지만 또 다시
일제의 억압과 통치로 말미암아 노동자, 농민들은 2중, 3중의 압박과 착
취를 받아야 했다. 그러므로 민족적 해방은 계급적해방과 등치되기도 하
는 것이다. 가요 <무산자의 노래>, <망명자의 노래>, <농민혁명가>
등은 바로 이러한 현실의 소산所产이였다. 이러한 노래를 부르면서 중국
조선족은 일제와 그 주구들인 봉건세력에 맞서 투쟁하였다. 일제와 봉건
세력이 결탁된 지배양식을 살펴볼 때, 우리는 무산계급이 왜서 일본과 봉
건세력에 무자비한 칼 세례를 주려는지 유추해 볼 수 있다.

　　… 만주국은 실권을 광동군 군사고문과 차관급 일본인 관리들을 장
　악했지만, 국가원수 이하 장관 등 주요관직에는 중국인을 기용하는
　지배형식을 취하였다. 실질적으로는 괴뢰국가였지만 대외적으로는
　'독립국'의 면모를 과시하기 위해서였다. …21)

일례로 왕정위 괴뢰집단의 경우에서도 보여주다시피, 주구를 앞세운 '간접통치'의 형식인 것이다. 인력을 최대한 절약하면서 효과적인 통치체제를 유지 할 수 있는 알락한 수단인 것이다. 그러나 어떤 '간접통치'였는지는 세밀한 사회구조학적 분석을 요구하겠지만 편폭의 제한으로 다음 장절로 넘어가도록 하자.

■ 항일투쟁의 승리에 대한 불굴의 신념

중국 조선족가요 창작은 항일투쟁발전의 현실적 요구에 따른 일련의 특징을 보여주면서 항일 전사들과 대중들을 계몽하고 교양하는데 중요한 역할을 하였다. 특히 항일가요의 가창활동을 통하여 간고하고도 장기적인 항일투쟁에서 항일 전사들의 혁명투쟁에 대한 신심과 불굴의 정신을 앙양시켜주었으며 대중들에게도 항일투쟁의 승리에 대한 확고한 신념을 안겨주었다. 따라서 항일가요는 민족해방, 계급해방에 대한 지향을 노래하기도 했으나 점차 중조 두 나라의 반제반봉건투쟁과 그에 따른 혁명의식을 노래하였다.

일제에 대한 적대감과 분노, 항쟁의 승리로 말미암은 격정과 희열은 <유격대행진곡>, <반일전가>, <혁명가>, <조선의용군행진곡>(리정호 작사, 작곡), <조국위해 싸우자>(작사자 미상, 정률성 작곡) 등과 같은 노래에서 잘 나타나고 있다. <유격대 행진곡>[22]은 "넙데기"란 별명을 가진 항일 전사가 가사를 붙인 것[23]인데 '어떠한 난관과 시련 앞에서도 굴하지 않

---

21) 일본사학회, 동상서, 176쪽.
22) 당시의 유격대원이였던 박성우는 <유격대 행진곡>이 창작된 경유에 대하여 다음과 같이 쓰고있다. <1933년이라고 생각된다. 음악에 매우 취미 있어 하였으며 재간있던 한 대원(당시 그의 별명은 넙데기라 하였다)이 혁명적무장 투쟁에 고무되여 단 며칠 사이에 <유격대 행진곡>을 창작하였다.
23) <유격대행진곡>의 곡은 유럽의 행진곡을 모방하였다고 김덕균의 <보귀한 문화유산-항일가요>(예술론문집) 99페이지에서 론하였다.

는 불요불굴의 혁명적 투쟁정신이 깃든 간고한 무장투쟁 행정에서 창작되어 불렸던 혁명적 노래'라고 조선 <혁명가요집>24)에도 수록하고 있다.

김덕균은 이 노래의 선율을 유럽의 행진곡을 모방하였다고 하나 이 노래의 선율은 1908년 (일본명치 41년) 神長瞭月(shén zhǎngle yuè)의 작사, 작곡으로 된 <하이카라 절ハイカラ節>의 선율인 것이다. 1914년 연길시 광성 중학교에서 사용했던 <최신창가집>에는 이 선율에 <전진>25)이라는 가사를 붙였는데 32소절 중 28소절의 <하이카라 절ハイカラ節>26)의 선율과 거의 일치하다. 다만 전반 작품의 리듬 형이 변화되었다. 일본 군국주의의 창가를 우리식으로 전유한 것이다. 말하자면 아이러니한 전도적 역설구조를 보여주는 것이다.

> 통상적 어법에서 전유란 자기 혼자만 사용하기 위해서, 흔히 허가 없이 뭔가를 차지하는 것이다. … 전유는 어떤 형태의 문화자본을 인수하여 그 문화자본을 원소유자에게 적대적으로 만드는 행동을 가리킨다. … 재전유는 한 기호가 놓여있는 맥락을 변경함으로써 그 기호를 다른 기호로 작용하게 하거나 혹은 다른 의미를 갖게 하는 행위를 수반한다.27)

그렇다. 우리는 "하이카라 절ハイカラ節"을 神長瞭月(shén zhǎngle yuè)의 "동의 없이" 자기마음대로 <전진>, <유격대행진곡>으로 고쳐 썼을 뿐만 아니라 그러한 전진은 곧 일본군에게 무리죽음을 안겨주는 돌진이었다. 즉, 원 생산지인 일본제국에 적대적으로 총구멍을 겨누라고 호소하

---

24) 조선로동당중앙위원회직속당역사연구소 편, 혁명가요집. 조선로동당출판사, 1959, 1969.
25) 해외의 한국독립운동사료(XVI) 일본편④, 최신창가집.국가보훈처, 1996. 153쪽.
26) 日本のうた 第1集.明治·大正(1868~1926), 野ばら社, 1998.
27) 조셉 칠더즈, 게리 헨치 엮음, 황종연 역, 현대 문학 문화비평용어사전, 문학동네, 2003, 75~76쪽.

는 것이다. …이러한 창가의 전파로 항일가요의 선율은 군중들에게서 이미 귀에 익은 친숙한 것이면서도 가사를 새로 붙임으로써 새로운 것으로 감수되었다.

우리는 그것을 그냥 우리의 것으로 잘못 인식하였다는 이야기로도 풀이되는 대목인 것이다. 그러나 이러한 것은 별로 중요치 않다. 중요한 것은 우리군의 사기를 북돋아주고 항전의 정신을 드높이면 되는 것이다. 이것이 곧 전유의 진짜 목적이기도 한 것이다. 또한 한 가지 주목해야 할 사실은, "유격대행진곡"이 장백산 항일유격구에서 창작되고 불렸음에도 불구하고 조선족사회에 광범히 전파될 수 있는 음악적 기초를 가지고 있는 것과도 갈라놓을 수 없다고 본다.

동무들아 준비하자 손에다 든 무장
제국주의 침략자를 때려부시고
용진 용진 나가세 기승스럽게
억천만번 죽더라도 원쑤를치자
(후렴) 나가자 판가리 싸움에 나가자 유격전으로
손에다 든 무장 튼튼히 잡고 나갈때에
용진 용진 나아가세 용감스럽게
억천만번 죽더라도 원쑤를 치자

우리 대장 사격구령 한번 웨칠때
전대동무 받들어 총 틀어쥐고서
악악소리 높이 웨치며 불사격바람에
적의 군사 정신없이 박사터진다
(후렴)

기세맞춰 승리함성 드높이
전대동무 무장뺏아 돌려메고서
승전고에 걸음맞춰 노래부르며

어깨춤을 모두추며 돌아오누나
(후렴)
썩어가는 제국주의 두드려부시고
무너진 그 터전에 새터를 닦고
인민의 혁명정권 건설하고저
붉은기를 휘날리며 나아들가자
(후렴)

                                 – <유격대행진곡>(1933)

    시적화자는 무장을 튼튼히 잡고 만단의 준비를 하여 억 천만 번 죽는 한이 있더라도 원수를 쳐서 썩어가는 제국주의를 때려 부수고 인민의 혁명정권을 건설하자는 지향을 강렬한 어조, 씩씩하고 힘 있는 남성의 목소리로 노래하고 있다. 또한 유격대원들의 사격에 일제원수들이 쓰러지는 전투과정과 전투에서 승리하고 승전고에 걸음을 맞춰 노래 부르고 어깨춤을 추면서 개선凱旋하는 유격대원들의 즐거운 모습을 형상화하고 있다. 시적화자의 이러한 분노와 격정, 그리고 희열이 담긴 정서는 1절의 '제국주의', '침략자를', '때려 부수고', '억 천만번', '죽더라도', '원쑤를 치자', '판가리 싸움', 2절의 '악악소리', '웨치면서', '몰사격', '정신없이', '막 쓰러진다', 3절의 '함성 드높이', '무장 뺏아', 그리고 4절의 '썩어가는', '뚜드려 부수고' 등 시적표현을 통해 강렬하게 표출되고 있다.

    항일가요 <혁명가>[28]는 3절로 되였으며 혁명적자각과 필승의 신념, 억센 투지를 격조높이 노래하고 있다. 유격대전사들 뿐만 아니라 그 당시 어른이나 어린이들이나 할 것 없이 모두 즐겨 불렀다는 노래이다.

    동북삼성 민중들아 기억하느냐
    구 일팔 큰사변이 일어난 뒤에

---

28) 김봉관, 중국조선족민간음악집. 연변인민출판사, 2008. 1451쪽.

만주의 큰벌판에 벌어진 싸움
강도일제 타도하는 삼십만 군대
일제놈의 충실한 만주개정부
병사들과 자위병들 병변하여라
만주노예 법률밑에 굽히는 자들
인민혁명 반일전에 달려나오라

반일전에 뭉쳐나선 조중인민들
살인방화 략탈전쟁 일삼아오는
놈들의 통치를 전복하고서
반일의 혁명정부 건립을 하자

　　　　　　　　　　　 － <혁명가>(1930년대)

　이 노래는 1절에서 일제를 반대하는 투사들의 전투적 열정을 노래하고
있다. 서정적 주인공은 '동북삼성 민중'들에게 투사의 일원으로 싸움에 나
섬을 표현한다. 2절에서 병사들과 자위병들, 그리고 만주노예 법률 밑에
서 허리 굽혀 사는 사람들은 보두 반일 전에 나오라고 선동성 있게 노래
한다. 3절은 '조중인민'을 강조함은 조선혁명과 중국혁명의 승리를 위하
여 한 몸 바쳐 나선 항일투사들의 전투적기백이 그대로 구현되어있다. 또
한 일제 놈을 철저히 전복하고 반일혁명정부를 세울 것을 호소하고 있다.
노래의 기본지향은 항일투사들의 혁명정부를 건립하기 위해 동북삼성민
중들이 한결같이 떨쳐나설 때 대한 사상으로서 정연한 논리성과 전투적
호소성이 유기적으로 통일되어 있다.

중국의 광활한 대지우에
조선의 젊은이 행진하네
발맞춰 나가자 다 앞으로
지리한 어둔밤 지나가고

빛나는 새날이 닥쳐오네
우렁찬 혁명의 함성속에
의용군기발이 휘날린다
나가자 피끓는 동무야
뚫러라 원쑤의 철조망
양자와 황하를 뛰여넘고
피묻은 만주벌 결승전에
원쑤를 동해로 내여몰자
전진 전진 광명한 저 앞길로

　　　　　　　　　　　　　　－ <조선의용군행진곡>(1942)

　이 노래는 항일투쟁의 승리를 확신하는 조선의용군 전사들의 혁명투지
와 신념을 표현한 대표적인 노래이다. 웅혼한 기백과 불굴의 투쟁의지가
구구절절 묻어나 동지들의 영웅 심리를 자극하기에 모자람이 없어 보인다.
　이 노래는 리정호의 작사, 작곡으로 된 <중국의 광활한 대지우에>로서
1938년 무한에서 건립된 <조선의용대>에서 불렀다. 1942년 태항산에서
<조선의용대>를 <조선의용군>으로 개칭하였다. 이렇게 되어 <중국의
광활한 대지우에>가 <조선의용군행진곡>으로 고쳐졌으며 가사에 <의
용대기발이 휘날린다>가 <의용군기발이 휘날린다>로 고쳐졌다.29)
　총적으로 계급의식을 반영한 노래들은 대중들의 일제와 봉건세력에
대한 중오의 감정, 무산계급해방을 통한 자유의식, 중국공산당의 영도아
래 항일투쟁의 승리에 대한 신념으로 표현되었다. 말하자면 미래를 향한
강렬한 유토피아적 색채로 착색된 것이다.

---

29) 김덕균, 예술론문집－세 가지로 불리워진 군가. 동북조선민족교육출판사, 1995.
　　122쪽 재인용.

제3절 정착의식의 확립

조선족은 중국에 이주하여 뿌리내리고 이 땅의 주인으로 살려는 피눈물 나는 개척 역사에서 중국에 대한 정착의식을 갖게 되었다. 조선족가요들에는 시대의 변화에 따른 이민, 정착에 대한 보편적가치관으로 반영된 고향에 대한 인식전환, 중국과 중국혁명에 대한 긍정적 인식, 새로운 사회제도에 대한 찬양 등에서 잘 보여 지고 있다.

■ 고향에 대한 인식의 전환

해방 전 조선족가요에는 이민과 정착과정에 실향의 아픔과 고향에 대한 그리움을 반영한 노래, 그리고 새로운 고향에 대한 이해, 개척과 사랑을 반영한 노래들이 많다.

1920년대 중국의 동북을 동분서주하던 독립투사들이 고향에 계신 타국에서 부모님 생각과 실향의 아픔을 노래한 <망향곡>[30]은 다음과 같다.

아름다운 삼천리 정든 내고향
예로부터 내려온 선조의 터를
속절없이 버리고 또 나왔으니
몽매에도 잊으랴 그리움고나
(후렴)굽이굽이 험악한 고향길이라
돌아가지 못하는 내몸이로다

백두 금강 태백에 슬픔을 끼고
두만 압록물결에 눈물 뿌리며
남부여대 좇겨온 백의동포를

---

30) 독립군가보존회, 광복의 메아리. 독립군 가곡집, 1991. 79쪽.

북간도의 눈보라 울리지말라
(후렴)

하략

－ ＜망향곡＞(1920년대)

이 노래는 1920년대 만주 독립군 진영에서 불린 가요로서 고향을 떠난 슬픈 정서가 절제된 운율 감의 시어로 잘 형상화되어 있다. '백두 금강 태백'에 슬픔을 끼고, '두만 압록'물에 눈물을 뿌리며, 귀향할 수 없는 화자의 서러움을 한층 심화시킨다. 따라서 그립지만 굽이굽이 험악한 고향 길을 돌아갈 수 없는 내면의 고통을 한층 심화시킨다. 또한 빼앗긴 고향과 자연을 노래하면서 그 속에서 잃어진 역사와 자연을 찾으려 했다. 이 자연은 주제를 심화시키는 하나의 배경으로서 상징적 의미를 지니고 있다. 고향을 등진 자의 외로움이 이국땅에서의 서러움과 겹쳐지면서 고향은 지고 무순한 가치로 떠오르는 것이다.

고향에 대한 그리움은 ＜향수의 노래＞(리록당 작사, 허세록 작곡)에서도 잘 반영되고 있다.

내고향 떠나온지 몇해이던가
기억조차 아득해 헤일길 없어
개창에 홀로 앉아 한숨 쉴때
그 누가 부르는가 향수의 노래

꿈마다 찾아가는 고향산천을
푸른하늘 쳐다보며 못가는 신세
이슬방울 꽃잎에 떨어지는 밤
소리없이 들려오는 향수의 노래

－ ＜향수의 노래＞(1943)

이 노래에는 그리운 고향으로 돌아가고 싶어 하는 인간의 "소박한 꿈"이 나타나면서 고향을 그리워하는 상징적인 시어들로 뜨거운 정서를 노래하고 있다. '꿈마다 찾아가는, 푸른 하늘 쳐다보며, 이슬방울 꽃잎, 밤'에서 보는 바와 같이 고향의 품속으로 돌아가려는 갈망이 잘 보여 지고 있다. 그리고 갈망은 참을 수 없는 회귀욕망으로 승화되기도 하는 것이다. 바로 여기에 노스탤지어의 수사학이 숨어 있다. 리영일 미술평론가는 <노스탤지어정서를 어떻게 바라볼 것인가?>에서 다음과 같이 언급한바 있다. 물론 미술평론가는 구체적인 회화작품을 그 분석대상으로 삼지만 필자가 보기에 본고의 맥락에서 적절한 언급가치가 있어 보인다. 즉,

> … 그가 추구하는 곳은 '이곳'에 없는 곳이기에 가능했을 것이다. 데리다(Derrida)의 용어로 말할 것 같으면, '그 곳'은 항상 차이나면서 연기되는 그 어딘가에 존재하는 것이다. 아울러 그 차연(Différance)의 시공 속에서 노스탤지어-'귀환하지 못하는 슬픔'이 작품에 젖어있기에 작품은 항상 관객의 애잔한 감수성을 터치하겠다. … 예컨대 예술가가 자신이 추구하고자 하는 그 불가능한 미학세계에 도달하였다면 노스탤지어는 더 이상 노스탤지어가 아닌 것이다. … 그리고 그것이 꿈인 한 현실과 착종되어야만 한다. (그리고 이것은-인용자) '우리'가 실낙원 한 자들이라는 알리바이이리라![31]

이것은 불가능한 꿈이기에 주체할 수 없는 강렬한 귀환욕구를 동반할수밖에 없다. 정말 고향자체가 그렇게 아름다운 대상이었는가는 여기에서 별개의 문제이다. 중요한 것은, 지금 그렇게 고향이 다시 읽혀지듯이 재 약화 된다는 해석의 지평에 있는 것이다. 어쩌면 그것은 잃어버린 대상이기에 소중하듯이 그것은 "차이나고 연기되는 / Différance" 대상인 것이다. 이러한 고국을 등지고 타국에 와서 그리운 부모처자를 잊지 못하는

---

31) 이영일, 노스탤지어정서를 어떻게 바라볼 것인가?, 예술세계, 2014.제2기, 7쪽.

노스탤지어 정서는 <사향가>, 향수에 몸부림치며 부르던 <사향곡>, <압록강행진곡>, <우리나라 어머니> 등에서도 잘 표현되고 있다.

그리고 1945년 후부터 해방 전 중국 조선족가요에는 실향의 아픔과 고향에 대한 그리움보다 새로운 고향에 대한 개척과 사랑을 반영한 노래들이 많은 비중을 차지한다. 말하자면 역사적 지평이 바뀐 것이다. 이러한 의식의 전환관계는 토지에 대한 애착, 새로운 고향에 대한 찬미 등에서 나타나고 있다. 채택룡의 <베짜기 노래>, <새 아리랑>, <새봄>, <품앗이조의 노래> 등을 들 수 있다. "농민에게 있어서 땅은 생명처럼 귀중하다."[32]는 인식하에 창작된 이러한 작품들은 언어가 대중적이고 운율 조성이 명확하며 민족적 풍격과 정서가 농후하여 쉽게 대중들에게 다가갈 수 있었다.

1947년에 채택룡이 작사하고 허세록이 작곡한 <베짜기 노래>를 보면 아래와 같다.

봄이라 단비에 삼씨뿌리며
새쫓고 김매여 고이자래워
여섯자 키넘어 가을을 하고
벗기고 실내여 베를 짜누나
(후렴) 에헤요 좋구나 평화의 살림
어서들 짜보세 철을 놓칠라

앞집에 며느리 뒤집에 처녀
베틀에 짱짱짱 바디짐소리
매끈한 실북이 드나 들며
열새베 칠승베 휘감기누나
　　(후렴)

32) 채택룡, 채택룡문집(다져가는 신념), 연변인민출판사, 2000, 201쪽.

칠승벤 시부모 여름옷 짓고
열새는 시누이 시집갈 준비
팔승벤 전선에 보내 드리고
석새는 랑군의 일할 옷짓네
　　　(후렴)

— <베짜기 노래>(1947)

　이 노래는 평화로운 삶과 새로운 고향에 대한 사랑을 여실히 보여주고 있다. 노래 1절에는 노동을 사랑하는 조선족 여성들의 근면한 품성이 엿보인다. '고이 자래워'라는 한마디로 고도로 함축된 시어는 조선족의 부지런함과 땅에 대한 애정을 남김없이 표출하고 있다. 2절에서는 의성어 "짱짱짱"을 써서 노래의 분위기를 한껏 살리며 앞집의 며느리와 뒷집의 처녀가 베 짜는 정경을 흡사 눈앞에 보는 듯이 묘사하고 있다. 3절 가사의 핵심은 소박함속에서 드러나는 헌신성과 미풍양속이다. 베를 짜는 목적은 '시부모'와 '시누이', '전선'과 '랑군님'을 위한데 있다. 이러한 소박한 정서에는 조선족 여성들의 헌신정신이 빗발친다. 특히 가장 먼저 시부모가 입을 여름옷을 짓겠다는 그 곱고 갸륵한 마음씨를 통해 시부모를 공대하는 조선족 여성들의 미풍양속을 넉넉히 엿볼 수 있다.

　또 이 노래는 3음절로 엄격하게 정교롭게 짜여있으며 거의 대부분 고유어로 되어있다. 뿐만 아니라 '칠승베', '팔승베', '열새' 등 베천과 연관된 순 우리식의 낱말들과 '짱짱짱'과 같은 의성어, '에헤요'와 같은 조흥구에서 우리민족 고유의 기질과 신바람이 묻어난다. 구수하고 소박한 가사에 민족가락인 3박자가 잘 어울려 그야말로 금상첨화로 명가사에 명곡이라 하겠다.

　새 고향에 대한 사랑은 노래 <새 아리랑>(채택룡 작사 허세록 작곡)에서 노동하는 현실모습으로도 나타나고 있다. 그렇다. 이젠 새로운 고향이 옛 고향을 대체하듯이, 조선반도의 흙과 산을 대체한 것은 새로운 고향의 흙과 강과 산과 들인 것이다. 사실 새 고향의 흙냄새는 (환상 속의) 고향의 흙보다 더 검고 더 구수하고 더 습윤할지도 모른다. ….

　　아리랑 아리랑 아라리요
　　새로운 이 마을에 봄이 왔네
　　보슬비 내리여 땅이 녹고
　　풍기는 흙냄새 구수하다
　　뻐꾹뻐꾹 뻑 뻑꾹 뻐꾹뻐꾹 뻑 뻑꾹
　　뻐꾹새 밭갈이 재촉한다

　　아리랑 아리랑 아라리요
　　뻗어가는 이 마을에 봄이 왔네
　　희망이 넘치는 넓은 들에
　　거름내는 우마차 오가누나
　　음매음매 음매 음매음매 음매
　　어미소 송아지 부른다

— <새 아리랑>(1947)

즉, 이 노래의 무대는 '새로운 마을', '뻗어가는 마을'로 희망이 넘치는 곳이다. 바로 그 곳에 희망을 상징하는 봄이 찾아왔고 농민들은 보슬비에 녹아 흙냄새 구수한 땅에서 뻐꾹새 노래 소리를 들으며 신나게 밭갈이 하고 거름을 낸다. 새롭게 개척한 고향의 땅에서 일하는 농민의 벅찬 희열이 풍겨오는 이 노래는 가사언어선택에서 음악성을 살리는데 타당한 '마을에', '보슬비', '풍기는', '송아지'등 'ㄹ, ㅇ'와 같은 유성자음을 씀으로써 경쾌하고 동적인 파동을 주면서 시어의 호흡을 순탄하게 하여 정서표현에 도움을 주고 있다. 말하자면 <향수의 노래>에서 보여주는 "꿈마다 애타게 찾아 헤매던" 망향설음 따위는 이젠 "희망이 넘치는 넓은 들"로 치환되었다.

중국에 천입한 조선족은 그 대부분이 농민이었고 그중 90% 이상이 자기 땅이 없는 소작농이거나 고농으로서 긴 세월 지주의 착취를 받으며 살아왔다. 하기에 제 손으로 제 땅에서 마음 놓고 농사를 지어보았으면 하는 것이 모든 농민들의 천년 숙원이었다. 이 숙원은 조선족 농민들뿐만 아니라 전반 중국농민들의 소망이기도 하였다. 그러한 오랜 꿈이 중국 공산당의 영도한 토지혁명을 통해 마침내 현실로 되었으니 기쁘지 않을 수 없었다. 1947년 천청송이 작사한 <농민의 노래>(류광준 작곡, 1947)는 바로 기름진 자기 땅에서 농사짓는 소망을 이룬 조선족 농민들의 기쁨을 마음껏 드러낸 작품이다.

1절3 행에서는 '쟁기 메고 밭갈이 가세', 2절 3행에서는 '삿갓을 쓰고 김매러 가세', 3절3행에서는 '낫을 들고 벼베러 가세'라는 소박한 언어로 분배받은 제 땅에서 흥겹게 일하는 농민들의 모습을 생동하게 보여주고 있다. <농민의 노래>처럼 토지혁명을 노래한 이 시기의 가사들은 직설적이고 단순하지만 수많은 농민들의 속마음을 진실하게 전하고 있어 광범한 대중들의 공감대를 얻어냈다.

이와 같이 1940년대의 가요들은 광범한 농민들의 단순하고 소박한 마음과 모습을 진솔하게 전달함으로써 조선족군체와 심미공감대를 형성하고 정착과정에서 자기의 독특한 예술풍격을 지니는데 성공했다. 이는 음악예술은 나서 자란 토양과 민족성을 떠날 수 없음을 말해주기도 한다. 그리고 음악언어는 항상 어떤 구체적인 상황 속에서의 언어인 것이다. 말하자면 역사지평이 음악언어에 "선행"하는 것이다.

■ 중국혁명에 대한 긍정적 인식

1931년 9·18사변 후, 중국본토에 있는 모든 민족들은 정치와 사상, 사회생활에 이르기까지 반제반봉건투쟁을 공동한 출발점으로 하여 중국 인민과 함께 항일이라는 공동한 목표를 위해 싸우기에 이른다. 모든 리익구조가 하나의 초점에 맞추어진 것이다. 모순의 변증법적 관계가 전환을 일으킨 것이다. 아울러 전국각지 조선공산주의자들은 "민족해방"과 "계급해방"이라는 이중사명을 지니고 중국공산당의 영도아래 항일유격대와 항일근거지를 건립하고 불요불굴의 항일투쟁을 전개하였다. 중국 인민들이 어깨겯고 일제와 싸우려는 의지를 반영한 노래들로는 <중조민족단결항일가>[33](최용건 작사), <나가 싸우자>,[34] <팔로군으로>[35] 등이다.

우선, 조선족가요에는 중조인민의 전투적 단결에 의한 일본제국주의의 타도, 전민족의 해방을 지향한 것들도 적지 않다. 이러한 가요는 당시항일전사로부터 일반 대중에 이르기까지 널리 불려졌다.

항일가요 <민족해방가>를 살펴보면 아래와 같다.

> 싸워라 로동자 한데 뭉쳐라
> 공산당 령도로 기쁘고 즐겁게 살길 찾아라
> 일제하 만주국을 뒤엎어 놓고
> 인민의 손으로 인민혁명 정부를 세우자
>
> 싸워라 병사들 한데 뭉쳐라 (2.3.4행 1절과 동일함)
>
> 싸워라 학생들 한데 뭉쳐라 (2.3.4행 1절과 동일함)
>
> 싸워라 전 민족 한데 뭉쳐라 (2.3.4행 1절과 동일함)
> – <민족해방가>(1930년대)

이 노래에서는 중국공산당의 영도 하에 한마음 한뜻으로 굳게 뭉쳐 일

---

33) <항일련군 가곡선>에 수록, 최용건 작사, 리민이 부른 노래.
34) 김봉관, 중국조선족민간음악집. 연변인민출판사, 2009. 1360쪽.
35) 김봉관, 중국조선족민간음악집. 연변인민출판사, 2009. 1459쪽.

제침략과 위만주국을 뒤엎고 새로운 인민정권을 건설하려는 의지와 지향이 잘 반영된다. 특히 중국공산당에 대한 긍정적 반향, 새로운 정원에 대한 희망이 힘찬 율조를 타고 울려 퍼진다. 음악의 정치성이 집요하게 묻어나는 것이다.

착취받고 압박받는 무산대중아
혁명의 결사전에 달려나오라
다달았네 다달았네 온 천지에
무산혁명 시기가 다달았네
여지없이 부셔내자 부르죠아사회를
낱낱이 박멸하자 제국주의 아성을

로동자는 망치를 둘러메고
농민은 괭이와 호미를 메고
부르죠아 박멸하는 최후결전에
한마음 한뜻으로 달려나오라
여지없이 부셔내자 부르죠아사회를
낱낱이 박멸하자 제국주의 아성을

전세계 무산자는 서로 돕고
모두다 단결하여 싸워나가자
고초도 죽음도 두려움없이
광명에 싸여서 힘을 다 낸다
최후의 결승전에 승리할 때에
새사회의 주인공은 우리모두다

— 결사전가(1930년대)

이 노래는 1930년대 항일유격구에서 불린 <결사전가>이다. 가요에서는 무산계급의 해방을 위하여 제국주의를 뒤엎고 새 사회의 주인공으로 되려는 강렬한 의식을 내포하고 있다.

1945년 항일 전쟁이 승리한 후 일부 조선공산주의자들과 조선독립군은 자기조국으로 돌아갔고 나머지 일부분 조선의용군이 연안등지에서 동북에 이동하여 중국공산당이 영도하는 국내혁명투쟁에 적극 투신하였으며 정권건설공작에 참가하였다. 중국에 이주해온 조선족은 조선반도의 관계에서 동일민족이라는 개념이 내포되었지만 거주국에서의 정치적 지위와 자주권을 가지기 위하여서는 중국(혁명)에 대한 올바른 인식과 함께 정체성의 문제가 해결되어야 했다. 이러한 정체성의 문제는 중국에 대한 긍정적인 인식 즉 "국민정체성"과 "민족정체성"을 반영한 노래에서 잘 표현되고 있다. 말하자면 정체성이 역사적 지평에서 다시 구축되는 과정을 보여주는 대목이기도 한 것이다.

1946년 윤해영 작사, 김종화 작곡으로 된 <동북인민자위군송가>는 흑룡강성 목단강일대에서 많이 불렸던 노래이다.

> 홍안령 높이 솟아 우리들의 새기상
> 송화강 힘찬줄기 우리들의 뜻일세
> 손잡고 너도나도 달려모인 동지들
> 맹세도 장하고나 동북인민자위군
> 하략
>
> — <동북인민자위군송가>(1946)

이 노래는 제3차 해방전쟁시기 동북해방에 떨쳐나서 조선족 혁명자들의 고매한 정신을 노래하였는바 중국혁명과 새 정권에 대한 주체할 수 없는 열망을 표현하였다. "홍안령", "송화강" 등 상징기제의 힘을 빌려 중국혁명의 궁극적인 승리에 대한 확신을 드러낸다. 이를테면 동북인민자위군의 (굳센) 맹세, 하나로 굳게 뭉쳐 싸우는 동지들이 있기에 미래는 밝기만 한 것이다. … 땅의 문제는 곧 정치적 문제이다. 특히나 한 뙈기의 밭을 찾아 연변에 천입할 수밖에 없는 조선민족으로 말하자면 땅에 대한 집착은 가히 편집증적 이라고도 할 수 있을 것이다. 이런 맥락에서 보자면 땅에 대한 찬미는 곧 정권에 대한 찬송이기도 했다. 그 집요한 사랑과 애착은 <농촌의 사시>(작사, 작곡자 미상)에서도 잘 드러난다.

뒤동산 기슭에 붉은 꽃송이
내먼저 네먼저 다투어 피고
시내가 버들이 늘어지는
건설의 봄날이 찾아왔다네

논밭을 갈아서 곡식을 심고
뽕나무 앞따서 누에를 치네
앞논과 뒤밭에 김손을 떼니
우썩우썩 곡식이 자라난다네

뜰앞에 곡식은 황금의 파도
향기론 냄새를 풍기 누나
쓰르랑 쓰르랑 쓰르라미는
가을이 왔다고 노래 부르네

더덩실 쌓아놓은 마당의 곡식
남먼저 나라에 바치세나
공산당 은덕을 노래부르며
새해도 대풍년 안아오세

       − <농촌의 사시>(1946)

이 노래는 새 시대에 대한 긍정적 반향과 새 생활에 대한 긍지감이 잘 반영된다. 이는 자기의 제2고향으로 생각하는 조선인들의 중국 인식에 대한 변모양상을 나타내는 것이다. 평이한 대상들, 말하자면 뒷동산, 시내가 버들, 뽕나무, 앞 논과 뒤 밭, 황금파도 같은 곡식, 쓰르라미 등은 워낙 농촌의 일상모습 그 자체이다. 어떤 정치적인 색채가 가미될 수 없는 농촌의 삶 그자체인 것이다.… 그리고 역설적으로 이러한 평상한 일상이기에 강한 정치적 수사를 동반할 수밖에 없다. 즉, 시적화자는 제4절에서 땅(농촌의 삶)과 정치의 불가분한 관계를 주목하라고 집요하게 요청한다. 땅의 모든 것은 "공산당의 은덕"으로 말미암은 것이다. 착취와 지배관계가 청산되었으므로 쓰르라미도 우리의 쓰르라미인 것이다.

> 맑스적 이론 안에서 통일성을 형성하는 이데올로기의 분석적 의미와 비판적 의미는 특히 구별될 수 있다. 그것의 분석적, 사회적 성향은 존재로부터, 인간의 삶의 과정으로부터, 말하자면 인간의 노동(인간이 자연과의 '질료 교환과정')과 다른 인간의 소통으로부터 의식의 해명이다. 모순적인 생산력(노동, 생산수단)과 생산관계의 통일의 '토대'는 국가, 법 등의 제도와 '상부구조'의 의식 형식에 재 반영된다. 사회경제적 토대의 변혁과 더불어 상부구조도 전복된다. 양식, 형식, 취미 등의 변혁으로 그러한 종류의 전복이 예술 안으로 침전된다.36)

이데올로기는 의식에 대한 해명이다. 아울러 이러한 해석은 노동으로부터, 혹은 사회적 성향을 구유할 수밖에 없는 인간존재로부터 출발된 것이어야 한다. 생산수단과 생산력의 관계로부터 제도(국가, 법 등)가 세워지듯이, 그 토대의 변화와 함께 상부구조도 전복되듯이, 예술은 그러한 이데올로기의 변화관계를 집약적으로 드러낸다. 소위 말하면 막스의 경제기초와 상부구조의 관계에 대한 해석인 셈이다. 이러한 맥락에서 보자면 땅에 대한 찬미는 곧 생산관계 구조변화에 대한 찬양이듯이 이는 중국 공산혁명에 대한 찬미로 이어진다. 아울러 <농촌의 사시>같은 노래는 예술의 이데올로기적 기능을 중층적으로 드러내 보일 수밖에 없는 것이다.

---

36) 헹크만 . 로티 엮음, 김진수 역, 이데올로기, 미학사전, 예경, 2002, 279쪽.

다음으로, 조선족가요는 통일전선의식의 기초 하에 중국에 대한 긍정적인 인식과 다민족일원으로 "국가정체의식"의 변화를 가져왔다. 그것을 반영한 노래로는 <리홍광지대의 노래>(창작조 창작, 정진옥 작곡)를 볼 수 있다.

높고 낮은 장백산맥 내집을 삼고
산악에서 들판으로 적을 쫓으며
헐벗은자 옷주려고 오늘도 싸움
굶주린자 밥주려고 오늘도 싸움
(후렴) 용감하게 악전고투 열두 두해를
풀이파리 나무껍질 먹어가면서
중화민족 해방위해 선혈바쳤네
인민위해 흘리신피 무궁하리라

장하도다 혁명선배 리홍광동지
펄펄 끓는 붉은피로 이룬 용사여
영광스런 승리의 길 굳게 지키려
굶주린자 밥주려고 오늘도 싸움
(후렴)

– <리홍광지대의 노래>(1946)

이 노래는 1946년 2월 조선의용군 제1지대가 동북민주연군 리홍광 지대로 개편되어 요녕군구에 예속된 후 창작된 것이다. 중국 공산당의 일원인 리홍광의 중국 항일민족통일 전선에 몸 바쳐 싸운 정신을 이어 받아 혁명 전사들도 중화민족해방을 위해 피를 흘려야 함을 토로하고 있다. 개별자를 보편적인 혁명정신을 고양하는 기제로 적극 활용한 예이기도 한 것이다. 영웅을 하나의 힘으로 응집시키는 심급으로 활용하는 경우는 인류역사에 편재하는 현상이기도 하다.

1945년에 정률성이 작곡한 <조국위해 싸우자>(작사 미상)에서도 국가정체의식이 표현된다.

> 하나 둘 셋 발맞춰 총을 메고 나가자
> 씩씩하고 용감한 조선의 용사들
> 오늘은 하북거처 래일은 만주벌을
> 앞의장애 물리치고 혁명위해 싸우자
> 진리로 굳게뭉친 우리강철 대오는
> 모든정신 행동 인민위해 노력해
> 용감히 싸우리라 조국의 해방위해
> 끝까지 싸우리라 인민의 자유위해
>
> — <조국위해 싸우자>(1945)

이 노래는 정률성이 태항산 조선 혁명군정 간부학교37)의 교무주임으로 있을 때 의용군전사들과 행군 길에서 작곡하여 행군하는 전사들을 힘있게 고무하였던 가요이다. 이외에도 해방 전 조선족가요 <청년행진곡>, <그 길은>, <싸우러 나가자>, <우리는 민주청년>, <우리는 민주청년> 등은 중국에 대한 인식을 보여주는 노래들이다.

■ 새로운 사회제도에 대한 찬양

망국의 백성으로 낯선 중국에 들어와 피와 땀으로 일구어낸 땅에서 뿌리내리고 살아가는 중국조선족은 자신들이 어렵게 마련한 삶의 터전에

---

37) 1942년 7월 11일에 태항산에서 조선의용군(총사령 무정)이 성립되었다. 이는 무한에서 성립된 조선의용대에서 갈라져 나온 부대이다. 조선의용대는 국민당의 지지 하에 항일하였으나 국민당의 소극적인 항일에 불만을 품고 많은 지휘원과 전사들이 집단적으로 태항산항일근거지에 옮겨갔다. 나머지 사람들은 조선광복군에 합병되었다.

자유와 평화와 권리가 보장되는 새로운 사회를 건설하려는 염원이 유난히 강했다. 제도 지향적이고 정치지향적일 수밖에 없는 대목인 것이다. 새 사회에 대한 이러한 동경과 열망은 고향을 잃고 타향에서 치열한 생존투쟁을 거쳐 정착하기 시작한 중국 조선족에게 있어서는 강한 현실적의미를 갖고 있을 뿐만 아니라 새로운 고향에서 안정되고 행복한 삶을 살아가기 위한 새 생활에 대한 지향도 갖고 있었다.

중국 조선족의 정착생활에 대한 의지와 새로운 사회에 대한 지향을 잘 표현한 노래로는 <동북인민 행진곡>(윤해영 작사, 김종화 작곡)이다.

동북의 새벽하늘 동이 트는 대지에
새로운 역사 싣고 종소리는 울린다
모여라 동북인민 우리들의 일터로
희망의 아침이다 새 기발을 날리자

무도한 제국주의 침략자의 쇠사슬
인류의 적이란다 우리들의 원쑤다
피압박 약소민족 자유해방 위하여
정의의 칼을 들자 너도나도 싸우자

선구인 혁명자의 원한 서린 붉은 피
저녁노을 지평선에 송화강은 붉었다
잊으랴 경신토벌 9.18의 혈채를
복수의 날이왔다 백년한을 갚으리

흥안령 부는바람 흐린 안개 가서서
흑룡강 힘찬 줄기 나갈 길이 보인다
새로운 민주주의 우리들의 로선에
발맞춰 건설하자 새 동북을 건설하자
－<동북인민 행진곡>(1945)

이 노래는 긴 세월 일제 침략자의 쇠사슬에 묶여 억압된 삶을 살아가다가 해방된 동북 조선족인민들의 백년 한을 갚고 새로운 기발을 날리며 새로운 민주주의 노선에 발맞춰 새로운 동북을 건설하겠다는 동북인민들의 희망과 각오를 훌륭하게 표현한 노래로써 당시 동북3성의 조선족 대중들은 물론 오늘도 대중들의 힘을 북돋아주는 전투의 나팔소리 역할을 하고 있다. 예컨대 화전민으로 잠시 정착할 땅인 줄로 알았는데 이에 우리가 어깨 겯고 건설해야 할 "조국"이 된 것이다. 조선반도라는 조국은 고국이 되고 이국땅이 이제 조국이 된 것이다.

조선족들이 새 생활에 대한 지향을 노래한 대표적인 노래로는 <대생산에 힘내자>(현계순 작사, 박우 작곡)이다.

> 대생산에 힘내여 땀흘리며 어허야
> 공장의 망치소리 흥겨웁게 일하세
> 일하며 잘사는 좋은 세상왔으니
> 모두다 한맘으로 새중국을 세우자
>
> 대생산에 힘내여 너도나도 어허야
> 공산당 령도아래 한결같이 싸우세
> 우리의 보금자리 튼튼히 꾸렸으니
> 밭가는 농부가에 희망 넘쳐 흐르네
>
> — <대 생산에 힘내자>(1949)

이 노래의 정서는 제목에서부터 안겨오는 맑고 청신한 분위기의 정서이다. 시적화자는 일하며 잘사는 좋은 세상이 왔으니 모두다 한맘으로 새중국을 세우자고 표현한다. 시적화자는 공산당의 영도 아래 한결같이 싸워 보금자리를 튼튼히 꾸렸으니 망치질하는 공인들과 밭갈이하는 농민들에게 새 희망이 넘쳐흐른다고 노래 부르고 있다. 여기서 시적화자는 '홍겨웁게/한결같이/튼튼히/희망 넘쳐 흐르네'등 밝은 정서적 서술 속에 새 생활에 대한 지향과 이상을 낙관주의적 정서로 밝고 긍정적인 의미의 시적표현을 통해 명쾌하게 표출하고 있다. 막스의 "경제이념"이 결국은 분배의 문제였던 만큼이나 대 생산은 곧 '우리'의 빵을 크게 만드는 일이였던 것이다. 아울러 <대 생산에 힘내자>는 모두가 잘 먹고 잘 살수 있다는 확신에 대한 고백인 셈이다.

새 사회에 대한 옹호와 새 생활 지향을 반영한 대표적인 노래는 <청년행진곡>(림원갑 작사, 허세록 작곡)에서도 나름대로 잘 반영되어있다.

> 아침해 찬란한 희망의 길로
> 젊은이의 진군은 기운도 차다
> 거센물결 억센파도 헤치고 나와
> 영원한 새세기를 창조하자
>
> 거칠던 이 강산에 해방꽃 피고
> 젊은이의 억센 힘 날로 자라나
> 모택동 기발아래 모두 나와서
> 인민의 자유위해 힘껏 싸우자
>
> 승리의 기발은 높이 날리고
> 이십세기 젊은이 기세 장하다
> 반동파 꺼꾸러진 이 땅 이 터에서
> 승리의 개가를 높이 부르자
>
> — <청년행진곡>(1948)

이 노래는 모택동의 령도 아래 희망의 사회를 창조하려는 시적화자의 강렬한 의지를 표출하고 있다. 그 저변에는 조선족들의 정착의지와 자유민주정권에 대한 긍정적 이상을 노래하였다. 또한 조선족 대중들의 당과

정부에 대한 인식과 자신을 국가의 일원으로 간주하는 국민정체성의 표현으로 볼 수 있다. 인민이라는 이름으로 혁명이라는 이름으로 모택동이라는 기호로, "우리"는 하나인 것이다.

이외에도 새로운 사회제도를 찬미하고 그에 대한 노동인민들의 열렬한 동경과 지향을 노래한 작품으로는 <로동자 행진곡>, <공신의 노래>, <우리의 향토> 등이 있다. 이런 노래들은 서러운 이주민으로 살다가 어렵게 마련한 삶의 터전에서 주인공의 자격으로 행복한 새로운 사회를 건설하고 다시는 떠돌이 생활을 하지 않는 정착된 생활을 하고자 하는 간절한 염원이 새 사회에 대한 강한 미래의식으로 나타나 그 당시 중국조선족가요의 커다란 흐름을 형성하였다.

모두어 말하면 중국 조선족가요는 식민지 반봉건투쟁현실의 요청을 예리하게 포착하면서 역사의 수난기에 처한 조선족의 회로애락에 따른 의식성향을 다방면으로 보여주었다. 그만큼 우리의 노래에 면면히 숨 쉬고 있는 것은 예술의 이데올로기적 기능이기도 하다. 마지막으로 요한 호이징하의 음악에 대한 간단한 언급을 살펴본 다음, 다음 장절로 넘어가도록 하자.

> 흔히 말하기를 놀이는 실용적 생활의 울타리 밖에 놓여 있어서 필요나 유용성, 의무나 실제 등과 무관하다고 말한다. 이것은 또한 음악에도 똑같이 해당된다. … 사실 리듬과 하모니는 완전히 똑같은 의미에서 세가지-시, 음악, 놀이-에 모두 해당되는 요소이다. …38)

말하자면 놀이나 정취로서의 음악은 우리와 무관할 뿐만 아니라, 교양과 향수享受로서의 음악도 우리와 무관했던 것이다. 우리의 역사적 지평이 요청하는 것은 다만 선전부대로서의 예술의 역할이었고 이데올로기의 기능으로서의 음악의 공능이었고 사회적 효능으로서의 노래였던 것이다.

---

38) 요한 호이징하, 김윤수 역, 호모 루덴스, 까치, 2005, 239쪽.

이것은 우리가 그런 음악을 선택한 것이 아니라 역사가 그러한 음악을 선택하도록 우리를 이끌어 간 것이다.… 바꾸어 말하면 우리의 음악에는 우리의 삶이 고스란히 녹아있는 것이다.

제4장

해방 전 중국조선족가요의 예술특징

제1절 가사의 예술적 특징

가요는 크게 보면 음악적 요소(악곡부분)와 문학적 요소(가사부분)로 구성되어 있다. 즉 가요의 내용은 악곡과 가사가 결합된 이미지로 전달되고 표현된 것이다. 가사는 넓은 범주에서 시에 귀속될 수도 있다. "시가詩歌"라는 낱말에서 알 수 있다시피 시 자체가 기원을 보면 가사에서 비롯된 것이라고 보는 견해가 일반적이다.[1] 따라서 조선족가요를 시적언어라는 관점에서 분석할 필요가 있다. 운율과 형식을 갖춘 시적언어라는 의미에서 조선족가요의 가사를 문학적인 관점에서 살펴야 하는 것이다. 본 절에서는 가사의 형식, 가사의 언어 등 측면에서 조선족가요의 예술적 특징을 검토하려고 한다.

---

1) 더 거슬러 올라가면, "모든 원시시대의 문학이 그러하듯이 그것은 주문이나 신탁의 일종이요, 축복이나 기원을 위한 격식에 맞춘 문장들이거나 군가 또는 노동요였다" 아르놀트 하우저, 백낙청 역, 문학과 예술의 사회사, 창작과 비평사 1999, 86쪽.

■ 가사의 형식적 특징

운율의 다양성

운율이란 정서의 음악적 흐름을 반영한, 성음적 요소의 주기적 반복에 의해 이루어지는 음악적률조로서 시문장의 고유한 형식의 요소이다.[2] 가사는 운율적인 규칙과 규범을 준수하면서 음악적인 선율과 밀착되어있다.

조선족가요의 운율은 다양한 음수율에서 정서를 얻어내고, 후렴구와 조흥구, 압운 등에 의해서 운율을 조성시키고 있다.

음수율에 있어서 조선족가요는 전통적인 음수율인 4.4조, 4.3조와 함께 근대이후 새롭게 유행한 7.5조 및 그 변종들로 이루어져있다.

첫째, 조선족 가요의 기본적인 음수율은 4.4조와 4.3조로 이루어져있다.

4.4조와 4.3조 즉 4음절어와 3음절어의 반복으로 되어있는 음수율은 조선전통 민요의 전형적인 형식이다. 멀리 따지면 향가, 고려가요, 가사, 시조 등에서 모두 그 흔적을 발견할 수 있다. 또한 4.4조는 3.3조와 어울려 3.4조나 4.3조의 변조를 낳는다.[3]

[표 1] 조선족가요의 음수율(창작자가 있는 가요 75곡)

분류	음수률	곡수	관내 (25)	동북3성 (50)
1	7.5조, 6.5조, 8.5조	37	14	23
2	4.4조, 3.3조, 3.4조, 4.3조	29	7	22
3	불규칙적인 음수율	9	4	5

통계에 따르면 작사 작곡자가 있는 조선족가요 75곡에서 29곡으로 39%를 차지하는데 상기한 전통적인 음수율을 가지고 있다.

항일가요 <유희곡>의 음수율은 전형적인 4.4조이다.

---

2) 김기종, 시운률론. 동북조선민족교육출판사, 1998. 16쪽.
3) 리동원, 조선민요의 세계. 평양출판사, 주체91(2002). 177쪽.

우리우리 동무들아
기쁜날을 만났으니
우리우리 즐거웁게
손벽치며 놀아보자

- <유희곡>(1930년대)

이 노래는 전형적인 4.4조 음수율에 6/8박자로 민족적 장단에 기초하였다. 이는 조선족 언어생활에서 가장 익숙한 운각결합 형태로서 전통 민요의 운율유형에서 가장 뚜렷한 위치를 차지한다. 4.4/4.4가 대응되면서 율조가 이루어지고 조화로운 연차적 반복으로 음수율을 특징짓는다.

가요 <수인의 노래>(박한규 작사 작곡)도 4.4조 음수율로 되였다.

철창밖에 백양헤야
푸릇푸릇 피여헤야
이내몸은 몇해헤야
어둠속에 앉어헤야
이내몸은 죽어헤야
거듭몇번 죽어헤야
나의뜻은 구름처럼
뭉게뭉게 살어헤야

- <수인의 노래>(1946)

우의 노래는 규칙적이고 정연한 4.4조로서 조선어의 성음적 특성에 맞게 음절군을 조화롭게 결합시키고 반복시켜 율조를 조성하였고 음수율에서 정형률을 얻어낸 것이다. 말하자면 음절수의 결합과 반복에 의하여 음수율로 표현되며 음절군의 조화로운 반복에 의하여 반복률로 나타났다.

4.3조란 첫 음절군이 4언, 두 번째 음절군이 3언 1연의 형식을 말한다. 3.4조는 첫 음절군이 3언, 두 번째 음절군이 4언 1연의 형식을 말한다. 전

7언숱七글이란 점에서 4.3조, 혹은 3.4조와 같다.

4.4조가 3.4조로 변조됨에 따라 더욱 색조를 다양하게 나타내면서 유창하고 낙천적인 정서를 환기시킨다.

일례로 <조국위해 싸우자>(작사자 미상, 정률성 작곡)를 볼 수 있다.

> 하나둘셋 발맞춰 총을메고 나가자
> 씩씩하고 용감한 조선의 용사들
> 오늘은 하북거쳐 내일은 만주벌로
> 앞의장애 물리치고 혁명위해 싸우자
> 진리로 굳게뭉친 우리강철 대오는
> 모든정신 행 동 인민위해 노력해
> 용감히 싸우리라 조국의 해방위해
> 끝까지 싸우리라 인민의 자유위해
>
> — <조국위해 싸우자>(1945)

이 노래는 시행과 절이 간결하고 함축되어 있고 운율조성에서도 동일 음절양의 연속적인 반복과 4.3조와 3.4조의 교차, 대응과 대조 등 다양한 형식에 의거하여 고르롭고 규칙적인 정형률을 얻어냈다. 아울러 운율조성의 음정결합과 반복의 형식으로서 안정감을 주고 서술에서 간결하고 선명하여 부르기 쉬운 특징을 가지고 있다.

따라서 조선족가요는 전통 민요의 고유한 운율적 특성을 계승하여 <공신의 노래>(창작조 작사, 유덕수 작곡, 1948), <중화인민공화국 성립경축의 노래>(홍성도 작사, 최호범 작곡, 1949), <대생산에 힘내자>(현계순 작사, 박우 작곡, 1949), <새봄>(김인준 작사, 허세록 작곡, 1949) 등 우수한 가사들을 창조하여 후세에 귀중한 경험들을 남기였다.

둘째, 7.5조와 그 변종들인 6.5조, 8.5조 등도 많이 사용되었다.

필자가 통계한데 의하면 항일가요에는 7.5 및 그 변종인 6.5/ 8.5조가 압도적으로 많아 전체 곡수의 62%를 차지한다. 또한 조선족가요의 발전기와 전환기의 전문적인 창작자들이 창작한 가요 역시 조선민요의 전통운율과 함께 7.5조류의 근대적 운율을 창작의 원칙으로 하였다. 통계에 따르면 발전기와 전환기 창작자가 있는 가요 75곡을 통계 분석한 결과 7.5조류 작품이 37곡으로 49%를 차지한다.

7.5조의 기원 및 7.5조가 조선시가의 전통운율인가에 대하여서는 학계에서 부동한 견해가 존재하는 것이 사실이다.

조지훈의 주장은 7.5조가 조선의 전통운율이 아니라고 보는 것이다. 그는 "김소월을 비롯하여 민족적 정한을 노래한 우리 시가에 7.5조가 많아 7.5조는 조선적률조의 대표처럼 되였지만 실상 이것은 육당을 통해서 수입된 일본의 율조이다. 7.5조는 4.3.5조 또는 3.4.5조로 분석되는 1구 3음보이다. 우리나라 전통적 가요는 전부 1구 4음보로서 4.4조 또는 3.4조가 기본이 된 8.8조, 8.7조, 6.7조 등이 그 일반형식이다. 더구나 1구의 말음보末音步가 5음으로 끝나는 례는 정읍사井邑詞를 비롯한 소수의 옛 가요古歌謠에 간혹 있을 뿐 우리 노래의 일반적형식이 아니다."[4]라고 주장했다. 이러한 주장에 반대하는 연구자들 예를 들면 조창환은 "7.5조가 일본시가 율격의 수입, 정착임을 부인할 수는 없지만 전통의 문화적 토양과 우리 감각에 어울리는 요소를 지니고 있었기 때문에 그처럼 한 시대를 풍미하고 이후 계속되는 생명력을 지닐 수 있었다"[5]고하였다. 그는 7언시와 5언시로 대표되는 한시의 영향은 7음절과 5음절의 관습적 친화감을 이루어 7.5조의 고착에 배경으로 되고 있다고 주장한다.

7.5조는 근대이후 일본 창가 및 그 영향을 받은 창가의 유행과 함께 조선족가요의 중요한 음수율로 자리 잡은 것이다. 음악 교류사적 시각에서 보면 7.5조는 일본시가 율조이지만 그것의 수용은 조선전통민요 3음보격

---

4) 조지훈, 한국문화사서설. 탐구당, 1964. 321~322쪽.
5) 조창환, 한국근대시의 운율론적 연구. 일지사, 1986. 25쪽.

의 문화적 토양과 우리 감각에 어울린다. 특히 7.5조가 일본 창가의 기본적인 운율이라는 사실에 비추어보면 일본가요의 영향을 많이 받은 조선족가요 역시 7.5조를 받아들이게 된 것으로 볼 수 있다. 또 가요 발전사적 시각에서 보면 7.5조를 다시 세분하면 4.3조와 3.2조의 결합으로 되어있는 바 역시 전통 민요의 운율의 변용으로 되어 있다고 볼 수도 있어 7.5조가 조선족가요에 고착하게 된 것도 자연스러운 결과라고 할 수도 있다.

가요 <농민의 노래> (천청송 작사, 류광준 작곡, 1947)[6]는 "8 · 15"이후 땅의 주인으로 된 중국조선족 농민들의 기쁨과 감격과 함께 토지개혁이 농민들의 생활에 가져다 준 시대적 변천을 시적으로 보여주고 있는 노래이다. 7.5조의 음수율에 뿌리를 박고 음의 강약과 장단이 규칙적으로 배치되어 시간적인 흐름에 질서감이 주기적으로 연속되게 나타내고 우리말의 음향선을 그리면서 독특한 음조미를 돋구는 7.5조류의 가사 중에서 가장 전형적인 작품이다.

---

6) 1947년 천청송 작사 류광준이 작곡한 노래이다. 천청송(1915~?)은 룡정에서 출생하였다. 그는 1930년대 초에 룡정광명학원 사범부에 입학해 공부했는데 학생시절에 "북향회"에 참가했고 1935년에는 "북향회"편집원을 지내기도 했다.1937년 광명학원 사범부를 졸업하고 한동안 안도 명월구소학교에서 교편을 잡기도 했으나 1940년대초에 길림에 이주해 사무원으로 지내면서 계속시를 썼다. 그는 ≪북향≫지에 <꿈 아닌 꿈>(1936. 3), <우슴의 哲學>(1936. 8), <재만조선인시집>(1942)에 <드메>, <무덤>, <书堂> 등 시를 30여 편을 발표했다. 광복 후에는 연길에 와서 문학 활동을 하다가 조선으로 건너갔다.
류광준(1909~1985)은 조선 전라북도 전주에서 출생하였다. 1933년에 그는 일본 도꾜구니따찌 고등음악원을 중퇴하고 중국 길림성 화전현으로 이주하여 사방전자국민학교, 동명국민학교 등에서 교원을 지내다가 1945년 말에 조선의용군 제7지대선전대에 음악교원으로 영입되었으며 1947년까지 합병된 단체들에서 줄곧 음악교원으로 활약하였다. 그는 가무극 <무산대중의 봄>, 가극 <인민은 무장하자>등 일련의 작품들을 창작하였다. 그가 작곡한 노래 <무산대중의 봄이 왔네>와 <농민의 노래>는 중국조선족의 대표적인 성악곡으로 오래 동안 널리 애창되었다. 류광준은 1947년에 조선에 간후 선후로 보안간부훈련대대 문화부 음악지도원, 조선인민군협주단 합창지도원, <조선음악>편집원, 조선음악출판사 부장, 문학예술총동맹출판사 음악편집부장을 지냈고 40여수의 대중가요와 아동가요를 작곡했으며 1954년에는 중국방문 조선예술단 지휘자로 활동하였다.

마반산 높은봉에 아침해 솟고
뒤동산 깊은숲에 뻐꾹이 운다.
동무야 쟁기메고 밭갈이 가세
에헤야 어서들 밭갈이 가세

해란강 깊은 물은 흘러 넘치고
뜨거운 여름볕에 벼이삭 패네
동무야 삿갓쓰고 김매려 가세
에헤야 다함께 김매려 가세

기름진 연변벌에 곡식이 익어
보름달 쳐다보며 가을을 하네
동무야 낫을 들고 벼베러 가세
어헤야 모두들 벼베러 가세

－ ＜농민의 노래＞(1947)

가사에서의 운율은 바로 절주이다. 이 가사는 절주가 명확하고 절주조
직이 면밀하다. 첫 시행은 '마반 산 높은 봉에 아침 해 솟고'로서 서두어휘
'마반 산 높은 봉에'는 '3.4'로 엮어졌다. 이렇듯 3.4조, 3.3조와 같은 형태
의 음절군들이 연속 반복되는 과정에 운율이 조성되고 있는 것이다.[7]

이상에서 보다시피 이 노래의 가사는 7.5조로 된 창가의 기초운율에 3
음보격인 전통 민요의 리듬인 6/8박을 계승하여 평이한 시어와 단순한 시
적구조로 맑고 명랑한 이미지를 창출하고 있는데 이는 이 가요의 작사자
천청송이 창가과목을 설치하고 자체로 창가교재를 편찬, 선택하여 가르
쳤던 사정과 관련된다.[8]

---

7) 김경석, 문학창작과 표현수법. 연변인민출판사, 2009. 50~59쪽.
8) 1940년을 좌우로 비교적 활발하게 활동했던 천청송의 공부하던 시기에 룡정조선민
족사립학교들에서는 모두 창가과목을 설치하였고 자체로 창가교재를 편찬 또는 선택
하여 가르쳤다. 창가교재에는 ＜소년남자가＞, ＜학도가＞, ＜권학가＞, ＜혈성대가＞

총적으로 조선족가요의 운율은 창가의 7.5조의 운율에 기초를 두고 전통 민요의 리듬인 3음보격을 계승한 근대적 시가 특징을 보여주는 동시에 일정한 주기를 가지고 반복되는 음수율의 결합으로 반복되는 율조를 형성하면서 정서적 흐름에 규칙성과 율동성을 부여하는 특징을 나타내고 있다.

8.5조와 6.5조는 7.5조를 기본으로 음수의 일정한 증감에 의하여 이루어진 운율로 그의 변형으로 볼 수 있다.

> 백두산하 넓고넓은 만주벌판은
> 항일련군 우리들의 운동장일세
> 걸음걸음 떼를지어 앞만 향하여
> 활발히 나 감이 엄숙하도다
>
>   - <용진가> (1930년대)

항일가요 <용진가>는 8.5조로 된 것으로서 <유격대행진곡>의 선율과 같은 일본 창가 <하이카라 절ハイカラ節>의 곡을 차용하였다. 같은 곡에 다른 가사를 붙여 만들어진 창가 <전진>, 항일가요 <용진가>와 <유격대행진곡> 등은 모두 8.5조로 되어있다.

기존선율에 새로운 가사를 바꾸어 넣어 부른 창가와 항일가요는 가사가 노래로 불릴 것을 전제로 창작된 것으로서 형식적으로 선율에 많이 종속되었고 또 단순화된 리듬에 쉬운 언어적 표현으로 많은 작사자들의 참여의욕을 불러일으킨 결과로 보여 진다.

최신 창가집에 수록된 <전진>은 전형적인 8.5조로 된 노래로서 조선족사회에 보급된 후 1930년대 항일유격구에서<유격대행진곡>으로 8.5조로 된 가사를 바꿔 불리게 되었다.

등 많은 노래들이 선택되어 있고 대부분 창가의 률조가 7.5조로 되어있다.

뒤에일은 생각말고 앞만향하야
전진전진 나갈때에 활발스럽다
청년들아 용감력을 더욱분발해
전진전진 나아가세 문명부강케

— 창가 <전진>(1910년대)

동무들아 준비하자 손에다 든무장
제국주의 침략자를 때려부시고
용진용진 나아가세 용감스럽게
억천만번 죽더라도 원쑤를치자

— 항일가요<유격대행진곡>(1933)

결론적으로 조선족가요는 전문적인 작곡가와 작사가가 많지 않았던 시대적 배경으로 인하여 완전히 새로운 음악적 형식을 창조하기에는 제한성이 많았고 창가, 일본가요 등 기성가요의 음악에 가사를 붙여 활용하는 경우가 많았는바 7.5조와 그 변형형태인 8.5조, 6.5조의 사용은 이런 시대적 배경에서 비롯된 결과라고 볼 수 있다.

이상에서 살펴본 4.4조, 7.5조 등 기본적인 음수율과 함께 조선족가요의 가사에는 일정한 음절군이 불규칙적으로 반복되는 불규칙적 음수율의 가사형식도 가지고 있다.

불규칙적인 가사는 음수율이 불규칙적이지만 음악적으로는 일정한 음절수의 결합 형태를 취하면서 운율을 조성하였다.

1946년 박순연이 작사하고 리경택이 작곡한 <토지얻은 기쁨>은 2, 3, 4, 5음절군들의 불규칙적인 배열에 의해 운율이 이루어졌다.

오막살이 우리 집에도
광명한 새 아침 닥쳐왔다네

에라 좋구나 에라 좋구좋다
새로운 우리살림 꾸려보세

- <토지얻은 기쁨>(1946)

　이 노래의 운율은 정형률이 아니다. 보는바와 같이 시행 내에서의 음절
군의 결합형태도 매우 자유로우며 2, 3, 4, 5 음절군들이 아무런 격식도
없이 자유롭게 결합되었다.

　발전기와 전환기에 창작자들에 의해 창작된 조선족가요 총 75곡에서
불규칙적인 음수율을 가진 가요가 9곡 12%, 항일유격구가요 총 61곡 중
불규칙적인 음수율을 가진 가요가 9곡으로 14%를 차지하고 있다.

　항일가요 <백색테로 반대가>는 불규칙적인 음수율에 의해 운율을 조
성하지만 음악적 흐름이 충만 되어있다.

헐벗고 주린 투사들은
철창속에 갇히여 있다
야수같은 악마들은
끓는 피가 식는가를 보려고 한다
(후렴)동무들아 두려워 말라
백색테로에 단을 내리며
청년부녀야 모두 싸우자
무산계급 우리들은 굴치 않는다
하략

- <백색테로 반대가>(1930년대)

　이 노래가사는 기본 율조를 떠난 파격적인 현상으로서 사상정서적내
용의 표달에서 오는 자연적인 파격이라고 본다.

- 3/2/4//
- 4/3/2//
- 4/4//
- 4/4/3/2//
- 4/3/2//
- 5/2/3//
- 5/2/3//
- 4/4/2/3//

이러한 불규칙적인 음수율은 음절군 배합에서 자유롭게 표현되지만 일정한 반복의 법칙이 작용하고 있다. 즉 불규칙결합의 반복형태가 있다. 가사에서 3/2, 혹은 4/4, 2/3과 같은 음절군을 반복하여 운율을 조성하고 있다. 2, 4, 5행3/2와 6, 7, 8행의 2/3에서 동음양동위반복률[9]의해 이루어지고 있다.

총적으로 가사의 운율 조성에서 다양성을 보여주는바 음수율에서 전통적인 4.4조, 3.4조를 창조적으로 계승하면서도 7.5조와 그 변형이 절대다수로서 가요의 근대적 전환을 이룬 대안이기도 했고 불규칙적인 음수율의 운율조직은 조선족가요의 가사형식의 발전역사에서 공고화된 한 운율 형태로도 보여준다.

압운의 특징

압운은 시와 같은 운문에서 행의 처음과 행의 끝, 행간 휴지休止 등에 비슷한 음 혹은 같은 음을 반복해서 문장을 정비하는 수사법으로 음운미를 체현하는 중요한 수단의 하나이다. 압운에는 두운, 허리운, 각운으로 갈라볼 수 있는데 행의 첫 음에서 반복되는 것이 두운, 행의 중간에서 반복되는 것이 허리운 끝 음에서 반복되는 것이 각운이다.

---

9) 동일한 음절수와 동일한 위치의 반복을 통하여 률조가 조성되는 것을 말한다.

조선족가요에서 운조성은 운의 형태에 따라 각기 쓰이는 것도 있고 여러 형태가 함께 쓰이는 다양한 형식으로 표현된다.

우리우리 동무들아 기쁜날을 만났으니
우리우리 즐거웁게 손벽치며 놀아보자

우리우리 동무들아 기쁜날을 만났으니
우리우리 즐거웁게 발구르며 놀아보자
하략

　　　　　　　　　　　　　　 ‐ <유희곡>(1930년대)

이 노래의 가사에서 나타나듯이 '우리 우리'라는 두운을 배치하여 행의 머리에 같은 단어의 반복으로 오는 어음반복이 이루어진 것으로 하여 운율이 생겨나는 것을 볼 수 있다.

이 노래는 21절이나 되는 긴 노래지만 기억하기 쉽고 유희적인 정서, 유창하면서도 활동적인 모습을 선율적으로 받아들이게 한다. 뿐만 아니라 4절까지 첫 행이 '우리 우리'로 반복되면서 같은 자리에 같은 음절을 규칙적으로 배치하여 운율의 아름다움을 형성하였다.

다음으로 연과 연 사이에서도 다양한 압운법을 시도하고 있음을 찾아볼 수 있다.

어기여차 듸여차 배띄워라
희망의 바다로 배띄워라
붉은해 동쪽에 솟았으니
희망의 노래를 불러보세
(후렴)략

어기여차 듸여차 배띄워라

희망의 바다로 배띄워라
붉은기 광야에 휘날리니
희망의 노래를 불러보세

- <희망의 노래> (1945)

이 노래는 <희망의 노래>(김태회 작사, 박한규 작곡)로서 4행 2련으로 되였는데 매 시련의 행마다 '어', '희', '붉', '희'라는 두운을 배치하여 운율을 형성하였다.

아래에 <웃어라 와하하>(리재연 작사, 서영화 작곡)는 매개연의 대칭되는 행의 요운과 각운을 함께 결합한 가요이다.

웃어라 와하하 웃어라 와하하하
어제밤에 국민당놈 눈뜨고 꿈을 꿨다네
날아오는 독수리 보고 해방군 비행기라고
놀라서 도망치다 놀라서 도망치다 엎어져 코 다쳤다네

웃어라 와하하 웃어라 와하하하
어제밤에 국민당놈 눈뜨고 꿈을 꿨다네
걸어오는 황소를 보고 해방군 땅크라고
놀라서 도망치다 놀라서 도망치다 총살당하였다네

- <웃어라 와하하>(1947)

이렇듯 행의 중간에 나타나는 요운은 단어의 의미는 다르지만 비슷한 발음의 규칙적인 배치로 인하여 나타나는 운을 취하고 있다. 매련의 대칭되는 시행의 요운 '에', '고', '을', '군', '서'를 규칙적으로 배치하여 운율을 형성하였다. 이는 시련사이에 다양한 형태를 이용하여 압운을 형성하여 음악적 운율을 조성하고 있다. 그리고 매연의 시행의 각운 '놈', '네', '고', '고', '다', '다', '네'를 대칭되게 씀으로서 운율조성에 이채를 띠게 한다.

무산대중의 봄이왔네
이 봄은 해방의 봄이라네
얽히운 쇠사슬 깨뜨려라
해방의 봄맞이 얼씨구 좋다

무산대중의 봄이왔네
이 봄은 단결의 봄이라네
인민의 원쑤를 쳐부셔라
단결의 봄맞이 얼씨구 좋다

무산대중의 봄이왔네
이 봄은 승리의 봄이라네
총칼을 들고서 모여라
승리의 봄맞이 얼씨구 좋다

           ‑ <무산대중의 봄이 왔네>(1945)

　　노래 <무산대중의 봄이 왔네>(작사자 미상 류광준 작곡)은 4행 3연으로 되였는데 ‘네’, ‘네’, ‘라’, ‘다’라는 운을 매시연의 끝에 대칭되게 반복하여 가사의 정서적 흐름을 조화롭게 하고 있다.

철창밖에 백양혜야
푸릇푸릇 피여혜야/
이내몸은 몇해혜야/
어둠속에 앉어혜야/
이내몸은 죽어혜야/
거듭몇번 죽어혜야/
나의뜻은 구름처럼/
뭉게뭉게 살어혜야/

           ‑ <수인의 노래>(1946)

노래 <수인의 노래>(박한규 작사 작곡)는 시행 끝 압운을 '헤야'로 맞추어 규칙적인 운율을 형성하였음을 보여주고 있다.

총적으로 조선족가요의 압운법을 사용한 노래들은 운율 조성에서 큰 효과를 나타내고 있다. 특히 한개 연내에서 여러 가지 형태로 쓰인 가사보다는 대부분 가요가 연과 연 사이의 다양한 압운법을 시도하였음을 볼 수 있고 이 또한 운율을 조성하는 압운법사용에서 특징으로 나타나고 있다.

조흥구와 후렴구의 특징

조흥구는 노래의 시음악적인 것을 바탕 지어 주고 전개시켜 나가는 말 그대로 흥을 돋는 절구로서 후렴구와 같이 가요의 정서, 음상, 율조 등을 가장 집중적으로 체현한 선율, 음조, 운율의 기초단위이다.[10]

조선족가요의 조흥구는 몇 개의 음절이나 하나의 단어 또는 구로 주어지는 민요의 의성양태적 특성을 계승하였다.

조흥구는 가요에서 위치가 한정되어 있지 않기 때문에 가요의 운율과 정서성을 높일 수 있는 임의의 곳에 맞물려 들어오게 된다. 전통 민요에서 조흥구는 흥을 돋우며 운율을 조화시키면서 정서적 색채를 뚜렷이 하고 있다.

전통민요 <도리깨질소리>[11]에서 후렴구의 한행은 거의 조흥구로 되여 있을 뿐 아니라 조흥구가 안고 있는 율조, 운율 구성에 의거하고 있다. 이 노동민요의 후렴구는 선소리 '에헤'로 부터 생겨났으며 그것을 운율적으로 조화시켜 조흥구를 만들어냈고 후렴구와 결합시켜 민요의 운율, 음조, 색깔을 이끌어주고 있다.

> 에헤 두들겨라 에헤 두들겨라 ┐ 후렴구
> 에헤 에헤 에헤 좋다 두들겨라 ┘

---

10) 리동원, 조선민요의 세계. 평양출판사, 주체, 91(2002). 215쪽.
11) 김봉관, 중국조선족 민간음악집. 연변인민출판사, 2009. 37쪽.

우리 마당에 두태를 치고
재령나무리별 벼대를 친다

　　　　　　　　　　　　－ 전통민요<도리깨질소리>

　후렴구의 첫 행은 선소리 <에헤>와 <두들겨라>가 결합되어 운율을
조성하면서 반복되어 가요의 선율을 이끌어 나가게 된다. 두 번째 행은
'에헤'의 세 번 연속반복으로 '좋다'와 결합되어 흥조를 돋구어 주는 완전
한 의미에서의 조흥구로 형성되게 되며 그것이 '에헤 두들겨라'와 결합되
어 결국 후렴구의 다른 한행을 만들어 내게 되었다.

　운율구성을 놓고 보더라도 정연하게 째여 있으면서도 2음절과 4음절
을 신축성 있게 조화시켜 결국 6.6조의 정형률을 얻어내고 있다.

　채택룡 작사 허세록 작곡으로 된 <새 아리랑> 조흥구와 후렴구가 이
러한 요소를 계승한 것으로서 선소리 <아리랑>에서 시작되어 운율적으
로 조화시켜 조흥구를 만들어냈고 운율 구성의 정형률을 얻어냈다.

아리랑 아리랑 아라리요　⎤
새로운 이마을에 봄이왔네　⎦ 후렴구
보슬비 내리여 땅이녹고
즐기는 흙냄새 구수하다
뻐꾹뻐꾹 뻐뻐꾹 뻐꾹뻐꾹 뻐뻐꾹　→　조흥구
뻐꾹새 발갈이 재촉한다

　　　　　　　　　　　　－ <새 아리랑>(1947)

　이 노래는 후렴구의 첫 행은 선소리 '아리랑'의 반복과 '아라리요'가 결
합되어 시작부터 3.3.4조의 운율을 조성하면서 가요의 선율을 이끌어나
가게 된다. 이 노래의 시작은 조흥구화 된 후렴이고 조흥구는 후렴화 된
조흥구이다. 조흥구에서는 '뻐꾹뻐꾹 뻐뻐꾹'의 의성양태적형용을 강하
게 씀으로서 그것이 안고 있는 정서와 율조에 흥을 더하여 준다.

전통적인 노동민요에서 조흥구화 된 후렴구가 생겨나게 된 원인이 노동 율동과 결부된 선소리로부터 첫 가요구인 후렴구가 생겨나게 된데 있다.

따라서 노동을 반영한 조선족가요는 홍조를 반영한 조흥구화 된 후렴 구들을 많이 가지고 있다. 이를테면 오랜 세월 널리 불리고 있는 <농민의 노래>(천창송 작사, 류광준 작곡), <베짜기 노래>(채택룡 작사, 허세록 작곡), <절구타령>(김창선 작사, 서영화 작곡), <새봄>(김인준 작사, 허 세록 작곡), <호미가> (류동호 작사, 평안도민요) 등이 그러하다.

○ 에헤야 어서들 밭갈이 가세 - <농민의 노래>1947
○ 에헤요 좋구나 평화의 살림 - <베짜기 노래>1947
○ 에헤 절구로구나 절구로구나 - <절구타령>1949
○ 에헤야 데헤루야 우리는 새나라 - <새봄>1949
○ 헤라 헤라헤라 호호 메야 호메호메를 메고가자 - <호미가>1944

이 가요들의 후렴구들은 노동정서와 율동을 반영하여 창작된 것만큼 간결하고 단순할 뿐만 아니라 행동 율이 강하고 짧은 2-3음절군의 반복 으로 이루어져 있다. 또한 이 후렴구들은 행동 율과 결부된 것으로 하여 그 자체가 음율성을 가진다.

이상에서 보다시피 1945년 이후에 창작한 조선족가요는 전통을 계승함 에 있어서 일련의 특징을 보여주고 있다. 특히 몇 개의 음절이나 하나의 단 어 또는 구로 주어지는 전통민요 조흥구의 의성양태적 특성을 계승하였다.

■ 절가적특징

조선족가요의 기본형식은 절가이다.

절가란 여러 개의 절로 나누어져있는 가사를 하나의 곡에 맞추어 반복 하여 부르게 되어 있는 가요형식이다. 즉 절가에서 가사는 통일적인 주제

에 복종되는 여러 개의 절로 이루어지나 음악은 한 개절에 해당한 선율이 반복된다.[12]

절가형식은 구조가 간결하면서도 다양한 서술적 기능을 가지고 있기 때문에 인간의 그 어떤 사상 감정도 폭넓고 깊이 있게 반영할 수 있다. 절가형식은 집단적인 가창형식에 기초를 두고 있다.

일반적으로 가사는 시의 구조에 따라 유절가사, 무분절 가사로 나누어지는데 무분절 가사는 어떤 사건성이 강한 내용을 여러 절로 나누지 않고 한개 절로 하는 가사이다. 예컨대 <조선의용군행진곡>(리정호 작사, 작곡, 1942), <조국위해 싸우자>(작사자 미상, 정률성 작곡, 1945), <희망은 부른다>(김삼석 작사, 정진옥 작곡, 1945), <려명의 노래>(리해평 작사, 한유한 작곡, 1943) 등이 대표적이다.

그러나 대부분의 가사는 절가형식으로 가사내용의 스케일과 깊이를 유지하면서 광범한 대중이 쉽게 이해하고 부를 수 있게 창작되었다. 해방 전 조선족가요의 가사는 절가형식의 가사가 지배적인 위치를 차지하고 있다.

그럼 아래에 조선족가요의 절가적구성형식의 몇 가지 특징을 살펴본다.

점진적풀이

조선족가요에는 절을 전개 풀이하는 데서 점진법을 사용한 가요를 볼 수 있다. 다시 말하여 절을 노래의 의미, 정서적 내용과 선율적 특성에 맞게 점차적으로 풀이 전개해 나감으로써 사람들의 체험세계를 여러모로 다양하고 풍부하게 그려 내게 된다. 이것은 가요가 간결한 절가형식에 의거하여 다양하고 복잡한 심리세계도 압축적으로 그려낼 뿐 아니라 형식의 간결성에 비하여 표현능력을 풍부화 시키고 서술기능을 다양하게 하는 절가의 구성특징의 하나이다. 이러한 아랫말이 윗말의 꼬리를 물면서

---

12) 김기종. 시운률론. 동북조선민족교육출판사. 1998. 532쪽.

이어지는 점진적으로 반복되는 수열 구조와 그 '구술적 서사방식'은 가장 오래된 예술형식중의 하나이기도 하다.

따라서 많은 조선족가요들이 점진법을 쓰고 있으며 절을 전개 확대해 나가는 풀이방법에 의거하였다.

이러한 특징을 뚜렷하게 보여주는 가요는 <십진가>, <녀자해방가>, <일주일가>, <의회주권가>, <유희곡>, <반일전가>, <불평등가> 등이다.

<일주일가>와 <십집가>등 수풀이 가요들은 전통적형식의 하나인 <달거리>[13]와 같이 수자나 글자를 풀이단위로 하여 절을 전개시켜 나가는 형식이다.

수풀이에서는 수자 열까지 풀이하는 십진가 형식이 기본이 된다. 수풀이는 수자를 한개 절 또는 행을 단위로 하여 의미정서적인 것을 집중시켜 풀이하는 독특한 절가형식의 가요이다.

> 하나이라면
> 한 나라 공산주의 선봉 국가는 선봉 국가는
> 전 세계를 창조하는 쎄쎄쎄르다 쎄쎄쎄르다
>
> 둘이라면
> 둘이 함께 못 살 두 계급이니 두 계급이니
> 유산 계급 무산 계급 투쟁하여라 투쟁하여라
>
> 하략
>
> — <십진가>(1930년대)

---

13) <달거리>(月令體歌)는 일 년의 열두 달을 절가형식으로 풀어 나가는 민요로서 매개 달을 한개 절(령 令)로 하여 생활, 세태풍속, 인정 등을 풀이해 가는 독특한 시음악적구성형식을 가진다.

<십진가>는 수십 수의 부동한 가사들이 존재한다. 이 노래는 한 행에다 그 수자와 관련된 깊은 뜻을 담아 한 행 한 절로 뜻을 풀이해 나가는 독특한 절가형식을 취하고 있다. 여기에서는 전 세계 무산자들이 단결하여 일제침략자들에 대한 항쟁의식을 반영한 인민대중의 감정을 표현한 노래이다. 또한 '수'자가 증가됨에 따라 의미 정서적 내용도 전개하여 풀어나가게 됨으로써 형식이 간결하면서도 깊은 뜻을 담고 표현능력과 서술기능을 풍부하게 해주고 있다. 입에 올리기 쉽고 기억하기 쉬운 '구술적 서사'의 특점을 보여주는 것이다.

<일주일가>도 수자풀이형식의 노래이다.

> 일요일이라 일본제국주의 강도놈들은 강도놈들은
> 이삼월에 눈 녹듯이 쓰러지누나 쓰러지누나
>
> 토요일이라 토지 갈고 호강하던 지주놈들을 지주놈들을
> 철저히 조사하여 청산합시다 청산합시다
>
> 금요일이라 금은보화 가진 놈들 없애버리고 없애버리고
> 평등평화 새사회를 건설합시다 건설합시다
>
> 목요일이라 목적하는 새사회를 건설하려면 건설하려면
> 총을 메고 승리과실 지켜싸우자 지켜싸우자
>
> 하략
>
>   – <일주일가>(1930년대)

이 노래는 <십진가>와 다른 숫자가 감소되면서 정서적 내용을 전개하여 풀어나가고 있다. 특히 일제 놈들과 지주 자본가들을 없애고 평등사회를 건설해야 함과 승리의 과실을 지키려 젊은 자치 군대들이 화차를 타고

떠나는 모습과 생산으로 지원하려는 깊은 뜻을 담고 있다. 가요는 형식이 간결하면서도 표현능력과 서술기능을 풍부하게 해주고 있다. 하여 지금까지도 조선족사회에 가창되고 있다. "쓰러지고" "청산하고" "건설하고" "지켜 싸우자"는 단순 명료한 정치구호 만큼이나 그 형식도 깔끔한 것이다.

조선족가요에서 점진적 풀이가요는 전시 때 유행했던 한 형식이었으나 항일전쟁의 승리와 토지개혁으로 인한 정착과 평화로운 삶으로 인하여 항쟁의식을 불러일으키고 민중을 선동하기 위하여 창작된 긴 유절가요는 종적을 감추게 되었다. 정치적 환경의 변화는 새로운 형식을 창도하거나 기존의 형식을 역사적인 현상으로 만들기도 하는 것이다.

대구 · 대칭적 구조

조선족가요에서 의미상 연관되거나 상반되는 같은 유형의 문장론적 구조를 짝을 맞추어 대응시켜 음악의 기승전결과 같은 논리를 가진 노래가 보편적으로 많다.

> 돈없는 로동자 망치메고 나오고
> 땅없는 농민은 호미메고 나오라
>
> 밥짓던 누나는 식칼들고 나오고
> 글 읽던 오빠는 책상들고 나오라
>
> 하략
>
> — <총동원가>(1930년대)

이 노래는 '돈 없는 노동자 망치 메고 나오고'와 '땅 없는 농민은 호미 메고 나오라', '밥 짓던 누나는 식칼 들고 나오고'와 '글 읽던 오빠는 책상 들고 나오라'가 대구를 이루는데 '돈—땅', '로동자—농민', '망치—호미'와

'밥-글', '누나-오빠', '식칼-책상' 등과 같은 시어들이 대조됨으로써 서로의 의미가 강조되고 어세가 강조되었다. 이러한 대칭으로 '나오고-나오라'가 '총동원'과 '붉은 주권'을 나누는 것으로서 해결된다. 그만큼 무섭고 살벌한 유혈투쟁의 현장을 은유적이고 직접적으로 보여주는 것이다. 호미, 식칼, 책상, 망치 따위들이 등등은 워낙 일상적인 생필품이거나 생산을 위한 도구들인데 독특한 대구와 대칭구조 속에서 혁명을 수행하는 전투적인 살인무기로 뒤바뀌는 것이다.

1947년에 림원갑이 작사하고 박우가 작곡한 가요 <우리는 민주청년>는 전 시련이 대칭적 조응을 가져오고 있다.

우리는 민주청년 인민의 선봉
모택동은 가르친다 인민위하라
씩씩한 동무들아 뛰여나와서
영원한 승리를 쟁취하자

우리는 민주청년 로농의 지축
모택동을 따라서 힘껏 배우자
헐벗고 굶주리는 인민위하여
영원한 승리를 쟁취하자

우리는 민주청년 피는 끓는다
모택동 령도밑에 견결히 싸워
국민당 반동파 때려부시고
영원한 승리를 쟁취하자

— <우리는 민주청년>(1947)

이 노래에서는 시련의 대칭반복을 통해 혁명적 사상 감정을 강도 높게 표현하였다. '우리는 민주청년'과 '영원한 승리를 쟁취하자'는 완전 대칭된 가사구조로서 짝을 맞추어 배열하여 가사언어나 표현들의 유창함을 조성하였다. <총동원가>처럼 절대적인 이항대립적인 구조는 혁명의 불가피성과 그 불가항력성에 큰 힘을 실어주는 것이다.

이러한 대구·대칭적 구조는 <웃어라 와하하>(리재연 작사, 서영화 작곡, 1947), <무산대중의 봄이 왔네>(작사자 미상, 류광준 작곡, 1945), <박격포의 노래>(김영진 작사, 서영화 작곡, 1947) 등 가요들에서 두루 확인할 수 있다.

총적으로 해방 전 조선족가요의 절가 형식적 특징은 점진적 풀이 가요와 대구 대칭구조로 형성 되었다. 점진적 풀이 가요는 시대의 변천과 가창자들의 심미수요로 하여 점차 소실되었으며 대구 대칭구조형식의 가요는 현재까지 다양하게 쓰이는 특징이 보여 진다. 그만큼 후자는 일반적인 언어 구조적 특점과 습관적인 사유의 속성을 잘 체현하였다고 할 수 있겠다.

■ 가사의 언어적 특징

해방 전 중국 조선족가요의 주되는 공간인 동북지역은 문화적인 측면에서 보면 대표적인 혼종성을 보여주는 지역이다. 만주족이 중원으로 진출한 뒤 일반인의 출입을 엄격하게 통제하다 19세기 말엽이 되여서야 산동山東, 하남河南 등 중국 내륙의 이주민들이 이 지역에 모여들면서 최초의 중국원주민原住民이 생겨났다. 거기에 19세기 말엽부터 이주하기 시작한 조선인과 러시아인들이 정착하기 시작하였고 일제가 조선반도를 강점한 뒤 잇달아 동북지역에 세력을 확장하면서 이 지역에는 중국인, 조선인, 일본인, 러시아인 등 다양한 민족이 합쳐지면서 혼종적인 주민집단이 형성되었다. 따라서 동북지역에는 부동한 민족문화가 복합적으로 얽혀있었다. 조선인들은 이러한 동북지역에 이주하면서 필연적으로 동북지역의 문화적 혼종성을 이루는 한 요소로 되는 동시에 또한 그 혼종성을 체험하게 된다.

언어적인 측면에서 보면 조선족은 우선적으로 원주민들의 언어인 중국어에 직면하게 되었고 1932년 일제의 허수아비인 "만주국"이 성립되면서 일본어 또한 강요받게 된다. 따라서 조선족은 조선어, 중국어, 일본어 사이에서 이중 언어 내지는 삼중언어의 언어적 환경에 생활하면서 두 가지 혹은 세 가지 계통의 수사체계 속에 들어가게 된다. 따라서 조선족가요의 가사 역시 언어적인 혼종성을 보이고 있다. 언어의 한계는 사유의 한계이듯이 혼종적인 언어는 우리 조선족들에게 새로운 가사공간을 제시한 것이다. 말하자면 언어는 단순히 '탈 물질화된 기호'가 아니라 삶 그 자체의 무늬를 '그대로' 핍진하게 보여줄 수도 있는 것이다. 그것은 우리가 언어를 통하여 사유하고 언어를 통하여 세상과 만나고 언어를 통하여 언어로 세상을 축조하기 때문이다.

언어에 의해 인간은 서로 생각. 의지를 전달할 수 있고, 또 자기자신의 의식을 형성할 수 있게 되었다. 언어와 의식은 서로 결합되어 있으며, … 의식의 내용은 언어에 있어서 말이나 규칙에 의하여 형성된다. …14)

아울러 필자는 조선족가요의 언어 총 3천 여 어절을 대상으로 한 어원별 통계와 낱말의 빈도수통계를 수작업으로 진행하였다. 일단 어휘는 어원에 따라 고유어, 한자어, 외래어로 구분하였다. 아울러 조선족 가요에 나타난 개별어휘와 전체어휘의 어원에 따라 분류하여 통계한 결과는 다음과 같다.

[표 2] 조선족가요의 어원별 통계

어원	어휘수	비률
고유어	2099	70%
한자어	837	28%
외래어	48	2%
합계	2984	100%

---

14) 임석진 외, <언어>, 철학사전, 중원문화, 2008, 454쪽.

도표에서 보다시피 통계된 2984개 개별어휘 가운데서 고유어가 점하는 비중이 70%이고 한자어는 28%, 외래어는 2%이다. 이는 조선족가요 창작의 가사언어선택에서 민족의 전통을 계승한 고유어를 압도적으로 많이 사용하였음을 볼 수 있다. 이러한 계승은 의식적인 것도 있거니와 무의식적인 부분도 없지 않아 많을 것이므로 '민족전통계승'의 문제에 있어서 사고해야 할 부분이다. 그리고 주류문화에서 받은 영향과 그 표현으로서 장착의지의 구체적인 표출인 한자어 선택문제이다. 아울러 이러한 28%라는 통계수치는 우리 가사어의 혼종성의 정도를 집약적으로 보여주는 레이기도 하다. 바꾸어 말하면 우리가 그만큼 중국화化 되었음을 보여주는 것이다.

> 언어는 사회적 활동이기도 하다. 언어의 각 유형은 어떤 집단적인 실천에 연관되며 … 수행적인 언표는 그 자체가 활동이며 특정한 효과를 산출한다.[15]

또한 다문화공간에서 30년대부터 일본어를 비롯한 외래어 사용이 일상화 되어가고 있는 시점에서도 외래어가 차지하는 비중이 낮은 것도 알 수 있다. 아울러 외래어의 사용빈도는 우리 의식의 식민화(일본어의 경우) 내지 '개방화'를 드러내는 구체적인 수치라고 해도 될 것이다.

[표 3] 조선족가요의 어휘빈도수

어원	사용빈도가 높은 단어
고유어	우리(102), 봄(80) ,길(63), 동무(46), 노래(43), 몸(38), 붉은(37), 나라(30), 집(27), 싸워(27), 나가자(26), 발(25), 바람(25), 땅(25), 가슴(23), 꽃(22), 구름(20), 뭉쳐(20), 굳게(20), 마음(17), 넓은(15), 일어나(15), 꿈(15), 살림(14)

---

15) 엘리자베스 클레망 외, 이정우 역, <언어>, 철학사전, 동녘,2001, 202쪽.

한자어	혁명(68), 자유(38), 농민(35), 무산자(30), 사회(28), 승리(25), 농촌(23), 지주(23), 용감(20), 대중(20), 제국주의(18), 인민(18), 건설(18), 행복(17), 토지(17), 단결(17), 향토(13), 강산(12), 풍년(13), 생산(13)
외래어	구라파, 아세아, 뜨락또르, 삐오넬, 부르죠아, 쏘베트, 땅크, 쎗트, 게다짝

가사를 3000여개의 어절을 단위로 빈도수를 통계해 보았다. 노래를 분석한 결과 항일가요에서는 고유어보다 한자어의 사용이 많았고 그 외 가요부분에서는 한자어보다 고유어의 사용이 압도적으로 더 많았다. 그리고 "자유"나 "사회"나 같은 적잖은 근대적 용어들이 모두 일본을 통해서 번역하여 들여온 서구용어라는 것을 감안할 때, 일본을 통하여 접한 언어체계들이 또한 우리를 새로운 사유의 지평, 정치적 투쟁공간으로 이끌어주었다는 점을 상기할 필요도 있다. 언어의 변화는 곧 사회의 변화를 보여주며 동시에 사유의 전환구조를 드러내보는 것이다.

> 사회라는 말은 영어의 society를 번역한 것이며 메이지 8년(1874) <일본동경일일신문>을 비롯한 여러매체에서 활발하게 사용하였고, … "社會"를 일본에서 사용한 것은 1870년대 중반경으로 추정된다.[16]
> 메이지시기 이전에는 자유라는 말이 제멋대로라는 의미로 사용된 "자유"가 많았는데, … 어쨌든 일본에서는 1870년 중반에 여러 번역어를 물리치고 자유가 "freedom, liberty"의 번역어로 위치를 공고히 했다. …[17]

그럼 다음 분석으로 넘어가보자. 상기의 도표에서 보다시피 나라 잃고 타향에서의 삶을 살아가면서 떠나온 고향에 대한 그리움을 여실히 반영

---

16) 최경욱, 번역과 일본의 근대, 살림, 2005, 31쪽, 33쪽.
17) 최경욱, 위의 책, 35쪽, 37쪽.

한 가사의 쓰임이 돋보인다. 가사에서 형상화된 어휘들을 보면 '우리 (102), 나라(30), 집(27), 강산(13), 마음(17), 꿈(15), 향토(13)' 등 가사들의 쓰임이 많았고 이산에서 오는 가족의 비애가 민족의 비애로 승화되어 꿈에도 그리운 고향, 그리고 가족에 대한 절실한 애정이 담겨 있다. 그렇다고 슬픔에만 잠겨있는 것이 아니라 '밭(25), 땅(25), 토지(13), 살림(14), 풍년(13), 행복(17), 굳게(20) 뭉쳐(20) 가슴(23)을 펼치고 싸워 나가자(27)'고 노래하고 있다. 이는 땅을 분배받은 기쁨과 이 땅에서 정착하여 행복한 살림을 살아가야 한다는 정착의지가 표현되고 있다. 이외에도 '봄(80), 길(63), 노래(43), 꽃(22), 구름(20), 바람(25)'등 자연을 형상화한 이미지들은 고향의 이미지와 대치되어 새 나라에 대한 희망과 풍요롭고 아름다움 삶에 대한 추구와 욕망을 여실히 나타내고 있다. "봄"이란 겨울이 빨리 끝나길 바라는 마음이고 "길"은 앞으로의 희망을 지시하는 것이라면 "꽃" 등은 행복과 연접 된다고 해도 될 것이다.

가요 <농민의 노래>는 고유어의 언어선택으로 읽기만 해도 민족적 정서를 가진 음악이 흘러나온다. 노래의 가사는 4행을 한연으로 가사의 언어선택에서 민족성 고유어를 많이 사용하였다. '밭갈이', '뻐꾹이', '높은', '깊은', '아침해', '뒤동산','보름달'등 고유어에 타당한 'ㄹ, ㅇ, ㄴ'등 유성자음을 씀으로서 경쾌하고 동적인 파동을 주면서 시어의 호흡을 순탄하게 하여 정서를 표달하는데 크게 기여하고 있다.

그리고 <녹는다 국민당> (서영화 작사, 작곡, 1948)이라는 가요의 가사를 통해 조선인이주민들의 여러 가지 방언과 속칭을 확인할 수 있다.

야 심양의 국민당들 야단났네
장춘 금주 떨어지니 혼비 백산해
메마른 논코의 올챙이 떼 신세라네
야 녹는다 국민당들 멋들어지게 녹는다

야 남경의 장개석놈 야단났네
북경 제남 떨어지니 어쩔줄 몰라
양애비를 찾으면서 대성통곡 하였다네
야 녹는다 국민당들 멋들어지게 녹는다

－ <녹는다 국민당>(1948년)-

위의 가사에서 보다시피 '메마른/ 논코의/ 올챙이떼 /신세라네//'에서의
'논코'는 경상북도의 방언으로서 원낙은 "논꼬"이다. 그리고 '북경 제남 떨
어지니/ 어쩔줄 몰라/ 양애비를 찾으면서/ 대성통곡 하였다네'에서의 '애
비'는 '아버지, 아비'를 속되게 이르는 말로서 비표준적인 속칭이다. 이런
언어선택에서 우리는 민족의 (지방) 정체성을 두루 확인 할 수 있는 동시에
구수한 언어적 여운을 느낄 수 있다. 언어와 민족성은 불가분한 것이다. 이
노래가 동북 요심 전역 현장에서 조선인들에 의해 불렸다는 것은 조선어의
소박한 생활언어가 당시의 풍운과 역사적 상황에 맞게 참신하게 선택 이용
되고 있음을 보여준다. 이러한 일상적인 생활언어를 가지고 대상의 '본질'
을 신랄하고 예리하게 까밝히고 있으며 비유도 일상생활에서 보고 느낄 수
있게 생활적으로 쓰고 있다. 이를테면 부박한 "애비", "논코" 등 언어체계
에 계급투쟁/ 해방전쟁의 무늬가 깊숙이 새겨져 들어가는 것이다.

항일투쟁을 통한 민족해방에 대한 갈구는 가사언어에서도 여실히 보여
주고 있다. 항일가요에서 혁명(68), 자유(38), 농민(35), 무산자(30), 사회
(28), 승리(25), 농촌(23), 지주(23), 용감(20), 대중(20), 제국주의(18), 인민
(18), 건설(18), 단결(17)"등 한자 어휘들의 쓰임이 돋보였다. 특히 '혁명, 자
유, 승리, 용감, 건설, 단결'등 가사들의 쓰임은 혁명을 통한 승리에 대한 갈
망과 무산자들 즉 농민들과 대중들이 똘똘 뭉쳐 지주와 제국주의들과 용감
히 싸워야 만이 사회주의 승리의 길로 나아갈 수 있고 인민들이 아름다운
삶의 터전을 건설하여 행복하게 살아 갈수 있다는 긍정적인 메시지를 보내

주고 있다. 따라서 이는 시대적 현실에 따른 언어의식의 변화라고 평가해야 할 것이다. 언어란 계열체이기에 그 구체적인 배치 속에서 의미를 파생하고 획득하는 것이다. 예컨대 "무산계급"의 절대적 "자유"를 위한 "제국주의"와의 한판 "승리" 라는 어구가 있다면 여기에서 "자유"라는 단어가 "무산계급"과 결합됨으로써 혁명적이 되고 "제국주의"를 외포함으로써 그 파괴적인 힘을 증폭시킬 수 있는 것이다. 편폭의 재한으로 용어와 용어의 구체적인 매듭(결합)관계에 대한 통계학적인 언급은 지나가도록 하자.

가요 <혁명가>(리정호 작사, 작곡, 1940)는 한자어의 가사언어를 많이 선택하여 사용하였다. '혁명군', '선봉대', '사회', '단결', '압박', '착취', '필승', '생사', '혈전', '동지'등 한자어를 씀으로서 중국혁명의 동참과 주류사회의 진출의지를 여실히 보여주고 있다. 그리고 가요 <향수의 노래>(리록당 작사, 허세록 작곡)의 가사에서도 한자어의 영향을 찾아볼 수 있는데 그 일례로 된다.

> 내고향을 떠나온지 몇해이던가
> 기억조차 아득해 헤일길 없어
> 개창에 홀로앉아 한숨 쉴때
> 그 누가 부르는가 향수의 노래
>
> — <향수의 노래>(1943)

위의 가사에서 "고향", "기억", "향수"등 한자어를 사용하고 있다. 그리고 '개창开窗'은 '열린 창문'을 한어로 직역한 것이다. 이런 한어 직역어들은 조선어의 언어체계 속에 융합되지는 않았지만 조선족들에게는 필수적인 노랫말 가사로 등장될 정도였다.

가사언어의 또 하나의 특징은 가사언어의 외래화이다. 중국조선족의 문화적정체성은 백지가 아니라 얼룩진 상흔에 자라난 가사언어의 표현특징으로도 볼 수 있다.

주지하다시피 중국의 동북지역은 중국과 일본, 러시아와 조선이 만나는 4개 나라의 경계에 위치해 있다. 서구와 미국, 일본 등 제국주의 열강들에 의하여 식민지시대가 열렸던 당시 중국에는 식민지세력의 침투에 따라 상당수 외국인들이 살고 있었다. 당시의 동북지역에도 조선인 이주민들 외에도 러시아인들과 일본인들이 많이 살았다.

아래에 가요의 가사에 등장한 외래어를 살펴보도록 하겠다. <공작대의 노래>(리정일 작사, 작곡)가 그 일례로 된다.

> 라라라라 라라라라
> 여러학원이 만들어낸 춤노래를 가득 싣고
> 연극세트를 끌고 지고 산 넘어 물 건너가네
> 기쁨과 행복싣고 전진전진 우리 공작대
>
>   - <공작대의 노래>(1946)

위의 가사에서 보다시피 '춤 노래를/ 가득 싣고// 연극세트를/ 끌고 지고//'에서의 '세트'는 우리말이 아니라 영어 '세트set'에서 온 것으로 연극의 무대 장치나 도구를 이르는 말로서 해방 전 중국조선족가요의 가사에서 보이는 외래어 사용의 좋은 예이다. 언어재료의 측면에서 인민들이 늘 익혀 쓰던 영어로 된 구두어를 생활정황과 정서의 구색에 맞게 적절히 이용함으로써 소박하고 생활적인 시음악적형상을 창조해내고 있다. 동시에 세트에 포괄하는 의미다발을 일일이 열거할 '불필요성'을 줄이기에 언어적 사용이 경제적이다.

그리고 항일가요 <즐거운 무도곡>의 가사를 살펴보면 '이렇듯/ 즐거운 날/ 또 다시/ 있을가// 행복된/ 꼼무나사회/ 웃음꽃이/ 피였다// 로동자/ 농민은/ 한데 뭉쳐/ 춤추고// 어린이는/ 이 꽃속에/ 길이길이/ 놀아라//'에서의 '꼼무나'는 러시아어로서 자치적인 공동사회 즉 공동 집단을 가리킨다. 외래어를 그대로 사용함으로써 원래 의미지층에 새로운 기운을 불어넣을 수 있다. 전통적인 춤과 다른 "무도"에 "꿈무나"가 적절할 수도 있는 것이다.

또 항일가요 <결사전가> 후렴에서의 '여지없이/ 부셔내자/ 부르죠아/ 사회를// 낱낱이/ 박멸하자/ 제국주의/ 아성을//', <녀자해방가>에서의 '부르죠아제도를 없애버리고', <망명자의 노래>에서의 '부르주아'는 프랑스어bourgeois로서 자본주의를 일컫는 말이다.

<총동원가>의 '쏘베트'와 <농촌쏘베트>에서의 '쏘베트'는 러시아어 'Soviet'[18]이고 <우리는 삐오넬>에서 '삐오넬' 역시 '소년단'이라는 의미의 러시아어이고, <의회주권가>에서의 '뜨락또르'는 러시아의 낱말 "Traktor"에서 온 것이다. 또 <반일전가>에서의 '땅크'가 영어의 "tank" 즉 강력한 화력을 갖춘 무한궤도의 장갑차를 가리키는 말이다. 이밖에도 <만세 부른 날>(서영화 작사, 작곡,1945)에서의 '쪽바리 게다짝'은 갈라진 일본 고유의 버선모양을 돼지의 발(족발)에 빗댄 비속어이다. 일명 쪽발이라고도 하는데 일본사람을 얕잡아서 이르는 말이다. '게다짝' 역시 일본어로서 일본사람들이 신는 나막신을 낮잡아 이르는 말이다.[19]

---

18) 쏘베트: 노동자, 농민, 병사의 대표자로 구성되는 소련의 평의회. 마을 쏘베트에서 연방 수준의 최고 쏘베트까지 있으며, 소련의 정치적 기반을 이루는 권력 기관이다. 1917년부터 1991년까지 존속했던 세계 최초이자 최대의 사회주의 국가. 1917년 10월 혁명에 의해 쏘베트 정부가 성립되었고, 그 뒤 15개 공화국과 연방을 구성해 세계 최대의 다민족 국가를 이루었다. 1991년, 공화국들이 연방을 이탈하여 독립 국가 연합(獨立國家聯合)을 결성함으로써 해체되었다.

19) 여담으로 언어란 문화적 전략의 일환이며 또 문화정책의 속살을 드러내 보인다. 일례로 2차세계대전후 프랑스는 일괄적으로 프랑스어 순화운동을 전개했는데 이는 미국화에 맞선 프랑스문화정책의 일환인 것이다. 언어는 또한 사상을 해방하거나 구속하기도 한다. "욕망"같은 언어는 국내적으로 부정적으로 사용되는데 이는 "공(公)"과 "사(私)"라는 이분법적인 사유방식의 소산이기도 하다. 전자가 항상 후자를 '억압'하였기에 개인적인 것은 항상 공적인 것을 위하여 멸사봉공해야만 한다. 이러한 문화지층이기에 욕망도 극복해야 할 '사심'따위로 잘 못 읽히는 것이다. 예컨대 "욕망의 정치학" 같은 것은 언어적 공민권을 획득하지 못하는 것이다. …

이상의 분석을 통해 보면 해방 전 중국 조선족가요의 가사의 시어 선택에서 민족고유어를 다양하게 사용했는바 어휘의 절대 다수를 차지한다. 이는 가사의 민족적 특성을 담보하는 기본전제로 된다. 또한 시대적 변화와 문화의 적응을 위한 대안으로 새로운 혁명적 용어들을 적절히 사용했다. 그러나 가사언어에서 혼종성 특징도 보여주는바 주류사회 적응과 진출이라는 문화, 예술의식도 가늠된다.

제2절 음악 형식적 특징

음악에 있어서 '형식'(form)이란 서양음악과 관련하여 쓰이기 시작하였는데 일반적으로 퍽 넓은 의미로 쓰이고 있다. 본 절에서 다루게 될 음악형식은 '어떤 악곡을 구성하는 체계'의 의미 즉 음악의 구체적인 구조를 가리키는 악식(forms of music)의 뜻으로 사용하려 한다.

조선족 음악이나 서양음악이나 모두 소리를 매체로 하는 시간적인 예술임이 분명한 이상, 우리 음악의 경우도 음악적시간의 총체적 현상의 하나로, 악곡의 다양성과 통일성을 확보하기 위한 반복과 대조의 원리가 적용되는 만큼 본 절에서는 이러한 원리로 조선족가요가 민족음악양식과 외래의 음악양식을 통해 어떻게 형성되었는지를 찾아보고자 한다.

■ 선율적 특성

선율은 단성부로 표현된 음악의 기본요소의 하나이다. 소리의 높낮이가 길이나 리듬과 서로 어울려 이루어지는 음의 흐름을 말한다.

가요의 선율은 그 특징이 음역이 비교적 좁고 절주가 간단하여 가창성과 서정성이 풍부하다.

선율을 구성하는 단위로서의 동기[20]음조는 두 개 이상의 음들로 이루어 진다. 이는 독립적으로 어떤 내용을 표달할 수 없지만 일정한 음악형상을 구성하는 기초이다. 음조는 2~3개 또는 그 이상의 음들로 구성되는 선율 의 가장 작은 부분이기는 하지만 그것은 벌써 일정한 정서적 의미와 색채 를 가지는 것으로서 선율의 정서적 표현성을 조건 짓는 중요한 요인이다.

음조의 통속성

조선족 가요의 음조는 평이하고 부드럽고 유순하며 민족적인 정서와 색채가 뚜렷한 음조들과 호상결합 및 작용에 의하여 표현된다.

조선족 가요에서 선율형식의 선율적 동기(구체적으로 선율의 시작음 과 연결음 관계)들을 분석해보면 다음과 같다.

[표 4] 조선족가요선율의 시작음과 련결음관계 분석표(동북3성)[21]

분류	노래제목	시작음	연결음	음고관계	종지음	조식
1	새 아리랑	쏠	라	동도2-2	도	F대조
2	수인의 노래	라	씨	동도2-2	라	e소조
3	청년행진곡	쏠	라	동도2-2	도	F대조
4	폭파수의 노래	라	쏠	동도2-2	라	b소조
5	우리의 향토	미	레	동도3-2	도	G대조
6	리홍광지대의 노래	쏠	라	단음-2	도	C대조
7	대생산에 힘내자	쏠	라	단음-2	도	bB대조
8	동북인민자위군송가	쏠	라	단음-2	도	F대조
9	웃어라 하하하	도	레	단음-2	도	C대조
10	베짜기 노래	쏠	라	단음-2	도	bB대조

20) 모든 노래는 선율적동기로부터 시작되며 그의 예술적인 가공발전을 통하여 하나 의 완성된 선율형상으로 창조된다. 노래선율의 첫 동기는 그 자체 안에 음의 고저 관계와 음들의 움직임, 리듬 등의 요소들이 집약화 되어있는 것으로서 그것은 전반 적인 곡조의 정서적 성격과 선율적 특성을 시사해주는 매우 중요한 위치에 있다.
21) 편의상 시작 음, 연결 음 표시를 이동<도>식 계명으로 하며 조식명은 서양대조식 의 명칭으로 쓴다.

11	3김의 기발	쏠	라	단음-2	도	C대조
12	졸업가	쏠	라	단음-2	도	bE대조
13	봄소식	미	화	단음-2	라	d소조
14	동북인민행진곡	쏠	라	단음-2	도	C대조
15	절구타령	라	쏠	지속음-2	도	d대조
16	희망의 노래	라	도	동도3-3	라	e소조
17	토지얻은 기쁨	미	쏠	동도3-3	라	F대조
18	박격포의 노래	라	도	동도3-3	미	d소조
19	무산대중의봄이왔네	도	라	동도2-3	도	bE대조
20	만세 부른 날	쏠	미	단음-3	도	C대조
21	공작대의 노래	도	미	단음-3	도	F대조
22	전선지원가	쏠	미	단음-3	도	F대조
23	녀성대생산가	도	라	단음-3	도	F대조
24	봄맞이 가자	쏠	미	단음-3	도	C대조
25	생산의 봄	쏠	미	단음-3	도	F대조
26	우리는 민주청년	쏠	미	지속음-3	도	G대조
27	녀성행진곡	쏠	미	지속음-3	도	F대조
28	새봄	도	라	지속음-3	도	bE대조
29	로동자 행진곡	쏠	도	동도2-4	도	D대조
30	중화인민공화국성립경축의 노래	쏠	도	동도2-4	도	G대조
31	싸우러 나가자	쏠	도	동도2-4	도	G대조
32	주구청산가	쏠	도	단음-4	도	G대조
33	방어공사의 노래	쏠	도	단음-4	도	D대조
34	농민의 노래	쏠	도	단음-4	도	F대조
35	공신의 노래	쏠	도	단음-4	도	F대조
36	정찰영웅 변용수	라	미	단음-4	도	C대조
37	간 도	미	라	단음-5	라	e소조
38	그 길은	쏠	미	지속음-5	도	F대조
39	수류탄	쏠	미	단음-6	쏠	bB대조
40	근거지건설의 노래	쏠	미	단음-6	도	F대조
41	심양건설의 노래	쏠	쏠	동도2 -8	도	bE대조

위의 분석표를 통하여 다음과 같은 특징들을 일반화해 볼 수 있다.

우선, 선율의 첫 시작 음과 그 연결 음들과의 관계에서 볼 때 선율적 동기의 음조적 투들은 가창과 보급의 대중성을 의도한 가요작품들의 통속성을 뚜렷이 시사해주고 있다. 대중의 감수성에 깊이 파고드는 형식을 보여주는 것이다. 바꾸어 말하면 통속적인 '기본형식'을 빌려 혁명을 노래함으로써 혁명가요의 파급효과를 극대화하는 것이다.

구체적으로 보면 선율의 첫 시작이 동도 음들로 시작하여 2~3도의 순차적 진행으로 흐르는 선율들이 가장 많은 비중을 차지하며 단음으로 시작되는 경우에도 2도 또는 3도 음으로 연결되는 것이 많은 부분을 이루고 있다. 43편의 곡들 중 조약이 심한 곡은 불과 5편밖에 되지 않으며 그것도 한 옥타브 안에서만 조약하고 있다.

즉 선율 음조들이 동도, 2도, 3도 관계를 위주로 하여 4, 5도의 범위 안에서 유창한 선율적 곡선을 형성하면서 결합되어 선율의 평이성을 특징짓고 있다.

이것은 음을 높이 빼거나 굴곡이 심한 곡상이나 선율보다 유순하고 우아하고 소박한 정서적 특질을 구현한 조선민요의 선율적 특성을 계승한 것이라고 볼 수 있다. 특히 <중국 조선족 민간 음악 집>[22]에 수록된 민요들을 분석해보면 조선족가요에서 보여 지는 시작 음과 연결 음이 선율음조가 유창하면서도 굴곡이 심하지 않은 특성이 많이 보여 진다. 이것은 민족생활과정에서 공고화된 민족적정서의 선율적인 시음악적 색깔로, 민족적 성격을 반영한 정서음악적인 특성으로 되였다. 민족적 감수성의 끈질길 생명력과 그 미학적 지평을 두루 드러내 보이는 대목인 것이다.

---

22) 김봉관, 중국 조선족 민간 음악 집. 연변인민출판사, 2009. (만간음악작품 1500여 수중 노동요, 서정세태요, 서사요, 풍속의식요, 신민요 및 민요풍의 가요, 구전동요, 시조, 판소리편단, 배뱅이굿, 창작판소리, 항일가요 등 12개 부분으로 나뉘었다. 그중 노동가요 147곡, 서정세태요 496곡, 서사요 60곡, 풍속의식요 51곡, 신민요 및 민요풍의 가요 76곡, 구전동요29곡, 시조 2곡, 판소리편단 22곡, 배뱅이굿 1곡, 창작판소리 3곡, 항일가요 139곡)

조선족 가요는 노래의 주제내용과 정서에 맞게 시작선율에서 4도, 5도 음조들과 그 이상의 조약하는 음조들을 잘 결합함으로써 작품들에 반영되는 생활감정을 다양하고 특색 있는 음악적 양상으로 표현하고 있다.

<농민의 노래>에서는 밭갈이 가는 농민의 정서를 4도 조약하는 음조와 그와 연결되는 3도의 진행을 통하여 특색 있게 형상하고 있다.

이 선율에서 4도 음조는 박력 있거나 폭넓은 정서를 나타내는 것이 아니라 농민들의 생활감정과 연결되는 가창에 평이하고 여유 있는 성격을 창조하여 선율의 유순성을 특징짓고 있다. 이와 같은 실 예는 <주구청산가>와 <방어공사의 노래>에서도 찾아볼 수 있다.

그리고 <근거지건설의 노래>와 <수류탄>은 국내혁명전쟁시기에 창작한 노래로서 첫 시작 음에서 연결 음을 상승 6도 진행으로 하여 선율의 선율적 형상을 보다 지향적이고 적극성이 강하게 하여줌으로써 경쾌하고 박력 있는 특성을 나타내고 있다. 즉 경쾌하고 박력 있는 형식이 혁명지향적인 감정의 도약과 결합되는 것이다. 말하자면 조선족가요의 이러한 음조적 특성은 불운한 처지에서도 비관과 낙망에 빠지지 않고 밝은 앞날을 그리며 살려는 조선족의 민족적정서가 풍부하고 지향성이 강한 통속적인 선율로써 민족의 얼을 심어주고 밝은 미래와 새 생활에 대한 희망을 안겨주려는 작곡가들의 창작의식의 반영인 것이다. 비관적이고 낙망할 수도 있는 존재환경이 밝을 앞날을 꿈꾸게 하는 음악적 기능을 요청했다고도 할 수 있다.

다음으로 민족적 특성과 근대성의 유기적인 결합에 의하여 새로운 민족적 선율로 창조된 조선족가요의 음조적 특성이다.

1947년에 창작 보급된 <새 아리랑>(채택룡 작사, 허세록 작곡)은 대중들 속에 널리 알려진 민요<아리랑>의 선율 음조들을 재치 있게 도입하여 근대적인 기법과 결합된 하나의 좋은 실 예로 된다.

〈악보 1〉 새 아리랑

　　<새 아리랑>의 선율을 민요<아리랑>과 대비하여보면 그 선율적 특성이 매우 밀접하다는 것을 잘 알 수 있다. <새 아리랑>의 선율제시 부분으로 되는 첫째악단의 동기부분에서는 민요 <아리랑>의 선율 음조를 바탕으로 하였다. 특히 첫 악구에서는 <아리랑>의 선율 음조를 거의 그대로 이용하고 있다.

　　구체적으로 <새 아리랑>의 A악단은 쏠음으로부터 시작하여 8소절에 가서 주음으로 반종지로 끝난다. B악구는 주음에서 시작하여 주음에서 끝났고 선율진행이 7소절에서 레 음과 솔음의 상행 4도 진행이 있을 뿐

모두 평온진행으로 되었다. 그리고 3-4소절 선율을 <아리랑>의 선율음조를 그대로 사용하였기에 이 곡은 민요 <아리랑>을 연상하는 부드럽고 서정적이며 아름다운 선율로 되었다.

B악단은 A악단에서 제시한 주제를 더 한층 발전시키는 부분으로 된다. B악단 첫 악단과 달리 조약적진행이 많다. 9소절에서 라 음과 도음의 하행진행, 10소절에서 11소절로의 상행6도 조약, 12-13소절에서 상행4도 조약, 14-15소절에서 하행5도 조약의 진행, 17소절 "뻐꾹뻐꾹"에서는 결속음 "도"로부터 상행8도 조약하여 얻은 음들이며 이 부분은 전반 노래에서 가장 강한 인상을 주는 호소성과 감정의 폭발 등으로 고조 부분으로 된다고 할 수 있다.

C악단은 선율이 서서히 하행하여 내려오다가 주음에서 결속된다. 그리고 C악단의 첫째 악구에서 둘째동기(19-20)는 첫째동기(17-18마디)를 하행4도에서 모방진행을 하였으며 둘째 악구도 B악단의 둘째 악구의 재료를 변화 반복하여 전반 악곡을 통일하고 2도를 높인 <아리랑>의 종지선율을 이용하였다.

<새 아리랑>과 <아리랑>의 음악특징을 비교한 결과 아래와 같은 결과를 볼 수 있다. 이 노래 창작에서 작곡가는 민요<아리랑>의 선율재료들을 썼음에도 불구하고 자기 창작의도에 따라 선율 진행에서 음역이 4도 넓어지고 8도 조약이 자주 나타나고 구조적으로 볼 때 정형구조를 가진 전통 민요의 악구보다 자유스럽게 한 악단이 많은 등 선율형상을 창조하였다. 이는 작곡가가 민요의 우수한 선율 발전의 특성을 근대적 미감에 맞게 창조적으로 계승 발전시켜줌으로서 민족성 특성과 근대성이 훌륭히 구현된 새로운 민족적 선율을 창조하였다고 본다. 계승과 발전이란 구도로 볼 때 전통음악의 근대화(현대화)는 아이덴티티로서의 한 민족의 감성구조의 변화를 보여주기도 한다.

현대는 정통과의 단절을 지속적인 개혁과 혁신으로 이해해야 한다.
바꾸어 말하면 현대는 개혁과 발전을 위해서는 이미 실행한 전통과의
역사적 단절을 의식적으로 반복하는 것을 뜻한다. …23)

그 외 <무산대중의 봄이 왔네>(작사자 미상, 류광준 작곡1945년),
<우리의 향토>(림원갑 작사, 리경택 작곡, 1948년) 등 노래들도 민족성
과 근대성의 특징을 잘 구현한 것들이다.

그리고 조선족 가요는 전통요소의 계승과 가창의 대중성적인 특성 외에도
외래의 음악요소를 수용하여 자기화한 일련의 혼종성 특징들을 보여준다.

첫째로, 일본음악의 요소와 혼합된 특징이다. 이를테면 동시대 미학의
큰 특징 중의 하나가 혼종성이라면, 우리는 반세기 이전에 혼종성을 실천
하였던 것이다.24) 1949년에 창작한 <봄소식> (김종화 작사 작곡)이 그
대표적인 예이다.

---

23) 위르겐 하버마스, 이진우 역, 현대성의 철학적 담론, 문예출판사, 2002, 449쪽.

24) 동시대문화의 맥락 안에서 이종혼합(Hybridization) 혹은 혼종성의 특점을 아래와
    같이 살펴 볼 수 있을 것이다. 즉, "장르의 경계를 마음대로 넘어, 그것들의 경계를
    뒤섞음으로써, 고급문화와 저급문화의 구별을 지우고 순종에서 혼성으로 나아간
    다. 차용의 행위를 통하여 풍자와 조롱으로 현실에 관여하고 참여하는 것은 동시
    대 문화의 특징 중의 하나이다. 과거와 현재의 역사적인 장르구분을 넘어 병치와
    나열, 동시성을 통하여, 의미를 복합적으로 파생시킨다. 혼성모방은 과거를 통한
    현재의 확장과 더불어서 과거라는 역사의 지평을 재조명하고 확장하게 한다. 이종
    혼합, 알레고리, 브리-콜라주 등은 상호텍스트성이 형식을 취하는 양식이며 이는
    동시대문화를 정의할 수 있는 특징적인 전략들이다." 등등이 그것인데 여기서 필
    자가 주목하고자 하는 것은 당연이 고급문화와 저급문화의 경계의 파괴로서의 혼
    종성이 아니다. 다만 일종의 차용(의식적이던 무의식적이던)을 통하여 조선족가요
    의 지평을 확대한 부분이다. 즉 일본문화의 텍스트를 자기화함으로써 이종혼합의
    역사적 힘을 가강한 부분인 것이다.

〈악보 2〉 봄소식

김종화 작곡

이 노래는 A+B 단2부로 구성되었고 제1악구에서는 a+a'두개 악구로 제1악단을 구성하였으며 제2악구는 c+b두개 악구로 제2악단을 구성하였다. 조식조성은 일본의 요나누키 단음계25)로 구성되었으며 4/4박자로 되었다. 선율진행에 주요하게 'la, si, do, mi, fa, la'의 'la-fa-mi' 하행진행이 특징적인 일본 엔까26)의 선법을 모방하였다.

---

25) 요나누키음계는 일본이 서양음계를 받아들이는 과정에서 생겨난 음계이다. 장음계, 라도레미솔, 단음계, 라시도미파로서 상행선율인 'la-si-do'와 하행선율인 'la-fa-mi'등 특징을 가지고있다.

26) 메이지(明治) 시대 이후 유행하기 시작한 일본의 대중음악. 초기에는 서양 음악의 영향을 받은 창가(唱歌)와 일본의 전통 민요가 어우러진 형태였으나, 점차 팝 음악

제2소절 la-fa-mi의 하행 진행

제5소절과 6소절의 la-fa-mi 하행 진행

제11소절의 la-fa-mi 하행 진행

이러한 혼종성 특징은 1943년에 신덕영이 작사하고 한유한이 작곡한 <우리나라 어머니>에서도 볼 수 있다.

이 결합되어 새로운 양식으로 만들어졌다.

〈악보 3〉 우리나라 어머니

이 작품의 제1악구 즉 동기부분의 제일 핵심적음형인 요나누키 단음계 'la-fa-mi' 하행음형을 제2악구에서만 사용하지 않고 제1, 3, 4 악구에서 모두 사용하였다. 이러한 음형은 조선전통음악과 중국음악의 선법에서 찾아볼 수 없는 것으로서 당시 일본에서 들어온 엔까의 영향을 받았을 가능성이 많다.

제1악구

제3악구

제4악구

제1, 3, 4 악구의 선율진행은 다른 리듬형태로 된 동일한 음형으로 이도법을 사용하였다. 4악구 마지막 악단에는 요나누키를 사용하였다. 제4악구의 선율 진행은 요나누키 단음계의 상행선율인 'la-si-do' 요소를 가지고 있지만 종지형은 서양의 화성소조의 정3화음 V(속화음)의 주음에서 I(주화음)의 주음으로 끝냈다.

제2악구는 제1, 3, 4악구의 선율진행과 다른 서양의 화성소조식인 'la-si-do-re-mi-fa-♯sol-la'의 정3화음 I(주화음)과 V(속화음)으로 진행하여 보다 이색적인 색채를 띠고 있다.

제2악구

이 작품은 노래 전반에 걸쳐 4개 악구로 된 단1부의 서양b화성소조식으로 되여 있지만 일본의 요나누키 단음계 'la-fa-mi' 하행음형을 반복 사용함으로써 일본음악의 정취를 부분적으로 수용하고 있음을 보여주며 그 음악의 혼종성을 잘 나타내고 있다. 수정(수용)하는 가운데서 새로운 자기음악을 만들었다고 평가할 수도 있다. 즉, "단음계 'la-fa-mi' 하행음형을 반복"함으로서 혼종의 긍정성을 주목하고 "부분적으로 수용함"으로써 수용자의 주관적 의지를 보여주는 것이다. 그리고 예컨대 '창조'적으로 수용하지 않았다고 할지라도 심각하게 문제가 되지 않는다. 말하자면 그러한 변용된 음악이 우리의 정취에 맞았다면 그것은 인간의 음악 감각의 공동적분모라고 이해해도 될 것이다.

둘째로, 중국 민요요소와 혼합된 특징이다. 말하자면 이중 삼중의 이종연접 속에서 우리의 음악이 거듭난 것이다. 그리고 그러한 연접 속에 우리의 민족의 고유한 정서가 면면히 이어지고 있다면 그것이 곧 우리만의 음악인 것이다. 우리는 천입민족이기에 반도의 원 민족과 다르므로 조선민족인 것이다. 더 한마디 하고자한다면 일본의 음악을 수용한 것에 대하여 '달갑지 않게' 여기고 중국화된 것에 대하여서는 '무감각'하다면 이는 감정적인 반응이지 학술적인 태도는 아니라고 사료된다. 이종연접, 혼종성등이 문화의 기본특징이듯이 우리는 그 '기본흐름'에 따라 자신의 음악기호를 재창출하였고 조선족으로서의 음악세계를 구축하였던 것이다. 그럼 구체적인 내용을 살펴보도록 하자.

1945년 김태희가 작사하고 박한규가 작곡한 <희망의 노래>는 중국 음악의 특징을 수용하면서도 전통 민요의 장단을 바탕으로 하였다.

〈악보 4〉 희망의 노래

이 곡의 종지에서 'si-sol-mi, si-so-la' 음의 진행은 중국음악의 우조羽調에서 잘 사용하는 음조이며 근대 중국가요 <눈물 머금고 오빠를 찾네>, <작은 풀>, <산간의 오솔길> 등에서 많이 나타난다. 그러나 이것이 인용引用되더라도 주요한 음계가 5음 음계로 구성되고 성격을 나타내는 3음렬이 전통 민요와 비슷하며 장단도 굿거리장단으로 표현되기 때문에 실제로는 민족적정서가 더욱 많이 나타난다.

이 가요에서 볼 수 있듯이 계명 'si-sol-mi, Si-sol-la'의 선율 진행은 일반적으로 종지형에서 많이 나타나며 그것이 조선족가요에 많이 인용된 이

유는 작곡가가 흑룡강 지역에서 음악공부를 하고 활동한 것으로 보아 중국 음악문화의 정수를 많이 수용하였다고 생각한다. 문화적인 각도로 보면 음악기호에는 '공통분모적인 인소' 또한 적지 않다. 그것이 또한 예술의 힘이기도 하다. 그러나 여기에서 짚고 넘어가야 할 점은 조선족의 음악이 중국 음악요소를 수용하더라도 전체적인 음악풍격은 조선민족 장단적 풍격을 계승하였으므로 그 선율 색채는 이색적이면서도 우리민족의 심미적 취향과 잘 어울린다는 사실이다. 말 그대로 음악을 통하여 '중국'의 '조선족'이라는 정체성을 구현한 것이다.

이러한 특징들을 한유한의 작품에서도 많이 볼 수 있다. 현재 아동가극 <리나>(麗郍, 1937)극본은 존재하지 않지만 발표된 2수의 곡 <류랑인의 노래>와 <목동의 노래>27)을 통해 한유한에게서 통합의 혼종성이 어떻게 나타나 있는지를 살펴보자.

〈악보 5〉 류랑인의 노래

<류랑인의 노래>의 선율은 애상에 잠긴 동방색채를 띤 5성조 식으로 되였다. 2도, 3도의 음조가 주도적인 것으로 되여 있고 진행방향이 첫 단락은 높은 음에서부터 미끄러져 내려가 기복 있는 선율로 고향과 멀리 떨어진 사람들의 심리적인 적막과 비애가 움직이고 있음을 볼 수 있다. 이 작품의 음역은 'd1—f2'으로 내재적 성격이 강하고 정서적으로는 중국인과 동방인의 사상적 정서思想愁绪와의 친화성을 보인다. 말하자면 한유한이 문화 절충주의의 사례를 보여주는 것이다.

---

27) 韩悠韩, 李嘉, 新歌剧插曲. 新中国文化出版社, 1940.

제1~2소절

제7~8소절

제2, 7, 8소절에서는 중국민요의 일자일음—字—音의 기법과 다르게 일자다음—字多音의 조선전통음악의 선법요소를 부분적으로 채용하였다. 교묘하고 세미한 이종연접인 것이다. 이처럼 작품에서 한유한은 음악형상을 표현하기 위한 여러 요소들을 혼합하여 '자기만'의 음악기호를 창출하려는 집요한 의지를 보여주었으며 다양한 형식들이 만나고 중국, 한국의 이질적인 문화가 절충되는 풍부한 영역을 만들어주었다.

아래에 또 1941년에 창작된 아동무극 <승리무곡>[28]을 살펴보기로 하자.

제1단락 "농촌무곡"은 시골처녀가 춤을 출 때 나오는 음악으로서 북방민가 "대화对花"[29]와 한 면을 보인다.

〈악보 6〉 농촌무곡

---

28) 1942년에 섬서제2보육원에서는 '영국의 회방화단'(英國議會訪華團)을 환영하기 위하여 '승리무곡'을 공연하였다. 모두 6개 부분으로 되었다.
  1.≪農村舞曲≫ 2.≪中國舞曲≫ 3.≪縫衣曲≫ 4.≪勝利舞曲≫ 5.≪報仇雪恥在今天≫
  6.≪血祭國旗≫이다.

29) 중국북방에서 광범하게 유행되고 있는 전통적인 음조이다. 가창자는 상호문답형식으로 꽃 이름을 알아맞히기 하는 오락유희이다. 가창형식은 다양한데 악기 반주도 있고 징과 북을 치며 노래와 춤을 춘다.

이 곡은 우조식으로 된 5음 음계의 선율로 중국민가의 순박함과 분방함이 넘쳐나고 있다. 이처럼 한유한은 중국민간음악에 대한 뛰어난 감각과 중국민간음악의 핵심을 잡는 재능을 가지고 있었다.

북방의 민가 <대화>는 분절가형식으로 매개 단락의 노래말唱词은 두 구절을 기본으로 한다.

일례로 "정월에 피는 꽃은 무슨꽃?"(正月里来开的什么花)라고 물으면 "정월에 피는 꽃은 영춘화"(正月里开的是迎春花)라고 대답하는 형식이다. 말하자면 문답의 형식으로 각각 한 구절씩 노래하는데 매 단락은 기본상 두 구절로 되어 있다.

〈악보 7〉 대화 (對花)

우의 두 곡에서 종지가 다른데 <농촌무곡>은 la-do-la 이고 <대화>는 'la-sol-la'이다. 일반적으로 중국민요에서는 'la-do-la' 종지를 쓰지 않고 한국의 신민요에서 'la-do-la'종지를 적잖게 볼 수 있다.

이상의 분석을 통해 보면 해방 전 중국 조선족가요는 음악적으로 조선민족 전통음악의 여러 가지 음악적 요소들을 적극적으로 계승하면서도 일본과 서구음악의 선율 음조도 수용하는 동시에 중국, 만족 등 타민족의 민요의 선율 음조를 수용하여 새로운 선율 특징을 구현하였다. 이러한 점은 음악의 근대적 전환을 위한 예술적 실천으로 평가할 수 있다.

■ 조식적 특징

음악에서 조식은 일정한 음을 중심으로 하여 맺어진 음들의 호상관계의 체계이다. 즉 일정한 안정과 불안전의 음정관계로 이루어진 여러 개의 음들이 어느 한개 음을 중심으로 형성된 체계를 조식이라 한다. 여기서 조식체계가 선율 음들의 계단적 관계를 유기적으로 지어주는 체계이다. 조성은 주음의 음고적 위치와 조식의 특성을 조성이라 한다.

조선족가요는 대소조식, 그리고 전통적 5음계 조식이 7음계 조식과 기능적 융합을 이룬 특징으로 분류할 수 있다.

이 글에서는 5음계적 대조와 소조가 자연대조와 소조와 어떻게 일치되고 있는가를 보기 위하여 편의상 근대 음률체계(12평균율)에 의한 대조소조 조식체계[30]의 근대 조식적견지에서 고찰하려한다.

조선족 가요의 조식체계는 근대음악의 창구라 하는 창가와 깊은 연관성을 가지고 있다. 이러한 연관성은 창가, 항일가요, 조선족 가요의 조식체계 분석에서 상세하게 보아낼 수 있다. 창가의 조식 분석표를 보면 대조 조식이 97.4%로서 큰 비중을 차지하고 있고 소조가 2.6%에 불과하다. 특히 5음 음계이면서도 대조 소조 조식체계를 많이 수용하였다. 총 152곡 가운데 148곡이 대조로 되여 있는 반면, 소조는 불과 4곡에 지나지 않는다. 대조의 경우 가장 많이 사용한 조성은 G대조(49곡)이며, 그 다음이 C대조(35곡)고, F대조(23곡), bA대조(8곡), bB대조(8곡), A대조(7곡), E대조(6곡), bE대조(6곡), D대조(5곡), bD대조(1곡) 등의 순서이다. 소조는 e소조(4곡)이다.

---

30) 대조소조 조식체계는 구라파에서 발생하고 발전하여온 구라파 근세음악의 산물이다. 문예부흥이후 7음계적선율조식인 대조와 소조조식이 생기고 다성음악실천속에서 하나의 조식체계로 고착한 것이다.

[표 5] 〈최신창가집〉 조식분석표(대조식 148곡, 소조식4곡)

분류	조식	곡수	비례
1	G대조	49	32%
2	C대조	35	23%
3	F대조	23	15%
4	bA대조	8	5%
5	bB대조	8	5%
6	A대조	7	4.6%
7	E대조	6	3.9%
8	bE대조	6	3.9%
9	D대조	5	3%
10	e소조	4	2.6%
11	bD대조	1	0.6%

　　항일가요와 밀접한 연관성을 가진 조선족 가요의 근대적 음악실천은 조선족 가요 조식발전에서 새로운 길을 개척하였다. 항일가요의 조식도 역시 대조가 소조에 비해 많다. 총 61곡 가운데 59곡이 대조식으로서 96.8%이며 소조는 2곡뿐이다. 대조의 경우 가장 많이 사용한 조성은 F대조(17곡)이며, 그다음이 C대조(16곡), G대조(11곡), bE대조(5곡), D대조(4곡), E대조(3곡), A대조(2곡), bB대조(1곡)등의 순서이다. 소조는 a소조와 d소조가 각각 한곡씩이다. 이 항일가요에는 일본의 요나누키 음계, 조선민요조식, 중국민족조식, 서양 대조식 등 다양한 조식으로 된 노래들로 되었다. 이는 서양음악의 수용으로부터 당시 시대적으로 대조소조 조식체계를 받아들여 창작군체와 가창군체의 음악적 사유에 깊이 자리 잡은 원인과 갈라놓을 수 없다.

[표 6] 항일가요 조식분석표(대조식 59곡, 소조식2곡)

분류	조식	곡수	비례
1	F대조	17	28%

2	C대조	16	26%
3	G대조	11	18%
4	bE대조	5	8%
5	D대조	4	7%
6	E대조	3	5%
7	A대조	2	3.2%
8	bB대조	1	1.6%
9	a소조	1	1.6%
10	d소조	1	1.6%

조선족 가요는 창가와 항일가요에서처럼 대조식이 거의 압도적인 반면 소조식도 쓰이고 있다. 그리고 창가, 항일가요, 조선족가요의 공통한 특성은 F대조, C대조, G대조 창가에서 70%, 항일가요에서 72%, 조선족 가요에서 76%를 점하는 것이다. 그것은 주요하게 대조는 주음과 III, VI, VII 음 사이가 대음정(대3도, 대6도, 대7도)으로 되여 주화음이 대3화음이므로 밝고 명랑한 색채를 띠고 있기 때문이다. 이것은 창가가 불리기 시작하면서 변천되는 시대와 더불어 항일가요에서 다양한 조식 근대화의 경향을 띠기 시작한 것으로 보여 진다.

아래에 조선족 가요를 살펴보면 가요의 조식도 역시 대조가 소조에 비해 많은 비중을 차지한다. 총75곡 가운데 67곡이 대조식으로서 82%이며 소조는 8곡으로서 18%이다. 대조의 경우 가장 많이 사용한 조성은 F대조(28곡)이며, 그 다음C대조(18곡)이고, G대조(8곡), bB대조(6곡), bE대조(5곡) D대조(1곡), B대조(1곡)등의 순서이다. 소조는 e소조(3곡), d소조(2곡), b소조(2곡), g소조(1곡)이다.

[표 7] 조선족 가요의 조식분석표(대조식 67곡, 소조식8곡)

분류	조식	곡수	관내(25)		동북3성(50)	
1	F대조	28	7	28%	21	42%
2	C대조	18	7	28%	11	22%
3	G대조	8	5	20%	3	6%
4	bB대조	6	3	12%	3	6%
5	bE대조	5	1	4%	4	8%
6	e소조	3			3	6%
7	d소조	2			2	4%
8	b소조	2	1	4%	1	2%
9	D대조	1			1	2%
10	B대조	1			1	2%
11	g소조	1	1	4%		

오랜 역사전통을 가지고 발전된 조선민요는 기본적으로 5음계조식체계에 기초하고 있다.[31] 세계적으로 5음계조식을 쓰는 민족은 아주 많다. 중국이나 일본을 비롯하여 동아세아민족음악에는 5음계가 압도적 우세를 차지하며 인도와 아랍나라들, 아메리카대륙의 인디언들, 아프리카대륙의 흑인들의 음악에서도 5음계는 커다란 비중을 차지한다. 뿐만 아니라 구라파의 스코틀랜드와 같은 일부나라들에서는 5음계가 중요한 자리를 차지한다.

이처럼 5음계는 세계적으로 널리 쓰이고 있으나 그것들은 매개 지역, 매개 민족마다 자기의 고유한 특성을 가지고 있다. 그러나 5음계적공성에 의하여 조선족들은 외래의 5음계 노래들을 거침없이 수용하기에 이른다. 특히 <최신창가집>의 창가를 분석해보면 스코트랜드 민요를 비롯한 유럽민요와 일본 창가와 일본 요나누키 대조음계로 된 곡들이 5음계이고 그 외 찬송가를 비롯한 일부 곡들이 7음계이다.

---

31) 리창구, 조선민요의 조식체계. 예술교육출판사, 1990. 53쪽.

당시 시대적 변천과 더불어 새롭게 형성되어 창작자들과 가창자들의 음악적 사유에 깊이 자리 잡기 시작한 대조, 소조적인 조식적감정은 1930 년대부터의 가요창작과정을 통하여 더욱 공고화되었다. 다시 말하면 조선족가요는 생성하면서부터 당시 가창자들의 음악 미학적 기호와 정서에 잘 어울리는 대조, 소조 조식체계에 대한 지향이 보다 강화되면서 뚜렷한 질적 공고성을 가지고 촉진되었다.

조선족가요에서 근대음악 생활감정과 밀접히 결부된 대조, 소조 조식체계와 잘 융합되는 5음계적인 실천적작용이 매우 강화되었음을 객관적으로 보여주고 있다.

이것은 민요조식체계자체가 구성 원리적으로나 그 다양한 형태들의 색채적 성격 및 조식 기능적 특성 등에서 그 시대 조선족들의 음악적 정서를 반영하는데 보편성을 가지고 있는 대조, 소조 조식체계와 쉽게 융합될 수 있는 고유한 특성들을 가지고 있는 데로부터 출발한 것이다.

특히 평조의 변형인 <궁>조를 놓고 본다면 이것은 조식음계구성에서 자연대조의 IV계단과 VII계단음이 빠진 것과 일치되고 있다.

<궁>조에서는 또한 주음(도)과 V계단음이 그대로 안정음적기능을 수행하고 있다.

<궁>조에 기초한 조선족가요의 선율들에서 III계단의 기능이 강화되면서 주요안정음의 하나로 쓰여 지고 있다. 5음계적대조로 된 <토지얻은 기쁨>(박순연 작사, 리경택 작곡, 1946), <베짜기노래>(채택룡 작사, 허세록 작곡, 1947)들에서는 III계단의 기능이 강화되고 있다.

〈악보 8〉 베짜기 노래

우의 노래는 대조체계의 견지에서 볼 때 <궁>조에서 자연대조의 화성체계와 상통한 정상적인 3도구조의 주3화음이 구성된다는 것을 말해준다.

<토지얻은 기쁨>(박순연 작사, 리경택 작곡, 1946)에서는 Ⅲ계단음이 선율의 시작음으로서 선율적동기의 골격을 이루면서 선율 선에서 중요한 역할을 놀고 있다. 해당한 조식음계에서 가장 안정된 감을 주는 이러한 주3화음체계의 공통성은 그 조식적 색채가 일정하게 공통된다는 것을 말하여 준다.

다음으로 <치>조에 기초하여 선율적 제시 및 발전을 이루던 선율들에서 종지투의 주음을 의도적으로 궁조의 주음을 주고 있는 데서도 찾아보게 된다.

실 예로 <악보 1> <새 아리랑>(채택룡 작사, 허세록 작곡, 1947)을 놓고 볼 수 있다.

이 노래는 단순3부분형식으로서 A악단은 선율의 시작음으로 부터 첫 악구가 <치>조에 기초하여 <치>음에서 반종지를 가졌고 둘째악구는

<궁>음에서 시작하여 <궁>음으로 끝났다. B악단은 Ⅲ계단 음이 선율의 시작음으로서 선율의 골격을 이루면서 주화음의 조식적 색채를 이루고 있다. C악단은 주음, 하속음과 속음의 기능으로 하여 안정성을 가지고 있다. 즉 노래가 <치>조에 기초하여 전개 발전되는 이 선율에서 <쏠>음은 주음처럼 인정되어가다가 <궁>조로 끝남으로서 <쏠>음은 속음의 기능을 가지게 되었다. 이것은 <치>조로부터 <궁>조에로의 조적전환이 대조식적색채를 가진 <치>조와 <궁>조 자체의 음계적 및 조식기능적 특성에 의하여 자연스럽게 조건지고 있다.

이와 같이 <궁>조는 대조의 기능적 특성과 공통성을 많이 가지고 있는 것으로 하여 그 조식적 색채나 성격에서 자연대조와 기본적으로 일치되고 있다.

조선족가요에는 전반적인 선율이 <우>조에 기초하여 발전시켜 나가다가 마지막 종지만을 <궁>조의 주음으로 끝맺은 선율의 정서적 성격을 특색 있게 해준 <우리의 향토>(림원갑 작사, 리경택 작곡, 1948)와 같은 혼합조식적인 노래들도 있다.

〈악보 9〉 우리의 향토

<무산대중의 봄이 왔네>(작사자 미상, 류광준 작곡, 1945), <녀성대 생산가>(집체 작사, 김희 작곡, 1946), <새 아리랑>(채택룡 작사, 허세록 작곡,1947), <농민의 노래>(천청송 작사, 류광준 작곡, 1947), <절구타령>(김창선 작사, 서영화 작곡, 1949), <새봄>(김인준 작사, 허세록 작곡, 1949), <농촌의 사시>(작사·작곡 미상, 1946)등에서 민족조식으로부터 대조식으로 융합된 조식적 특성을 볼 수 있다.

총적으로 조선족가요의 특징은 F조, C조, G조의 밝고 안정감이 있는 대조식이 많고 민족5음계조식과 7음계조식의 기능적 특성의 공성으로 하여 서구 대조 소조식 체계를 자기의 조식적 기초로 하였고 전통조식이 대조소조식체계로 이행하는 합법칙발전의 결과로 민족가요양식의 대조적인 5음계 조식적 기초를 마련하였다.

박자, 리듬과 장단의 특징

조선족가요는 그의 중요한 선율적 기초로 되는 박자와 리듬, 장단의 구체적인 특성을 통하여 서로 뚜렷이 표현된다.

조선족가요에는 2/4, 4/4, 3/4의 박자[32]적 특성과 전통 민요의 복합 3박자형태를 근대적인 단순3박자형태로의 전환된 특성을 보여준다.

박자에는 단순박자[33], 복합박자,[34] 혼합박자[35] 및 변환박자[36]등이 있다.

조선족가요의 박자적 특성은 경쾌하고 박력과 기백이 넘치는 단순2박자와 4박자 형태들이 압도적으로 이용되고 있다. 이것은 격동적인 시대

---

32) 박자란 한 소절 안에 포함된 강박과 약박의 수를 가리킨다. 강한 음과 약한 음이 서로 같은 시간을 가지고 주기적으로 순환하는 것을 박절이라 하는데 박절에서 강한 음으로 된 박자를 강박자라 하고 약한 음으로 된 박자를 약박자라 한다.
33) 매개 소절에 하나의 강박을 포함하고 있는 박자를 말한다.
34) 매개 소절에 두개이상의 동일한 종류의 단순박자로 구성된 박자를 말한다.
35) 매개 소절에 두개이상의 부동한 종류의 단순박자로 구성된 박자를 말한다.
36) 옹근 악곡 또는 부분적 악곡에서 두 가지 또는 두 가지이상의 박자종류가 교체되거나 또는 선후로 출현되어 서로 바뀌는 것을 말한다.

가 기백 있고 약동적이고 박력적인 성격의 박자를 요청된 것이라고 본다. 그것은 형식적으로 창가의 영향에서 볼 수 있다.

[표 8] 〈최신창가집〉창가의 박자(152곡)

분류	박자	곡수	비례
1	4/4	94	62%
2	3/4	20	13%
3	2/4	19	12.5%
4	6/8	13	0.85%
5	6/4	3	0.19%
6	3/2	2	0.13%
7	4/8	1	0.07%

<최신창가집>창가의 도표에서 보다시피 선동성과 박력 있고 약동적인 4/4, 2/4박자 등 2박자계통의 곡수가 74.5%를 차지하고6/8, 6/4, 3/2박자 등 3박자계통의 곡수가 1.2%를 차지한다. 그리고 새로운 단순 3박자 3/4박자의 곡수가 13%를 차지한다.

[표 9] 항일가요의 박자(작곡자 미상,61곡)

분류	박자	곡수	비례
1	2/4	22	36%
2	4/4	18	30%
3	3/4	11	18%
4	6/8	6	0.98%
5	12/8	1	0.16%
6	5/8	1	0.16%

도표에서 보다시피 항일가요는 전통음악의 복합 3박자 형태를 아주 적게 썼다. 그것은 이 시기 2박자, 3박자, 4박자 등 짧은 단위의 박자가 전통음악의 긴 단위의 박자에 비해 단순하고 기억에 쉬운 특징과도 갈라놓을 수 없다. 동시에 이 시기 조선족들에게 전통음악의 복합 박자구조를 기억하고 인식할 여유가 없는 사정도 또 한 가지 이유로 될 수 있다. 항일가요의 박자형태는 그 시대적, 민족의 정서적수요로 하여 박력 있고 약동적이고 기백 있는 창가의 박자형태를 수용하고 계승하였다고 본다.

조선족 가요는 1945년 전 관내에서 창작된 작품과 1945년 후 동북3성 조선족 집거구에서 창작한 가요로 분류해 볼 수 있다. 그것은 1945년 전에 주요한 창작군체가 관내의 전시현장에서 창작활동을 진행하였고 집거구에는 항일유격구를 중심으로 항일가요를 많이 불렀기 때문이다. 또한 1945년 후부터는 관내의 조선족의용군을 비롯하여 동북3성으로 전이하면서 국내혁명에 참가하여 창작활동을 벌렸고 한국독립군과 조선의용군의 일부분은 자기 나라로 돌아갔다.

[표 10] 조선족가요의 박자(창작자가 있는 가요 75곡)

분류	박자	곡수	관내(25)	비례	동북3성(50)	비례
1	4/4	40	17	68%	23	46%
2	3/4	16	4	16%	12	24%
3	2/4	12	4	16%	8	16%
4	6/8	6	0	0	6	12%
5	12/8	1	0	0	1	2%

조선족 가요에 있어서 관내에서 창작된 가요들은 2박자, 4박자 등 짧은 단위의 박자형태가 84%로서 압도적으로 많이 사용하였고 단순3박자형태가 16%이다. 전통음악의 6/8, 12/8박자로 된 복합 3박자 계통은 유지되지 않고 있다.

위에서 언급한 바와 같이 전시현장에 있는 전사들의 사기를 북돋아 주고 행진에 유리한 박자계통은 2/4, 4/4박자형태가 가장 합당한 형태이기 때문에 짧은 단위의 박자형태를 많이 사용한 것으로 보인다. 또한 흥겹고 율동적이고 여유 있는 전통음악의 복합3박자형태는 군가의 정서와 맞지 않음으로 쓰지 않은 것으로 보여 진다.

그러나 1945년 후 조선족 집거구의 조선족 가요들은 2박자형태, 단순3박자형태, 복합 3박자 형태들을 골고루 섭렵하고 전통리듬을 새로운 박자 형태에 적용하면서 새로운 특징을 창조해냈다. 도표에서 보다시피 2박자, 4박자형태는 60%, 단순3박자형태가 24%로서 관내 가요에 비해 사용률이 많아졌고 전통음악의 복합3박자형태는 14%로서 전통계승의 창작지향을 여실히 보여주고 있다.

전통 민요들에서 써온 다양한 박자종류에서 가장 지배적인 자리를 차지하여온 것은 3박자 계통의 복합박자이며 그 가운데서도 12/8박자가 중심으로 되어왔다. 3박자 계통의 복합박자로의 지향은 조선민족의 낙천적이고 흥겹고 율동적인 것을 좋아하는 민족적 감정과 음악 정서적 기호를 반영하면서 형성되어온 것이다. 하여 민족장단은 거의 모두가 12/8, 9/8, 6/8 등 3박자계통의 복합박자로 되어있다. 이러한 전통적인 박자형태들이 조선족가요의 단순3박자형태의 박절리듬적 기초로 되었다. 그 일예로 3/4박자로 된 <새아리랑>(채택룡 작사, 허세록 작곡, 1947), <토지얻은 기쁨>(박순연 작사, 허세록 작곡, 1946), <녀성대생산가>(집체 작사, 김희작곡, 1946)등 가요들은 전통적인 복합 3박자 계통의 특성을 고유한 단순 3박자 형태이다.

그것은 당시 조선족들이 갖고 있던 전통 민요의 관습적 노래가 생경한 현장의 분위기와 충돌을 일으키며 보다 합리적인 방향으로 조정되어가는 모습을 상상할 수 있게 한다. 그것이 바로 조선족들의 문화에서 찾아볼 수 있는 "전통 민요의 타문화 접변현상"인 것이다. 따라서 현장에 맞는 전통노래를 찾는 방법과, 악곡이든 노랫말이든 전통노래의 일부분을 끌어와 현장에 맞추는 방법을 사용하는 것이 일반적이라 본다.

총적으로 조선족가요의 박자적 특성은 그 시대 인민들의 미적 감정에 맞는 4/4, 2/4박자 통속적이면서도 선명한 박자형태를 많이 이용하였다. 그리고 전통 민요의 고유한 박자특성을 계승하면서 또한 복합3박자와 같은 전통적인 리듬형을 단순 3박자 형태로 전환시키는 새로운 특성을 확립하였다. 이러한 박자적 특성은 그의 리듬과 장단형성에도 영향을 주었다.

리듬과 장단의 특성

리듬은 음운동의 시간적 관계를 표시하는 개념으로서 선율을 하나의 유기체라고 할 때 리듬은 그의 맥박이라고 할 수 있다. 리듬은 음의 운동을 규제하고 방향 짓는 기본요인의 하나로 되는 만큼 선율 형상의 특성은 리듬의 특성에 크게 의존하게 된다.

리듬은 가요의 풍격과 장르를 분별할 수 있는 기본요소이다. 경쾌하고 약동적인 정서와 지향성 적이며 개방적인 성격이 강한 조선족 가요의 특징은 선율에 정서적 맥박과 활력을 주는 리듬의 특성에 의하여 구체적으로 표현된다.

[표 11] 〈최신창가집〉창가의 리듬형

분류	리듬형	출현회수	비례	박자
1		308	44%	2/4,4/4
2		108	15%	2/4,4/4
3		72	1%	6/8
4		68	0.9%	2/4,4/4
5		67	0.9%	2/4,4/4
6		45	0.6%	2/4,4/4

7		43	0.6%	2/4,4/4
8		20	0. 28%	3/4
9		14	0.2%	6/8
10		13	0.18%	3/4
11		10	0.14%	3/4

[표 12] 항일가요의 리듬형

분류	리듬형	출현회수	비례	박자
1		123	30%	2/4,4/4
2		65	16%	2/4,4/4
3		52	13%	2/4,4/4
4		30	0.7%	6/8
5		27	0.6%	2/4,4/4
6		25	0.6%	2/4,4/4
7		20	0.5%	2/4,4/4
8		19	0.47%	6/8
9		18	0.44%	3/4
10		16	0.39%	3/4
11		9	0.22%	6/8

[표 13] 1945년전 조선족창작가요의 리듬형

분류	리듬형	출현회수	비례	박자
1		66	20%	2/4,4/4
2		50	15%	3/4
3		48	14.8%	2/4,4/4
4		32	10%	2/4,4/4
5		30	0.9%	2/4,4/4
6		24	0.8 %	2/4,4/4
7		15	0.46%	2/4,4/4
8		14	0.43%	2/4,4/4

분류	리듬형	출현회수	비례	박자
9		13	0.4%	2/4,4/4
10		13	0.4%	3/4
11		12	0.37%	6/8

[표 14] 1945년 후 조선족창작가요의 리듬형

분류	리듬형	출현회수	비례	박자
1		49	16%	2/4,4/4
2		47	15%	2/4,4/4
3		39	12%	2/4,4/4
4		39	12%	3/4
5		31	1%	3/4
6		27	0.8%	2/4,4/4
7		25	0.8%	2/4,4/4
8		21	0.67%	2/4,4/4
9		24	0.7%	6/8
10		11	0.35%	6/8

도표에서 보다시피 조선족 가요는 창가나 항일가요에서 보여 지는 복합 3박자계통의 리듬형들을 극히 적게 쓰고 있다. 이는 조선족 사회가 곡절 많은 역사 발전과정을 통하여 느리고 유연하고 율동적인 장단보다 역동적이고 박력 있고 기백 있는 정서를 절박하게 수요한 결과라고 볼 수 있다.

조선족 가요는 행진곡적인 리듬 형태적 특성과 전통 민요의 리듬적 바탕에 기초하여 대중들의 흥과 강한 율동의 정서, 시대의 요구를 대변하는 새로운 리듬형태들을 선율에 구현한 특성들을 보편적으로 볼 수 있다.

첫째, 조선족가요에 나타나는 행진곡적인 리듬형의 특징

조선족가요의 리듬은 창가와 항일가요의 리듬과 영향관계를 가지고 있다. 창가와 항일가요의 리듬형들은 대부분 점8분 소리표와 16분 소리표(♩♪♪♩)로 된 추진적이고 행진곡적인 리듬형을 압도적으로 많이 사용하고 있다. 이 시기에는 복합3박자계통의 리듬형(♩ ♪♩ ♪)이 출현하는데 이 또한 전시의 시대 상황에 따른 빠른 속도로 된 점8분 소리표와 16분 소리표(♩♪♩)의 변형으로 볼 수 있다. 창가와 항일가요에서 압도적으로 사용하고 있는 이 리듬형(♩♪♩)은 어떻게 전파되었는가에 대해 아래에 분석하도록 하자.

동북지구 항일가요에서 가장 전형적인 노래는 <유격대행진곡>이다. 이 노래는 '1930년대 혁명가요에서 전통적인 행진곡적 양식을 완성시키고 있는 가요 행진곡의 대표적 작품의 하나이라고 말할 수 있다'고 한다.[37] <유격대행진곡>의 선율은 독립군에서 <용진가>로 가사를 붙여 부르기도 하였다. <20세기 중국조선족 음악문화>[38]에서는 <용진가>를 휘모리장단으로 된 민족적 풍격이 짙은 좋은 작품이고 곡의 내원은 밝혀지지 않고 있으나 설사 외국의 곡이라 하더라도 우리민족의 풍격으로 개조된 것이 분명하다고 하면서 만약 우리민족의 곡이라면 독특한 풍격과 풍부한 음악적 자질을 가진 작곡자에 의하여 창작된 것이 분명하다고 하였다. 그러나 항일투사들의 항일구국의 의지를 다지고 일제와 용감히 싸우게 한 이 노래도 아이러니컬하게도 일본곡인 것이다. 이 노래의 음악적 부분을 볼 때 내용의 전개에 따르는 선율적 전개부분을 제외한 거의 모든 부분은 일본의 <하이카라 절ハイカラ節>(명치41년(1908년) 神長瞭月이 작사 작곡)[39]의 선율을 거의 그대로 차용했다고 할 수 있다. 여기에서 잠간 '혼성성'이 구유한 문화정치학적 급진성을 살펴보도록 하다. 호미바바는 아래와 같이 주장한다.

37) 문종상, 혁명가요와 항일무장투쟁시기의 음악생활. 근대성과 우리음악. 조선문학예술 총동맹 출판사, 1963. 170쪽.
38) 중국조선족음악연구회, 20세기중국조선족 음악문화. 북경:민족출판사, 2005.
39) 日本のうた第1集. 明治・大正(1868~1926). 野ばら社. 1998. 178쪽.

… 식민지적 권위에 대해 대항하는 중에 토착적 전통의 변화와 전이가 일어난다는 사실은 기표와 욕망 곧 상호텍스트성의 미결정성이, 권력과 지식의 지배적 관계에 대한 탈식민주의적 투쟁에 얼마나 깊이 연관될 수 있는지를 보여준다. … 여기서 신성한 권위의 언어는, 토착적인 기호로 주장됨으로써 심각하게 흠이 가게 되며, 지배의 실천 그 자체에서 주인의 언어는 혼성성이 된다.[40]

물론 여기에서 호미 바바가 주목하는 것은 성경(지배적인 서사)이 완전되고 변용되고 치환되는 과정이지만 비근한 논리로 우리는 지배계급의 텍스트(<하이카라 절>)가 피지배계급의 식민주의적 투쟁 속에서 혼성화 되는 것을 목도하게 된다. 일본의 언어는 힘 있는 자의 언어이고 당시 우리의 언어는 약소자의 표상체계와 등치된다고 할 때, 유격대 행진곡은 혼성성이 구유한 전본적인 힘을 보여주는 예이기도 하다. 동시에 위에서 잠깐 지적했다시피 이것은 아이러니컬한 현상이다. 그러나 무릇 대방의 표상체계로 그 대방을 전복하는 것은 모두 아이러니한 양가성을 발생시킨다. …

사실 <유격대 행진곡>의 선율의 족보를 따지면 1908년에 작곡한 것이다. 헌데 어째서 1930년대에 항일유격구에서 불렸겠는가 하는 문제도 의문적이다. 그리고 필자는 1914년 연길시 광성 중학교에서 사용했던 <최신창가집>의 창가를 분석하는 과정에 이외의 큰 수확을 얻었다. 특히 지금까지 <유격대 행진곡>의 선율은 <구라파 가요가 항일가요로 발전한 호소성이 강한 전가, 조선민족 풍격이 매우 짙은 행진곡>,[41] 그리고 <작곡자 미확인>[42]으로 된 답을 찾은 것이다. <최신창가집>에 수록된 창가 <전진>[43]의 선율은 <유격대행진곡>과 거의 일치한 것이었다.

---

40) 호미 바바, 나병철 역, 이론에의 참여, 문화의 위치, 소명출판, 2005, 84쪽, 85쪽.
41) 김덕균, 예술론문집(보귀한 문화유산-항일가요). 동북조선민족교육출판사, 1995. 99~100쪽.
42) 민경찬, 한국창가의 색인과 해제. 한국예술종합학교 한국예술연구소, 1997. 376쪽.
43) 해외의 한국독립운동사료(XVI) 일본편④, 최신창가집. 국가보훈처, 1996. 153쪽.

1910년대부터 1920년대까지 당시 대부분 조선족 학교에서 불렸던 이 노래는 광범한 군중기초와 가창군체를 형성하고 있었다. 이러한 선율 음조적 기초가 있었기에 이 선율에 <유격대 행진곡>, <용진가>등 가사를 붙여 쉽게 불리고 전파될 수 있었다고 본다. 그러나 <하이카라 절ハイカラ節>과의 상호텍스트성 진위 또한 사실이다.

〈악보 10〉 유격대 행진곡

항일가요 <유격대 행진곡>과 창가 <전진>의 선율은 거의 일치하다. 주요하게 이 리듬형(♪♩♩♪)을 쓰고 있다. 다음으로 창가 <전진>의 선율이다.

일본외무성 외교사료관에서 입수한 <최신창가집>은 1914년 7월 북간도 소재 광성중학교(현재 연길시 소영진)에서 사용되던 음악교재로서 일제 간도령사관에 압수되었던 등사판 창가집이다.

〈악보 11〉 전진

일본 창가 <하이카라 절(ハイカラ節)>의 선율은 창가에서 보여 지는 리듬형(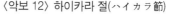)을 거의 쓰지 않고 있으며 또한 후렴구에는 16분 소리표에 같은 음을 반복한 리듬형을 사용하였다.

〈악보 12〉 하이카라 절(ハイカラ節)

神长暁月 作词
作曲

<전진>은 비록 일본 창가 <하이카라 절(ハイカラ節)>의 선율을 그대로 차용하였지만 연속적인 부점을 사용하여 행진곡 적이고 박력 있는 리듬을 창조하였다. 또한 박자마다 부점이 붙어 강한 추진력을 가지고 있으며 후렴구에는 3연음으로 되는 음조를 첨가하였다. <조선전통 3박 리듬이 혁명적 정서를 담는 그릇으로서의 역할을 해내지 못하고 있으므로, 6/8의 조선족 만장단과 부점 2/4의 리듬이 공감대를 형성하였다>.44) 따라서 이 노래는 민족장단과 정서로 대중들에게 수용된 것으로 볼 수 있다. 이러한 일본 창가의 변용으로 된 창가의 전파는 광범한 조선족 대중들에게 가창적 기초를 닦아줬고 <유격대행진곡>을 부를 수 있는 기반을 형성하였다. 특히 승리의 개선가나 신명나게 울리는 나팔소리를 연상케 하는 환락적인 음조, 경쾌하고 힘차고 억센 기상을 담은 행진곡적인 리듬을 창조함으로써 유격대 행진곡으로서의 혁명적 성격을 진실하게 표현하고 있다. 말하자면 <하이카라 절(ハイカラ節)>을 혼성화시키고 우리식으로 전유한 것이다.

항일가요를 부를 경우 중국조선족들은 전승되어온 자기 전통리듬을 고수하는 것이 대부분이다. 물론 미학적 변모에 따른 변화가 불가피했던 것도 사실이다. 그러나 높낮이와 템포, 조식, 리듬을 조정하는 등의 변화 양상은 다른 시대정신이나 당시 사회적 분위기를 반영함으로써 전통적 관념에 따른 수용이라고 볼 수 있다.

이 외에도 <추도가>, <적기가>의 경우도 마찬가지인데 <추도가> 경우 일본의 가요 <일번 시작은>이라는 노래의 선율을 차용한 것으로 밝혀졌다. 이 <일번 시작은>의 선율은 <추도가> 뿐만 아니라 <녀성해방가>, <불평등가>도 거의 그대로 차용했다.

이와 같이 외래음악의 보급으로 하여 당시 가창자들의 문화심리구조

---

44) 김덕균, 예술논문집 (보귀한 문화유산-항일가요). 동북조선민족교육출판사, 1995. 100쪽.

에 변화가 발생하였고 작곡가들 역시 시대의 요청으로 자연스럽게 리듬형들을 수용하여 창작하기에 이르렀다고 할 수 있다.

아래에 리정호가 작사 작곡한 <혁명가>(1940년)의 리듬형을 분석해 보도록 하자.

〈악보 13〉혁명가

이 노래에서는 점8분 소리표와 16분 소리표(♪♪♪)리듬형을 많이 사용함으로서 경쾌하고 추진적이고 행진곡적인 성격을 나타내고 있다. 이런 리듬형은 리두산의 <광복행진곡>, 한유한의 <조국행진곡>, <압록강 행진곡> 등 가요에서 많이 사용하고 선율성격이 개방되었으며 낭만적이고 경쾌하고 힘찬 행진곡리듬으로 하여 항일투쟁시기 군민의 사기를 북돋아 주고 항일의식을 고취하는 주요한 항일도구로 쓰였다고 볼 수 있다.

조선족가요의 행진곡적인 리듬형은 전통적인 6/8박자의 만장단 리듬형태와의 공감대로 하여 외래가요의 행진곡적인 리듬형을 창조적으로 수용함에 있어서 독창성을 띠고 있다.

둘째, 전통적 리듬의 계승과 창조

조선족가요에는 전통적인 6/8박자의 ♩♪♪ 리듬형을 근대미감에 맞게 3/4박자의 ♩♪♩ 리듬형으로 창조적으로 구사한 특징을 볼 수 있다.

〈악보 14〉 무산대중의 봄이 왔네 (리듬형)

<무산대중의 봄이 왔네> (작사자 미상 류광준 작곡 1946년)에서는 ♩♪♩ 리듬형태들이 기본으로 되여 선율의 리듬적 기초를 이루면서 밝고 흥겨운 음악형상을 창조하고 있다. 우의 리듬형태는 창가나 항일가요 내지는1945년 전 창작가요에서 찾아볼 수 없는 형태이다. 이런 리듬형태는 전통적인 6/8박자의 리듬형 ♩♪♪ 를 3/4박자의 기보법을 이용하여 근대미감에 맞게 ♩♪♩ 로 창조한 것이라는 것을 알 수 있다.

상기한 특징을 <악보 8>,<베짜기노래>(채택룡작사, 허세록 작곡, 1947)에서도 볼 수 있다.

이 노래는 3음절을 기본으로, 즉 3음렬로 조성된 언어절주는 3박으로 이루어진 다채로운 형태와 ♩♪♩ 의 리듬형으로 억양적 율동을 이루고 있다.

이러한 단순 3박자 계통의 상기한 리듬 특성은 1자 1음식의 가사붙임이 조밀해지면서 전통 민요에서 보여 지는 리듬의 길고 짧은 가사붙임 현상이 많이 약화되어있다. 그러나 "강약주기 박자"[45]로서의 3박자 및 갖춘마

---

45) 전통장단에서 장단과 박자의 관계에 대한 이론이 분분하나 여기서는 박자를 강약주기박자와 장단주기박자로 나누는 이보형의 리듬론을 받아들이고자 한다. 강약주기박자는 서양의 3/4박자, 4/4박자, 6/8박자처럼 일정한 강세가 몇 박에 하나씩

디로 시작하는 전통요소를 받아들이고 창가적 특성인 1자 1음의 단순한 선율선과 박자층위에서의 균등분할을 받아들이면서 전통적요소와 외래음악적요소가 결합한 혼종적 특성을 태생적으로 가지고 나온 리듬양식이라 할 수 있다. 즉 왈츠[46)]도 되면서 굿거리로 되는 것인데 그 자체가 전통적인 고유리듬이 아니고 창가적 영향 속에 만들어진 리듬이라고 볼 수 있기 때문에 전통적인 민족장단이 외래 음악화[47)]되는 과정에서 파생된 리듬이라고 결론지을 수 있다.

장단형태

해방 전 조선족 가요에서 장단성이 배제된다면 그 음악적 장르의 의미는 없어진다.

조선족 가요의 장단형태는 지난 시기 민요들에서 많이 쓰이던 느리고 긴 장단형태들은 거의 찾아볼 수 없다. 대부분 속도가 빠르고 경쾌성과 박력을 나타내는 변 장단 형태들을 선택하는 데로 지향하고 있다.

첫째, <악보 9>, <우리의 향토> 등과 같은 2/4박자나 4/4박자의 2박자계통의 노래들은 그 연주에 있어서는 선율과 리듬형태의 여하와는 상

붙는가에 따라서 3박자, 4박자,6박자로 나뉜다. 그러나 전통장단을 오선보에 그릴 경우 한 장단을 한 마디에 그리는 관습이 굳어지면서 자진모리나 굿거리를 12/8박으로 기보하는 것이 일반적인 형태가 되었는데 이 경우는 강약주기박자를 사용한 것이 아니라 장단주기박자를 사용한 것이다. 강약주기박자를 사용한다면 6/8박자의 6박자×2가 한 장단이 되거나 3/8박자의 3박자×4가 한 장단이 된다. 그러나 이를 한 마디에 12/8박으로 그리는 것은 굿거리 한 장단을 한 마디로 기보하는 것으로 이는 장단주기박자를 나타내는 것이다. 즉 장단주기박자에서 굿거리는 3소박 4박자로서 소박층위를 한 박으로 잡는 12/8, 혹은 보통박 층위를 한 박으로 그리는 4/♩.로 기보된다. 이를 강약주기 박자 표기법으로 바꾸면 3/4박자, 혹은 6/8박자로 할 수 있다.
46) 사분의삼 박자의 경쾌한 춤곡
47) 창가적 영향을 양악화로 표현하지 않고 외래음악화로 표현하는 이유는 다음과 같다. 당시 한국의 창가는 서양음악의 영향을 직접 받은 것이 아니라 일본 창가나 엔카, 혹은 양악화된 일본음악의 영향을 받은 것이기 때문에 양악과 양악화된 일본음악의 영향을 포괄한 외래음악의 요소를 받아들인 것으로 보고자 한다.

관없이 조선민족 만 장단 혹은 안땅 장단을 전제로 연주된다.

이 노래는 빠른 속도와 조선민족 전통적인 만 장단에 기초하여 근대적인 리듬형을 적용하여 새로운 음악언어로 민족정서를 구현한 것이 특징이라고 볼 수 있다. 또한 밝고 경쾌한 정서는 특수한 시대적 경험 속에서 항일전쟁의 승리와 국내해방 전쟁에 대한 긍정에서 기인하는 여유이며 민족적 정착의 한 방법이었다고 할 수 있다. 이러한 특징을 가진 가요들로는 <박격포의 노래>(김영진 작사, 서영화 작곡, 1947), <새봄>(김인준 작사, 허세록 작곡, 1949), <웃어라 와하하>(리재연 작사, 서영화 작곡, 1947)등이다.

그리고 <새 아리랑>, <생산의 봄>, <베짜기 노래>와 같은 단순 3박자 계통의 노래들은 장단형태에 있어서 전통적인 민요의 장단체계[48]인 복합 3박자의 굿거리 장단특징을 계승하고 있다. 이 노래들은 속도가 좀 느리며 부드럽고 무거운 성격을 가진 굿거리의 기본 장단보다 그 변장단리듬형태들로서 박력 있고 진취적이며 활달한 정서를 나타내는 반 굿거리장단에 기초한 것이 특징이다.

상기한 특징은 가요 <새 아리랑>(채택룡 작사, 허세록 작곡, 1947)에서도 볼 수 있다.

이 노래는 3음절을 기본으로, 즉 3음렬로 조성된 언어절주는 3박으로

---

48) 전통적인 민요의 장단체계에서는 3박자계통의 복합박자로 된 장단들이 기본주류를 이루고 있었다. 그것은 종래의 대표적인 장단들인 중모리장단, 잦은 모리 장단, 굿거리장단, 살푸리 장단, 타령장단, 덩 덕궁 장단 등이 12/8박자에 기초하고 있으며 양산도 장단은 9/8박자로 되어있는 사실을 놓고서도 잘 알 수 있다. 이러한 장단들을 3박자계통의 복합박자로 된 것이라고 규정지은 것은 그 매개 장단의 박자단위 구성상특징을 놓고서이다. 말하자면 매개 장단의 박자단위가 8분 소리표를 한 박으로 구성되는 것이 아니라 8분 소리표를 3개씩 묶은 점 4분 소리표가 한 박으로 구성되었다는데 있다. 이것은 복합박자에 기초한 유연하면서도 흥겹고 율동적 성격이 강한 장단형태들이 보편적으로 쓰여 왔으며 민요를 포함한 종래 민족음악의 장단체계가 3박자계통의 복합박자에 기초한 장단형태들을 중심으로 하여 형성되어왔음을 말해준다.

이루어진 다채로운 형태와 정서를 나타낸 6/8박의 반 굿거리장단을 형성
하였다. 즉 리듬형의 억양적률동성의 구체적 표현에 그 뿌리를 두었다.
또한 장단이 선율진행의 일정한 마디[49]와 언어의 발음단위를 기초 지었
고 전반 노래가 이 장단으로 하여 부드럽고 흥겹게 느껴진다.

6/8 반 굿거리장단[50]

우의 반 굿거리장단에서 보다시피 3/4박자의 두개 소절의 리듬형이
6/8박자의 전각으로 되였고 한개 악단이 반 굿거리장단의 원각으로 되여
새로운 형식으로서의 독자성을 가진다.

이와 같이 조선족가요의 장단특성은 2박자계통의 가요들이 대부분 만
장단에 기초한 것이 특징이고 3박자계통의 가요들은 굿거리장단에 기초
한 것으로 특징지을 수 있다. 이는 약동적인 시대적요구와 전통 민요의
장단적 특성을 유기적으로 결합하여 근대적인 음악언어로 밝고 서정적인
장단형태들을 창출하였음을 시사해주고 있다.

총적으로 중국 조선족가요는 그 음악적 형식에서 다음과 같은 특징을
보여준다. 첫째: 순차적 진행을 위주로 하여 선율음조가 평이하고 통속적
이며 대중적이다. 음악형식이 간결하고 선율의 진행에서 외래가요의 선

---

49) 선율 마디란 박절－리듬적 구조에 의해 구분되는 일정한 표현성을 가지는 선율의
단위를 말한다. 장단은 선율마디의 주요형태인 동기, 악구, 악단, 악절을 구분하는
중요한 척도로 된다. 한영애, 조선 장단연구. 예술교육출판사, 1989, 182쪽 참조.
50) 반 굿거리장단은 굿거리장단의 절반 리듬형을 독립적인 장단으로 응용하여 구성된 장
단이다. 반 굿거리장단은 굿거리장단의 후3각으로서 역점은 다섯 번째 박자에 놓인다.

율을 수용하였으나 '자기화'가 부족하다.

둘째: 조식에서 밝고 안정적인 대조식이 압도적으로 많다. 서구 대조소조식 체계를 자기의 조식적기초로 하였고 전통조식이 대조소조조식체계로 이행하는 합법칙적발전의 결과로 민족가요양식의 대조적인 5음계 조식적 기초를 마련하였다.

셋째: 박자는 전통적 복합박자가 단순박자로 점차 전환되었고 정서적 맥박이 약동하는 박력 있고 단순한 리듬형태, 현대적미감에 맞게 새로운 음악어법으로 민족장단의 특성을 구현하였다.

이상의 분석을 통해보면 해방 전 중국 조선족가요는 외래음악을 수용하여 근대적인 음악어법으로 전통음악적요소를 해석하는 새로운 음악언어를 창조하였다. 이는 중국 조선족가요예술의 문화적인 융합과 창조를 동반하고 있는 문화현상이다.

제3절 가사와 음악의 호응

가요는 가사와 선율이 결합되어 이루어진 것으로서 문학(시)과 음악(선율)이 서로 융합된 종합적 예술이다.[51] 문학과 음악의 융합이란 가사라는 시와 선율이라는 선율, 리듬, 형식 등의 유기적인 통일을 의미하는데 가사와 곡의 사상과 정서적색갈이 서로 맞고 곡의 음률이 가사의 운율과 맞을 뿐만 아니라 곡의 음조가 가사의 억양과 알맞음을 말한다.[52]

가사와 음악은 '상호호응'의 관계이다.[53] 여기서는 가사구조와 음악구

---

51) 김경석, 문학창작과 표현수법. 연변인민출판사, 2009. 70쪽.
52) 김준규, 명곡창작의 사상미학적요구와 그 실현방도. 예술교육출판사, 1985. 173쪽.
53) 陆正兰, 歌词学. 中国社会科学出版社, 2007, 119쪽.

조의 호응, 정서의 호응, 어법의 호응 등으로 나누어 음악과 가사의 상호작용의 양상을 밝히고자 하며 한 걸음 더 나가서 그러한 상호작용을 통해 만들어내는 결과물들을 살펴보고자 한다.

가요는 음악가운데서 가장 작은 형식이지만 사람들을 끝없이 격동시키고 그들을 새로운 생활을 창조하기 위한 보람찬 투쟁으로 힘 있게 불러일으키는데서 그 어떤 음악도 따를 수 없는 커다란 힘을 지니고 있다. 특히 가요는 선율과 함께 가사를 통하여 인간생활의 바탕에 흐르는 내면적인 세계, 사상 감정을 반영하면서 그것을 정서적으로 표현하는 것이 특성이다. 또한 가요는 인간의 내면세계에서 우러나오는 기쁨과 슬픔, 희열과 번민, 낭만과 비애 등의 감정과 미묘하고 섬세한 정서적인 음영에 이르기까지 선율과 가사를 통해 효과적으로 표현한다.

노래가 대중들에게 전달될 때 "음율과 노랫말", 즉 음악적, 언어적인 두 가지 측면이 수용자에게 각각 적용되는 것이 아니라 서로 융합된 상태에서 수용자에게 복합적인 영향을 미친다. 여기서는 음악적인 측면과 노래의 가사에 초점을 맞추어 가사와 음악의 상호호응에 대해 중점적으로 살펴보고자 한다.

노랫말은 음율에 그 의미를 전달한다는 측면에서 일반적으로 우리가 사용하는 언어의 기능과 유사하다. 따라서 노랫말은 정서. 마음. 의식. 사고. 가치관. 태도 등을 표현하고 수용하는 의사소통의 역할을 담당하며 이를 통해서 창작자와 수용자들의 공감을 형성하게 된다고 볼 수 있다.

해방 전 중국조선족 가요의 가사와 음악의 호응을 정서적 호응, 구조적 호응, 어법적 호응으로 나누어볼 수 있다.

■ 가사와 음악의 정서적 호응

정서는 인간 삶의 중요한 부분으로서 인간은 일상의 삶속에서 다양한 정서적 체험을 한다. 칸트의 이야기로 하면 "지각-오성-이성"의 도식에서 그 지각의 구조를 두루 물들이고 있는 것이 "정서"인 것이다. 아울러 "인간정신 활동의 소산인 문학과 음악은 인간의 보편적이고 원초적인 감정에서 출발하는 정서의 표현"[54]으로서 "문학과 음악에 대한 연구는 이 두 예술 영역에서 가장 중요한 요소인 정서에 관한 연구"[55]라고 할 수 있는 것이다. 아울러 그러한 정서는 각 시대적 상황의 요구에 맞추어 여러 가지 방향으로 승화시키곤 하는 것이다. 말하자면 정서적이거나 감각적인 것을 '정신적 차원'으로 끌어올리는 것이 예술의 기능인터인데 우리의 음악을 계몽의 서사 속에서 혁명적 이성으로 고양되거나 승화되거나 하였다.

아울러 우리는 해방 전 중국조선족 가요의 가사와 음악의 상호관계에 대한 분석과 이해에 있어서 사회, 역사, 문화적 맥락 속에서 작품 속에서 흐르고 있는 정서를 이해해야 한다. 이러한 복합적이고 중층적인 인식구도 속에서 우리는 조선족 음악의 정서적 호응의 기능에 대하여 적절하게 이해할 수 있을 것이다. 레이몬드 윌리엄즈는 정서구조에 대해 다음과 같이 언급한바 있다.

예술에는 다른 정형적 체계들에 의해 수용될 수 없는 요소들이 틀림없이 현존한다는 사실이야말로 "미적인것", "예술적인것", 그리고 "창조적인것" 등의 특수화한 범주가 생겨나는 진정한 근거이다. 우리는 한편으로 이러한 요소들(특정한 정서, 특정한 리듬)의 특성성을 인식할 필요가 있고 또 한편으로는 이것들의 특정한 사회성을 인식할 방도를 찾아야 할 필요가 있다…… 정서구조라는 생각은 흔히 예술과 문학에 있어서 그러한 새로운 구조가 형성되고있다는 가장 우선적인 조짐들 가운데 드는, 형식과 규칙에 대한 증거와 구체적인 관계를 지닐수 있다…… 예술과 문학의 형식과 규칙을 사회적인 물질적과정을 이루는

---

54) 鳳承喜, 翰林別曲의 詩的 構造와 情緒. 金大幸 編,高麗 詩歌의 情緒. 開文社, 1985. 145쪽.
55) 申春浩 外,文學의 理解. 鮮一文化社, 1986. 22쪽.

불가분의 요소로 정의하는 일에 통한다. 즉, 그것들은 다른 사회적형태와 앞서의 형태로부터의 도출에 의해서 정의되지 않고 하나의 특정한 류형의 사회적형성물로서 정의되는것이다. 그런데 이 특정한 류형의 형성물은 또한 살아 움직이는 과정들로서 보다 광범위하게 체험되는 그러한 정서의 구조들의 표현으로 간주될 수 있다… 정서의 구조는 뚜렷하고 직접적으로 나타나는 다른 사회적인 의미적형성물들과는 구분되는것으로서 사회적경험이 용해된것이라고 정의 내릴수 있다.[56]

상기의 인용문을 보면 예술은 특수화된 '인식론적' 범주이므로 그것이 '미적'이거나 '예술'적이거나 '창조'적인 특수성을 요청하고 그 카테고리 안에서 한 사회의 모종의 특질을 읽을 수 있다는 지적이다. 바꾸어 말하면 정서적 구조를 형성하고 있는 형식과 구조는 사회적이고 역사적이므로 그것은 "특정한 유형의 사회적 형성물"로 이해해도 되겠다. 그리고 그것은 직접적인 형식이 아니라 중층적이고 복합적이고 은유적인 형식으로 사회적 경험을 두루 드러낼 수 있다. 말하자면 윌리엄즈의 이 정서구조에 대한 설명은 사회, 문화적 맥락 속에서의 정서와 작가와 사회의 상호 유기적인 연관관계에 대한 역설로 볼 수 있는데 이 이론은 예술작품으로서의 가요를 비롯한 해방 전 중국조선족 가요들에 대한 분석에 있어서 상응한 실천적 응용성을 가지고 있다. 중국 조선족가요는 '소비자'인 대중을 큰 전제로 해야 하는 것이기 때문에 대중가요의 정서는 그 노래를 '소비하고 향유'하는 대중적 정서라고 할 수 있다. 그리고 그러한 대중이 장소특수적인 산물인 것만큼이나 그 계급(혹은 계층)을 형성하고 있는 당시 사회 역사적 지층과 그들을 조직하여야만 했던 시대적 상황 속에서 작품적 정서를 이해해야 바른 이해라고 할 수 있다. 레이몬드 윌리엄즈의 지적처럼 "특정한 유형의 사회적 형성물"로서 음악적 결구를 파악한다면 그 가사와

---

56) 레이몬드 윌리엄즈/이일환 역, 理念과 文學. 文學과知性社, 1982. 166~168쪽.

정서적 색채 속에서 당시의 삶을 복합적으로 읽어낼 수 있는 것이다.

주지하다시피 노래는 가사와 곡의 사상과 정서적색갈이 서로 맞아야 가사에서 밝혀진 심오한 사상적 내용도 정서적으로 힘 있게 부각할 수 있고 선율자체도 형상적 가치를 더욱 빛낼 수 있다. 즉 사회적 형성물로서 가사와 리듬 속에 특정한 유형의 정치서사가 숨 쉬고 있는 것이다. "하나의 가사에는 하나의 사상과 하나의 정서적색갈이 일관되어 있으면서 그것을 정서적으로 뚜렷이 특징짓기까지의 예술적 형상과정에는 다양한 생활적 내용들이 각이한 정서적 명암으로 구현되게 되"[57]는 것이다. 하나의 명징한 '스토리'속에 생활의 여러 가지 면들을 두루 잘 담아내야 대중적 공감과 시대적 요구에 부응할 수 있듯이 강한 생명력을 지닐 수 있는 것이다. "특정한 유형의 사회적 형성물"로서 노래는 가사를 통하여 문학적으로 뚜렷하게 밝혀진 사상과 정서적 색깔을 굴곡 있게 변화되는 구체적인 정서적 명암에 이르기까지 선율형상으로 섬세하게 표현해야만 그 사상 정서적 내용이 감동깊이 안겨올 수 있었던 것이다.

해방 전 중국 조선족가요는 전투적 호소성, 혁명의 승리에 대한 낙관성, 원수에 대한 분노감, 정착에 대한 미래지향성 등 정서를 음악의 속도, 박자, 조식 등 정서적 표현성으로 호응을 이루고 있다. 독특한 시대적 산물이자 형성물인 것이다. 속도, 박자, 조식 등 구조 속에서 그 시대만이 요구하는 정서적 표현을 극대화하였던 것이다.

"속도는 리듬의 성격과 정서를 규정짓는 중요한 요소의 하나이다. 속도가 빠르면 빠를수록 리듬은 보다 발랄하고 약동적인 정서를 안겨주며 속도가 느리면 느릴수록 리듬은 보다 무게 있고 웅심 깊은 정서를 자아낸다."[58]

해방 전 중국조선족 가요의 기본속도는 "행진속도", "약간 빠르게", "중

---

57) 황지철, 가요창작리론. 문예출판사, 1986. 124쪽.
58) 황지철, 가요창작리론. 문예출판사, 1986. 112쪽.

속으로", 정서표현은 "명랑하게", "기백 있게", "활발하게", "힘차게" 등으로 특징지어진다. 윌리엄즈의 지적처럼 이러한 일련의 특질을 "사회적인 물질적 과정을 이루는 불가분의 요소로" 파악하고 다른 사회적인 의미적 형성물들과는 구분되는 사회적경험이 용해된 것으로 이해해야 하는 것이다. 즉 중국조선 민족이란 역사성이 리듬과 정서 속에 고스란히 녹아있는 것이다. 즉 해방 전 중국 조선족가요는 노랫말의 시성詩性이 박자拍子, 리듬節奏, 속도速度, 조성調性, 형식形式, 선율旋律 등의 음악요소들과 호응되면서 수난의 역사적, 시대적 정서를 여실히 반영하는데 큰 역할을 했던 것이다. 그러나 이런 분석에서 주의할 것은 예술이 사회역사적 지평에 대한 직접적인 반영이 아니라 그 표현에 있어서 뚜렷하거나 직접적이지 않다는 것이다. 또 다른 요소들을 내포할 수도 있는 것이다. 이러한 '여백'을 간과한다면 우리는 예술의 형식이나 내용을 숙명적인 불변의 것으로 역해할 수 있을 것이다. 말하자면 역사 사회적 환경과 예술작품을 일대일의 직접적인 대응구조로 이해함으로써 그람시의 "중층결정론"을 간과할 수도 있는 것이다. 아울러 편폭의 제한으로 이에 대한 언급을 지나가도록 하겠다.

해방의 기쁨을 노래한 대중가요 중 1945년에 윤해영이 작사하고 김종화가 작곡한 <동북인민행진곡>은 가사의 밝은 사상정서가 명랑한 풍격, 음조, 격조들과 통일되고 있다. 그러므로 대중의 정서에 깊이 침투하고 그들의 마음을 다잡았던 것이다.

〈악보 15〉 동북인민 행진곡

노래의 가사는 '새벽하늘', '동이트는', '종소리', '희망의 아침', '새기발', '힘찬 줄기', '정의의 칼' 등 시어들로 새로운 민주주의와 새 동북을 건설하려는 동북인민들의 해방의 기쁨과 희망을 노래한 것으로서 가사의 정서는 매우 밝고 힘차고 전투적 호소성으로 일관되어있다. 이렇게 말해도 될 것이다. 음악적 정서로 동북 인민들의 혁명적 정서를 고양시키고 그 응집력을 끌어냄으로서 그들을 새 동북건설 주력군으로 활용할 수 있었을 것이다. 그러기 위해서는 밝아야 하고 힘차야 했고 기쁨과 희망을 노래하는 것이어야만 했다. 그 시대의 지문을 그대로 간직하고 있는 즉 "사회적경험이 용해"되어 있는 <동북인민행진곡>이었다.

화성은 선율의 매개 음들에 다양한 정서적 명암을 부여하고 조식의 특성을 뚜렷이 하여주는 중요한 요인으로 된다.

'동북의 새벽하늘'은 do-mi-sol 대3화음의 명랑하고 밝은 음조로 호응하였고 '동이트는 대지에'는 하속화음과 속화음으로 완만히 해결되면서 온정된 정서로 호응을 가져왔다.

노래에서 가사의 이러한 정서는 선율 형상을 통하여 음악적으로 훌륭히 호응되고 있다.

노래의 선율은 첫 시작부터 정서적으로 앙양되어 있으면서 승리의 기쁨과 희망찬 내일을 생동하게 형상하고 있다. 첫 시작은 2도, 3도로 자유롭게 조약하고 두 번째 소절에서는 8도로 조약하면서 폭넓게 설렌다. 리듬적면에서도 신축성을 가지고 굴곡 있게 변화된다. 특히 그 진행방향이 악단을 단위로 하여 파도형으로 향해지고 있는데 이것은 노래의 박력 있고 밝은 분위기를 살리는 중요한 요인의 하나로 되고 있다. 선율이 상승선을 그으면서 그 정서적 변화, 정서적앙양이 점차적으로 이루어지는 내성적이고 사색적인 선율들의 악단들과는 달리 매개 악단들에서의 선율 진행방향이 굴곡을 이룸으로써 노래의 약동적이고 비등된 정서를 잘 살리고 있다. 이처럼 선율의 정서적으로 앙양된 기분을 8도 조약진행과 리듬적인 확대를 가져오면서 폭넓게 흐르는 마지막 악단에 이르러 더욱더 고조되며 선율의 마지막까지 계속 유지되어 나간다. 윌리엄즈의 말대로라면 이러한 "특정한 유형의 형성물은 보다 광범위하게 체험되는 정서의 구조들을 (복합적으로) 표현한 것"으로 이해할 수 있는 대목인 셈이다. 아울러 노래의 선율은 가사의 전반적인 정서적 특징을 살리면서도 가사의 내용 구성상의 특성에 따르는 전 후반의 정서적 변화를 형상적인 대조와 통일로써 훌륭히 표현하고 있다. 노래의 선율은 가사의 전반적 정서와 호응되면서도 그 정서의 내적 변화를 굴곡 있게 형상하고 있다.

그리고 2/4박자 음악이 우세하게 된 데는 또한 2/4박자 음악정서의 형성과 표출을 뒷받침해 주는 리듬형태가 있기 때문이다. 리듬형태에는 선율의 형성과 흐름에 있어서의 시각적 리듬형태가 있고 또 선율의 흐름을 지탱하여 주는 반주에서의 음악적 리듬형태가 있다. 일반적으로 가요에 있어서 선율흐름의 리듬형태보다는 반주음악에 있어서의 리듬형태가 더 음악적 성격을 규정해준다.[59]

리듬은 음의 운동을 규제하고 방향 짓는 기본요소의 하나로서 "짠짠"으로 들리는 2/4의 리듬형태로 하여 해방 전 중국조선족 가요의 리듬형태는 행진속도로 힘차고 씩씩한 특징을 드러낸다.

이상의 분석을 통해 음악의 제반 요소들에 의한 해방 전 중국조선족 가요의 음악 정서적 특징을 "명랑하게", "기백 있게", "활발하게", "힘차게" 등 표시한바와 같이 전투적 호소성, 혁명의 승리에 대한 낙관성, 원수에 대한 분노감, 정착에 대한 미래지향성 등 가사의 정서를 음악의 행진곡 속도, 2박 계통의 리듬, 밝은 대조식 등 정서적 표현성으로 서로 호응을 이룬 특징을 가진다. 말하자면 당시의 조선민족은 그런 노래를 '요'청하였고 그에 상응한 노래는 그 독특한 가사와 리듬으로 정서적 감응을 불러일으킴으로서 음악으로서의 정치적 공능을 충분히 수행하였던 것이다. 앞서 지적한대로 정서가 (혁명적)이성으로 승화한 것이다.

■ 가사와 음악의 구조적 호응

가요의 가사는 인간의 사고와 감정을 직접적으로 표현하는 역할을 한다. 하지만 가사의 역할은 여기에서 그치는 것이 아니다. 가의 구조와 보이지 않는 가의 흐름은 곡의 구조와 세부적인 음악의 흐름에 영향을 준

---

59) 신광호. 일제강점기 가요의 정서연구. 한국학중악연구원 대학원 박사학위론문. 2010.

다. 60)또한 가사의 구조와 음악의 구조는 서로 호응하는 것으로서 가사의 단락, 시구, 시행, 어절이 음악의 악단, 악구, 악절, 악휘 내지 전반 가요의 음악구조형식에 결정적인 역할을 한다.61)

따라서 여기서는 주요하게 해방 전 중국조선족 가요의 가사 구조를 통해 악곡의 구조를 이해하고자 한다. 가사의 핵심시행, 핵심시어에 대한 분석을 통하여 음악의 세부적인 흐름과의 관계를 연구하고 이러한 가사의 구조. 시행. 시어 등에 대한 이해가 음악을 구성하는 형식과 흐름에 어떠한 상호호응을 가지고 있는지 살펴보고자 한다.

[표 15] 가사의 구조와 그에 따른 곡의 구조

	곡 명	조 식	마디	시행	박자	형식
1	新革命軍歌	G대조	16	4행+후렴	4/4	ABA
2	黎明의 노래	C소조	41	5행	4/4,2/4	AB
3	혁명가	F대조	24	4행+후렴	2/4	A
4	슬픈자장가	g소조	16	4행	4/4	AB
5	조선의용군행진곡	F대조	27	13행	4/4	AB
6	우리나라 어머니	B소조	32	4행	3/4	A
7	흘러가는 저구름	F대조	56	8행	3/4	ABA
8	國旗歌	C대조	16	4행	4/4	A
9	광복군가	bB대조	24	12행	4/4	AB
10	신출발	G대조	8	4행	4/4	A
11	압록강행진곡	G대조	16	4행	4/4	ABA
12	조국행진곡	C대조	24	6행	4/4	ABC
13	광복군 제2지대가	G대조	44	10행	2/4	ABA
14	선구자	bD대조	16	4행	6/8	AB
15	조국위해싸우자	F대조	32	8행	3/4	AB
16	희망의 노래	e소조	16	4행	6/8	AB
17	희망은 부른다	F대조	16	4행	4/4	AB
18	만세 부른 날	C대조	16	4행	2/4	AB

60) 정복주. 김소월의 <초혼>을 가사로 한 한국가곡의 시와 음악의 구조적상호성. 음악과 민족. 제 34호. 2007년.
61) 张丽娟. 歌曲创作中歌词与音乐的关系. 湖北师范学院学报. 2010. 4, 期.

19	무산대중의봄이왔네	降E대조	16	4행	3/4	AB
20	새 농군의 노래	d소조	16	4행	4/4	AB
21	동북인민행진곡	C대조	16	4행	4/4	AB
22	리홍광지대의 노래	C대조	32	4행	4/4	ABC
23	녀성대생산가	F대조	22	4행	3/4	Acoda
24	공작대의 노래	F대조	16	4행	4/4	A
25	3.1행진곡	F대조	36	9행	2/4	AB
26	동북인민자위군송가	F대조	16	4행	2/4	AB
27	토지얻은 기쁨	F대조	20	4행	3/4	AB
28	농촌의 사시	G궁대조	24	4행+후렴	3/4	ABcoda
29	주구청산가	G대조	15	4행	3.4/4	AB
30	간 도	e소조	32	8행	3/4	A
31	수인의 노래	e소조	16	4행	4/4	AB
32	근거지건설의 노래	F대조	16	4행	4/4	AB
33	전선지원가	F대조	17	5행	2/4	AB
34	그 길은	F대조	32	4행	3/4	A
35	지뢰수 조성두용사	C대조	112	27행	3/4	A
36	수류탄	bB대조	28	4행	2/4	AB
37	싸우러 나가자	G대조	16	4행	4/4	AB
38	새 아리랑	F궁대조	24	4행+후렴	3/4	A
39	농민의 노래	F궁대조	16	4행	6/8	AB
40	베짜기 노래	bB궁대조	24	4행+후렴	3/4	A
41	우리는 민주청년	G대조	16	4행	4/4	AB
42	박격포의 노래	F대조	22	4행+후렴	2/4	A
43	웃어라 와하하	C대조	28	4행	2/4	A
44	로동자 행진곡	D대조	20	5행	4/4	AB
45	청년행진곡	F대조	16	4행	4/4	AB
46	녀성행진곡	F대조	20	5행	4/4	AB
47	공신의 노래	F대조	22	4행+후렴	4/4	ABC
48	3김의 기발	C대조	21	4행+후렴	4/4	AB
49	우리의 향토	G대조	10	4행	4/4	A
50	봄맞이 가자	F대조	56	10행	3/4	AB
51	중화인민공화국성 립경축의 노래	G대조	16	4행	4/4	AB
52	대생산에 힘내자	bB대조	16	4행+후렴	4/4	AB
53	정찰영웅 변용수	C대조	24	4행+후렴	4/4	ABC
54	봄소식	d 소조	16	4행	4/4	AB

55	새 봄	bE궁대조	40	4행+후렴	2/4	AB
56	생산의 봄	F대조	27	4행	3/4	
57	심양건설의 노래	bE대조	18	4행+후렴	4/4	AB
58	조선의용군 추도가	F대조	19	4행	3/4	AB
59	향수의 노래	C궁대조	16	4행	6/8	A
60	승리의 기발	F대조	24	4행+후렴	2/4	Acoda
61	승리화 보내자	bE대조	11	5행	4/4	A
62	우리패장동무	F궁대조	32	5행+후렴	6/8	AB

조선족가요는 대부분 각 역은 4행으로 이루어져있다. 가사의 형식면에서 7.5조, 8.5조와 4.4조, 3.4조의 음수율이 대부분이라는 사실을 쉽게 확인할 수 있다. 7.5, 8.5, 6.5조가 22수로 35%이고 3.3, 4.3, 3.4조가 22수로 35%이다. 16마디 23수, 가사는 모두 4행으로 되여 있고 16마디에 후렴구가 붙은 가요가 11수이고 4행으로 된 가요가 46수이다.

가사의 4행의 구조는 음악의 리듬형태 ♪♪/♫♫, ♪♩♪/♫♩ 과 ♩♩♩♩/♫♫♫♫ 등과 호응하면서 정서적앙양이 음악적력동성을 부여하였다. 선율의 흐름에 있어서도 조약진행이 많으며 형식이 간결하고 소박한 것으로 음악의 형식상에서 단2부형식이 35수이고 단1부형식이 17수이다. 형식의 간결함은 대중들이 아무런 부담 없이 쉽게 부를 수 있는 여건을 제공하였다.

박자의 측면에서 보면 해방 전 중국 조선족 가요는 2박자계통인 4/4와 2/4박자로 된 노래들이 많다. 애창가요 62수 중 4/4와 2/4가 42수로 68%이고 3박자 계열인 3/4과 6/8이 20수로 32%를 차지한다. 대조식이 54수이고 소조식이 8수이고 일부 가요들을 제외하고는 전조轉調를 하지 않고 처음 제시한 기본 조성을 끝까지 지킨다.

<농민의 노래>의 경우, 가사의 구조와 음악의 구조는 서로 호응이 잘되어있다. 즉 가사의 단락, 시구, 시행, 어절이 음악의 악단, 악구, 악절, 악

휘 내지 전반가요의 구조형식에 결정적인 역할을 하였다. 그 구조를 보면 대체로 균형과 대칭의 정방형 구조로 이루어졌으며 선율 발전의 법칙, 악식구조, 마디법 등에서 서양 음악형식에 접근해있다. 이런 구조는 모두다 조선 전통음악의 악식구조에서 벗어나 새로운 음악구조를 추구하는 경향이 강렬하며 선율 발전 법, 마디의 정착과 재료조직의 연관성에서 대조와 통일을 구현하는 수법 등은 서양음악 창작이론을 수용한 것이라고 볼 수 있다. 그러나 "음악에서도 새로움은 전통에 근거를 두기에"[62] 구조로부터 섬세한 음악처리에 이르기까지 전통음악의 기존 틀에서 벗어나 새로운 창작을 시도하였지만 본질적인 음조진행, 즉 조식의 밑바닥에 깔린 기초음조와 3음렬의 고유한 음조진행은 의연히 전통음악에 기초를 두었다.

가사와 음악의 구조적 호응은 가사와 음악 모두에 나타나는 공통된 도식으로 파악할 수 있는데 여기에는 가사언어와 음악의 절주, 선율 진행 등이 서로 호응되어야 한다는 문화적 관습이 전제되어있다. 이러한 가사와 음악구조의 호응을 통해 부동한 노래의 부동한 정서를 의미 있게 부를 수 있는 구조가 만들어진다.

가사의 구조에 대한 분석을 통해 가곡의 여러 요소들은 서로 밀접한 상응관계를 지닌다는 점을 확인할 수 있었으며 이러한 관련성을 만들어내는 의미구성의 양상을 구조의 호응이라는 방법으로 효과적으로 설명할 수 있었다.

■ 가사와 음악의 어법적 호응

가사의 내재적인 음악성은 가사의 언어, 구조 및 가곡의 선율이 음악의 흐름과 맞아야 한다. "가요 선율의 발전은 창작동기를 기초로 한다. 그것은 첫머리로부터 고조에 이르기까지, 그리고 다시 갈무리에 이르기까지

---

62) 신대철, 우리음악.그 맛과 소리깔. 교보문고, 1998. 163쪽.

순차적으로 점차 깊이 들어가는 과정이다. 이것은 가사의 내재적인 정서의 발전과 외재적인 문자의 표달 역시 선율의 발전과 서로 적응되는 연관성이 있어야 한다는 것을 말하고 있다.[63] 말하자면 전통 문예이론으로서 살펴본 음악개념이듯이 쉰베르크 음악 같은 경우에는 완전히 다른 맥락에 속하는 것이다. … 예술가의 창작동기 즉 예술가의 창조성을 기저로 마디마디 잘 이어져야 하고 옅은 데로부터 깊은 데로 더 나아가 끝맺음까지 하나의 완정한 형식으로 현현되어야 하는 것이다. 내적인 정서와 형식의 완전한 통일, 언어와 사상의 완벽한 일치, 음악리듬과 음악주체主体자의 의지 등은 하나의 완벽한 하모니를 형성하는 것이다. 말 그대로 "언어와 음악은 모두 어음수단으로 되며 사상과 감정을 효과적으로 표현하자면 어조의 기복과 선율의 고저가 일치하고 언어의 리듬과 음악의 리듬이 서로 통해야 하"[64]는 것이다. 언어와 사상의 일치, 음악과 언어의 '일치', 그 일치소에서 주체이성의 창조적 의지와 재능이 드러나는 것이다.

주지하다시피 우선 언어와 음악은 모두 성음을 통하여 표달하려는 목적에 도달한다. 어음의 특성과 속성은 언어와 음악이 모두 공유하고 있는 것으로서 서로 통하고 전화하는데 물질기초로 된다. 또한 동일민족의 언어와 음악은 어음구조, 특히 음고변화의 특징에서 상사성을 가지고 있다. (원래적으로 내적인 통일성을 구유하고 있는 셈이다-필자) 해방 전 중국 조선족 가요를 보면 가사에 나타난 외형적 운율을 음악적 선율에 맞추기 위해 시어의 음절이나 어절 단위를 음악의 박절과 마디에 그대로 적용하여 가사와 음악적 프레이즈[65]를 일치시켰다.

례컨대 <악보8>, <베짜기노래>는 시어의 운율을 그대로 음악적 박절

---

63) 원지빈, 가사창작에서의 그릇된 관점을 두고. 예술세계, 2002.
64) 赵元任, 赵元任音乐论文集.中国文联出版公司, 1994.
65) 악절을 이루는 한 부분으로, 음악 주제가 비교적완성된 두 소절에서 네 소절 정도까지의 부분.

에 적용하였다. 말하자면 마디 1-4, 5-8 가창 성부의 프레이즈는 3음절로 구성된 어절 단위로 됨으로써 정확하게 마디에 의해 단락이 지어지고 있다.

음악 선율진행에는 평행선율, 상행선율, 하행선율, 완곡 선율 등 네 가지 진행유형이 있다. 선율 진행방향과 음색, 음의 높이와 시간적 길이 등은 음조의 성격을 규정한다.[66]

〈악보 16〉 농민의 노래

<농민의 노래>(천청송 작사, 류광준 작곡, 1947년)는 단2부 형식으로서 4개 악구로 되어 있고 박자는 6/8박자이고 조식은 F궁계통의 F궁으로 된 5성음계이다. 선율은 do1에서 fa2음역 내에서 사용되었다. 이를 도표로 보면 아래와 같다.

---

66) 陆正兰, 歌词学. 中国社会科学出版社, 2007, 148쪽.

[표 16] 〈농민의 노래〉의 악식분석표

악 단	A		B	
악 구	a	a'	b	a'
마 디	1-4소절	5-8소절	9-12소절	13-16소절
박 자	6/8			
조	F궁			
음 역	Do^1-fa^2			

음역

이 노래는 선율이 유창하고 아름다우며 대중의 입에 쉽게 오르는데 이는 가사언어와 선율이 긴밀히 결부되었고 부르기에 편리한 음역들을 선택하였을 뿐만 아니라 전렴과 후렴이 있는 전통적인 민요들에서처럼 짜임새가 간결하고 선율의 악구와 가사어구의 음조가 잘 배합되었기 때문이다. 언어와 선율이 부드럽게 녹아있기에 입에 올리기에 부드럽고 편한 것이다.

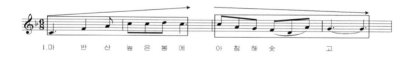

제1악구의 동기부분은 주화음의 골간음 sol do mi sol 상행4도, 3도상행과 보조음 're' 음으로 진행하였고 하행에서는 골간음 'sol do mi' 음과 경과음 're la'음으로3도, 2도로 진행하였다.

선율의 음조와 가사랑송의 어조적 기복이 일치하여 가사에 내포된 감정이 자연스럽게 표출되고 가사도 잘 전달되고 있다. 감정은 언어와 더불어 산생하듯이 음조는 정서를 고양시키는 것이다.

또한 주목해야 할 점은 이 노래에서 가사의 한자(一字)와 선율의 한음이 대응되는 것을 볼 수 있다.

제2악구는 1악구와 리듬형태가 같을 뿐만 아니라 선율의 진행방향인 상행과 하행도 같다. 악단의 결속구 6소절에서는 3소절 'do la sol fa re' 선율 음들의 순서를 'do sol la fa re'음으로 바꿔주면서 결속을 맺고 있다.

즉 가사를 작곡가가 음화音化하는 과정에서 행의 일부 혹은 전체를 반복하는 것은 가사와 선율의 조화를 창출하고 가사에서 얻은 이미지를 더욱 잘 표현하기 위해 특별히 강조하여 나타낸 것이다. 형식이 내용을 위해 복무하는 것만큼이나 형식과 내용은 완전한 합일을 드러내 보이는 것이다.

제2소절, 제6소절, 제10소절에서는 언어적인 악센트와 가사의 억양을 살리기 위해 첫 음과 두 번째 음을 반복하는 동음반복의 수법을 사용하였고 같은 리듬형을 적절하게 사용하여 가사의 내용을 음화적으로 꾸몄고 흥겨운 장단과 맑고 경쾌한 기분을 훌륭히 표현하였다.

제3악구의 선율진행은 제1, 2악구의 선율진행과 부동한 방향으로 진행
되어있다. 제1, 2악구의 선율진행은 4도, 3도 상행진행으로 시작되는데
제3악구는 3도, 2도로 하행 진행되었다. 그리고 1악구의 제3소절은 하행
3도, 2도로 진행되었고 제3악구의 11소절은 상행2도, 3도로 상행 진행되
었다. 특히 "동무야 쟁기메고"에서 고조형 악절환두형식,[67] 즉 후렴구에
새로운 음악소재를 도입함으로써 가사와 음악의 정서적표현은 앞부분과
의 대조를 통하여 고조를 이루게 되었다.

제4악구 후렴부분에서는 2악구의 선율 형태를 그대로 반복하였다. 이
러한 수법은 재현이 있는 단2부의 악식曲式에서 제일 많이 사용하는 방법
이다. 결속구에서는 제2악구의 선율 형태를 반복함으로써 전반 곡의 동
기부분을 더욱 인상 깊게 알려줄 뿐만 아니라 가사로 보면 마지막 결말부
분의 핵심적 내용이 전반 동기부분과 함께 담겨져 있음을 알 수 있다.

---

67) 고조형 악절환두형식이란 바뀌는 선율이 고성구에 놓이는 것을 말하는데 이런 민
요들은 노래의 중간부분에서 환두되면서 악곡의 고조를 이룬다.
남희철, 조선민족민요의 환두형식을 두고(2). 문학과 예술, 1999. 9~10월호. 참조.

이 노래는 민요 선율의 유창하고 아름다운 특점을 수용하여 가사언어와 선율이 긴밀히 결부되어 연창에 편리한 음역들을 선택하였고 전렴과 후렴이 있는 전통적인 민요들에서처럼 짜임새가 간결하고 가사의 일자—字와 선율의 일음—音이 서로 대응되고 선율의 악구와 가사어구의 음조가 서로 잘 배합되고 있다.

당시 토지개혁과 생산의 열기를 노래한 가요들 가운데서 박순연 작사, 리경택 작곡으로 된 <토지얻은 기쁨>과 채택룡 작사, 허세록 작곡으로 된 <새아리랑>의 공통한 특점은 바로 조선민요의 선율진행 특징을 기반으로 하였다. 하기에 이 작품들은 대중의 입에 쉽게 오를 수 있었다. 대중적인 기반이 튼튼하였던 것이다.

"시어에 대한 언어학적 접근을 하자면 문법적 층위와 음성적 층위 그리고 통사적 층위와 의미론적 층위에서 접근을 해야 한다. 시적정서에 비중을 둘 때는 비문법성, 율격의 구현, 수사적 특징과 비유체계 등이 있고, 시사적 관점에 볼 때는 어휘의 당대적 선택이 지니고 있는 특징과 양식적 특징 그리고 당대의 사회적 특징과의 관련 등을 살펴보아야 한다."[68] 다시 말하면 시어에 대한 연구는 어휘의 선택과 의미영역 그리고 문체의 특징과 작품의 구조적특징에서도 전개할 수 있다. 문법적 층위와 음성적 층위가 붙어서는 곳에 시어가 바로 서며 그 시어 속에 내포하는 것은 통사적 층위와 의미론적 층위로서의 복합적인 의미지층이다. 그리고 그러한 시어 속에 당대성 말하자면 동시대성이 살아 숨 쉬는 것이다.

예컨대 <농민의 노래>의 문체적 특징은 우선 토지개혁을 찬미하는 시대성을 띠고 있다. 구체적으로 보면 계절의 변화에 따른 농민들의 밭일을 거듭 거론하고 있는데 "밭으로 일하려 가자"는 시어사용이 주된 구호로 드러난다. 감상적 수준과 일종의 흥분상태를 감추지 않고 있음을 알 수 있다. 이는 당시 토지를 부여 받은 기쁨과 환희에 찬 시적화자의 시각

---

68) 이승복, 해방직후 한국시의 시어연구. 한국문예비평 연구, 1999.

을 동반하고 있는 것이다. 말하자면 지주 땅의 예속농민으로서 "일하러 가자"고 한다면 '반동'적인 이야기이거나 숙명적인 인생에 '달관'하는 삶의 태도를 보여줄 터인데 이젠 밭은 '우리의 밭'이다. 사회주의국가 기틀을 닦는 과정에서 진행된 토지개혁으로 분배받은 땅인 것이다. 땅은 그 땅이되 상호좌우의 의미의 그물망이 변했기에 "밭갈이 가세"라는 말은 동시대성을 잘 체현하고 있는 것이다.

그리고 시어의 대칭미로서 그윽한 정취를 유발한다. 시어의 형식성에서 배어나오는 정취미인 것이다. 1절의 "마반산"과 "뒤동산" 그리고 "높은 봉"과 "깊은 숲", 2절의 "해란강 깊은 물"과 "뜨거운 여름볕", 1절의 "아침해"와 3절의 "보름달"이 서로 바라보면서 자연의 아름다움과 인간의 환희가 대칭되면서 서로 교묘하게 짝을 짓는다. 그리고 "마반산"과 "해란강", "높은 봉"과 "깊은 물"을 서로 대칭시켜 "어서들", "다 함께", "모두들" 등 고유어의 입말들로 소박성을 기하고 환락의 기분을 유감없이 드러내고 있다. <농민의 노래>는 또 상징성의 획득에서도 눈길을 끈다. "마반산 높은봉에 아침해 솟고/뒤동산 깊은 숲에 뻐꾹이 운다"에서 우리는 새로운 역사시대의 숨결을 느낄 수 있는데 "아침해"는 새로운 시대를 상징하고 "뻐꾸기 운다"는 새로운 시대를 찬미하고 환호하는 수천만의 농민들을 상징한다. 뻐꾸기, 아침해, 마반산, 해란강, 높은 봉은 모두 동시대성을 드러내기 위하여 교묘하게 배치되고 이용되는 것이다. 그리고 여기서 "교묘하다"고 함은 우리가 늘 보아오고 들어오던 것에 새로운 시대성을 '정확하게' 불어넣기 때문이다.

또한 <농민의 노래>는 또 우리민족 고유의 감탄사를 도입하여 분위기를 달구어놓는다. 즉 후렴구에 "에헤야"가 등장하여 농민들의 흥겨운 마음을 생동하게 보여준다. 어깨춤이 절로 나오는 이러한 형상적인 후렴구는 귀 맛좋은 음향을 창출할 뿐만 아니라 절주조성에서도 큰 몫을 담당하고 있으며 민족성의 구현에서도 중요한 구실을 하고 있다. 어쩌면 "에

헤야"의 진정한 의미를 아는 사람만이 우리민족인 것이다. 즉 단 "에"-
"헤"-"야" 라는 세 개의 글자에 살아있는 우리민족의 정체성을 집약적으
로 담아내는 것이다.

말하자면 노래에서 곡의 정서적 색깔, 음율과 음조는 바로 이러한 가사
의 사상적 내용, 운율과 억양에 따라 결정되며 음악형식의 구조도 가사형
식의 구조에 의존하는 것이다.[69]

선율의 음조와 선율 전개방식, 조식과 화성, 조식과 음정, 리듬과 속도,
음악적 색채와 역도 등 선율적 표현수단들은 음악언어를 특징짓는 기본
요소들로서 그것들의 표현적 기능에 의하여 음악형상이 창조된다. 선율
에서 부분들 간의 대조는 음조적인 대치와 리듬적인 교체, 선율선의 방향
에서의 변화 등에 의하여 이루어진다. 평이한 음악구조 속에 고난도의 전
략을 구사하는 정치함을 드러내 보이는 것이다.

---

69) 황지철, 문예리론총서31. 가요창작리론. 문예출판사, 1986, 87쪽.

[표 17] 가사단어에 따른 음악적전개방식

가사단어	빈도	음악적전개방식
춤,노래,봄,행복,꽃,꿈,푸른,눈,자유,혁명,희망,힘차게,사랑,평화,전선,선봉,승리,광명	238	반음이 없는 선율진행, 부점음부를 많이 사용, 넓은 조약적인 음역은 사용하지 않았다.
논밭,농민,농군,농촌,로농,땅,로동,산천,생산,곡식,풍년,고향,건설,향토	227	반음이 없는 선율진행, 조선민족장단 연주형식으로 됨, 민족조식을 사용, 3련음사용
민족,단결,민주,싸움,중화,인민,총칼,동북,모주석,새세기,넓은,녀성,동무,공산당,우리나라	240	#4, #5음의 선율진행을 가끔식 사용, 부점음부와 절분음 혼합하여 사용

우선, 특정 감정을 나타낸 가사의 표현에서 "행복", "자유", "희망", "전선", "승리" 등과 같이 승리의 기쁨과 희망을 노래한 단어를 많이 쓴 노래는 주로 음악의 전개방식에서 반음이 없는 선율 진행을 하고 있고 부점절주를 많이 사용하고 있으며 조약적인 음역은 사용하지 않고 있다.

<악보 17> 전선지원가

이 작품은 1947년 홍성도가 작사하고 김수록이 작곡한 <전선지원가>이다. 가사언어인 "전선", "승리"에서 부점음부로 서로 호응하고 있지만 반음이 없는 선율 진행과 조약적인 음역은 사용하지 않고 있다.

〈악보 18〉 승리의 기발

<승리의 기발>(배항진 작사, 장춘성 작곡)은 가사언어인 "승리"의 세 가지 부동한 선율 진행에서 모두 부점음부로 호응하고 있지만 조약적인 음역을 사용하지 않고 있다.

제7마디의 '승리'와 부점음부의 호응

제18마디의 '승리'와 부점음부의 호응

제21마디의 '승리'와 부점음부의 호응

다음으로 가사의 표현에서 "농민", "향토", "생산", "고향", "건설" 등과 같이
향토애에 젖은 단어를 쓴 노래는 주로 음악의 전개방식에서 반음이 없는 선율
진행, 조선민족장단으로 연주되고 민족조식과 3연음을 많이 사용하였다.

<악보 9><우리의 향토>는 본질적인 음조진행, 즉 조식의 밑바닥에 깔린
기초음조와 3음렬의 고유한 음조진행은 의연히 전통음악에 기초를 두고 있
다. 4/4박자로 되여 있지만 덩덕궁 장단으로 연주되고 3연음을 사용하고 있다.

마지막으로 "중화인민", "모택동", "동무들", "공산당", "우리나라" 등
과 같은 낱말로 구성된 가사는 #fa와 #sol의 선율 진행을 가끔씩 사용하
였고 부점음부와 절분음을 혼합하여 사용하고 있다.

〈악보 19〉 우리는 민주청년

<우리는 민주청년>(림원갑 작사, 박우 작곡, 1947)의 제10마디의 '동무들아'와 #fa음으로 호응되면서 선율 진행이 상행하면서 고조를 형성하고 있다.

씩 씩한 동무들아 뛰여나와서

이상의 분석을 통해 가사와 음악의 호응에서 다음과 같은 특징을 보여준다.

첫째, 해방 전 중국조선족 가요의 격동적인 가사의 정서는 음악의 행진속도, 행진곡적인 리듬형, 밝은 대조식 등 정서적 표현성으로 서로 호응을 이룬 특징을 가진다. 형식은 내용을 위해 복무하는 전형적인 근대 문예이론의 진수를 음악적으로 보여주는 것이다.

둘째, 해방 전 중국 조선족 가요는 단순한 절가형식과 정형적인 음수율로 하여 가사의 4행 구조와 음악적 형식에서의 단2부 단1부의 간결한 형식과 호응을 이루고 가사의 음수율은 2박자계통의 박자형태를 낳게 하는 특성을 가지고 있다.

셋째, 해방 전 중국조선족 가요의 소박한 가사언어로 하여 선율이 평이하고 통속적이다. 가사어구의 음조와 선율의 악구의 음조가 한자한음(一字一音)으로 대응되고 이로 하여 가요에는 변화음과 조약이 적은 특징을 보여주고 있다. 살길을 찾아 중국으로 흘러든 우리 조선민족에게 귀족적(양반) 전통은 거의 전무했듯이 평이하고 통속적이고 소박한 가사언어와 선율이 우리의 정서와 잘 맞았을 것이고 그러한 광대한 대중적 기반을 근간으로 한 가요였기에 계몽적이고 전복적인 힘을 유감없이 발휘하였을 것이다. 언어가 사상을 담아내는 그릇이라면 그 가요와 리듬이 우리민족이 걸어온 역사의 발자취를 고스란히 간직하고 있는 것이다….

제5장

해방 전 중국조선족가요의 역사 · 문화적 가치

제1절 해방 전 중국조선족 예술의 발전에 기여

해방 전 중국 조선족가요는 조선족 가요사 내지 조선족예술문화사에서 중요한 가치와 의의가 있다.

해방 전 중국 조선족가요는 조선민족의 중국에서의 생활현실을 토대로 하고 민족가요의 전통을 창조적으로 계승하고 외국가요와 중국의 한족, 만족 등 타민족가요의 근대적이며 진보적인 요소를 적극 수용하면서 발전하였다.

중국 조선족가요는 조상전래의 민요, 잡가와 더불어 계몽기에 나타났던 창가, 의병가요 등 가요를 계승, 발전시켰다. 민요를 발전시켜 신민요로 이국땅에서 부대끼는 망국노의 슬픔과 아픔, 그리고 일제침략자와 그 주구에 대한 격멸의 감정을 표현했고 새 땅을 개척하여 삶의 터전을 마련하려는 삶의 지향을 표현하기도 했다. 그런가 하면 애국계몽시기의 창가의 전통을 이어받아 사립학교와 군사학교의 창가교육을 힘 있게 추진했고 교가, 창가로서 청년학생들에게 시대적사명감과 민족의식을 심어주어 그들로 하여금 반제반봉건투쟁에 적극적으로 나서게 했다. 특히 민족적인 예술인들은 민족적인 가요전통을 계승, 발전시켜 민족적인 의식과 정서를 표현한 가요들을 창작하였는바 독립군가, 항일가요, 의용군가요 등은 그 대표적인 성과로 각별히 주목된다. 이와 함께 대중가요의 창작은 가요의 내용과 형식에서 더욱 참신한 모습을 보여준다. 독립투사들의 시대적사명감과 민족적 정서를 노래한 <최후의 결전>, 실향의 설움과 아픔을 노래한 <향수의 노래>, 개척과 정착, 그리고 새 생활 지향을 노래한 <베짜기노래>, <농민의 노래> 등은 가요전통을 시대적미감에 맞게 창조적으로 발전시킨 민요풍의 대중가요로 오늘에 이르기까지 그 예술적 가치를 잃지 않고 있다. 이 모든 것은 우리가 주목하고 긍정해야 할 것이다.

중국조선족의 가요발전에 있어서 전통의 계승과 함께 문화적 대화를 통한 외국가요와 중국의 한족, 만족 등 타민족의 가요에 대한 수용 또한 간과할 수 없다. 그것은 예술의 혁신이란 외부와의 교류를 떠나서는 불가능하기 때문이다. 바꾸어 말하면 '혼성성'이 예술의 생명이기도 하기 때문이다. 중국조선족가요도 예외가 될 수 없었다. 투사─예술인들은 중국이라는 특수한 정치, 문화공간에서 근대예술이라는 혁신적 사명을 한 몸에 안고 조선족가요의 시대정신의 구현과 형식의 변화를 실천하였으며 변화되는 시대적 사명에 적극적으로 부응하였고 상응한 노력을 경주하였다. 그리고 여기에서 심미적 인소는 대개 차요한 것이었다. 역사적 지평이 심미적인 것으로서의 주목을 가로막았던 것이다. 말하자면 가열 처절한 독립투쟁과 항일혁명투쟁의 나날에 예술인─민족적 투사들은 그 창작의 초기에 있어서는 중국, 일본, 서방의 노래 곡을 번안, 차용했던 것들이 모두 구망救亡하기 위함이었지 예술의 자율성을 추구하기 위한 것과는 거리가 멀었던 것이다. 이민으로 시작된 우리의 유사근대사라는 경험은 그 장소 특수성이란 결을 분명히 간직하고 있는 것이다. … 그리고 그러한 특수한 경험의 루적으로 창조적인 수용을 일구어 내어 훌륭한 가요창작의 성과를 이루었다. <유격대행진곡>, <추도가>, <녀성해방가> 등 노래는 외국의 선율을 차용하고 리듬형태를 변용한 실례이며 <혁명가>, <압록강행진곡>, <우리나라 어머니> 등은 외국음악을 창조적으로 수용한 노래로서 예술창조정신이 동반되고 있다. 그런가 하면 중국의 민요와 대중가요의 음악적 요소도 대담하게 수용하여 참신한 가요를 창작하기도 했다. 이러한 점은 중국조선족가요가 시대적인 수요에 맞게 예술적 혁신을 이루게 된 전환과 생성의 과정이었다. 따라서 이는 중국 조선족가요창작자들의 개방적문화의식과 그에 따른 예술 창작 자세를 충분히 가늠하게 하며 그로인하여 중국 조선족가요는 한결 그 가치가 있게 된다.

아울러 중국 조선족 가요는 전통의 계승과 발전, 외래가요의 대담한 수용과 창조를 거치면서 가요의 가사형식, 음악형식의 민족적 특성과 그 참신성을 보여주기도 한다. 민족어인 음수율에 의한 가사의 운율탐구, 민족고유어표현의 가사의 언어탐구, 가사구성에서의 민족적 특성의 구현, 음악형식에서 선율 음조적 탐구, 새로운 리듬과박자형태의 탐구, 민요조식의 대소조체계로의 전환 등 음악어법에서의 근대적 전환을 실현하였다. 주지하다시피 중국 조선족가요는 형성기, 발전기, 전환기를 거치면서 창가, 항일가요, 독립군가, 의용군가요, 대중가요 등 다양하게 발전하였는데 그 역사를 관통하는 것은 수용과 변화와 발전이라는 우리음악의 근대적 전환이었던 것이다. 그리고 소중한 것은 근대적 음악전환을 통하여 뚜렷한 민족적 특성과 근대적 특성을 구현함으로써 중국 조선족이라는 정체성을 점차적으로 확립하였던 것이다. 말하자면 조선반도의 원原민족과는 거리를 두는 조선족이라는 정체성을 음악적으로 구축하였던 것이다. 그것은 또한 조선민족이 조선족으로 중국역사에 편입하는 과정이기도 하다. 이는 중국 조선족 예술의 발전에 대한 마멸할 수 없는 기여라고 필자는 잠정적인 결론을 내리고 싶다.

제2절 중국 조선족 역사에 대한 예술적형상화

해방 전 중국 조선족가요는 민족수난기의 민족의 정신사를 예술적으로 형상화했다는데 그 가치가 인정된다. 중국에 천입한 조선족은 망국노의 뼈아픈 체험을 해야 했고 이중삼중의 기시와 학대를 받아야만 했다. 그러나 결코 현실에 쓰러질 수는 없었고 참신한 시대이념과 확고한 민족정신으로 자신의 진로를 개척하여야만 했던 것이 역사의 요청이었다. 그러면 이러한 수요가 음악에 어떻게 체현되었는지를 필자는 몇 개 부분으로 그 형상을 재형상화 하겠다.

1) 구망의 음악과 카타르시스로서의 음악

해방 전 중국 조선족가요는 수난기 조선민족의 역사와 그 삶의 여정에서의 희로애락을 가요로써 표현했던 것은 숙명적이듯이 필연적 이었다. 창가, 교가를 통해 근대문명에 대한 갈망을 토로했고 민족인재양성을 위한 민족의식에 대한 교육을 진행했다. <대성중학교가>, <신흥무관학교교가> 등은 민중계몽, 민족자강, 민족해방을 실현하려는 염원과 투지가 훌륭히 구현된다. 수천수만의 겨레의 청년학생들은 창가와 교가를 높이 부르며 민족의 존망을 자신의 존재여부와 동일시하면서 역사의 현장으로 달려가게 되었을 것이다. 음악의 힘을 집약적으로 체현하는 대목이다. 그런가 하면 중국 조선족 가요는 고향상실의 아픔과 고향의 그리움을 예술적으로 형상화하여 도탄에 허덕이는 겨레의 넋을 달래기도 했다. <망향곡>, <향수의 노래>, <사향곡> 등은 "남부여대 쫓겨온 백의동포"들의 실향, 망향의 아픔과 설음이 절절히 안겨온다. 예술(음악)의 카타르시스적 공능을 보여주는 대목인 것이다. 이를테면 후자가 실락원失乐园한 자의 개탄이라면 전자는 분발이듯이 양자의 관계를 변증법적으로 이해해야 할 것이며 그 과정에 드러나는 것은 조선족의 비분강개에 대응하는 강인한 정신일 것이다.

2) 개척과 정착의 역사적 현현으로서의 음악

<새 아리랑>, <희망의 노래> 등은 조선민족이 겪은 역사적 변천 즉 일제가 투항한 뒤 동북에서 진행되었던 토지개혁, 민주정권수립 등에 따른 새 생활지향을 훌륭히 구현하고 있다. 뛰어난 적응력을 보여주는 우리 민족의 음악을 드러내는 대목이라고 해도 좋을 것이다. 아울러 중국 조선족 가요는 천입민족으로서 중국대륙에 대한 인식의 변화, 국가정체성, 민족정체성 등등은 우리 음악구조의 역사 사회적 의미지층일 것이다. 말하자면 중국혁명과 민족혁명을 역사가 부여한 절대적인 사명으로 인식하는 것만큼 문화적 자각과 정체성 확립을 주목하는 '절대'정신은 음악적 형상화에 깊이 침전될 수밖에 없는 것이다. 중국 조선족 가요를 통하여 민족의 역사와 그 속에서 살아온 민족의 심장고동과 숨결 그리고 삶의 고뇌와 추구를 예술적으로 일반화하였다. 특수한 근대적 경험을 음악적 형상을 통하여 일반화하였던 것이다. 아울러 가요는 민족에게 힘과 용기를 실어주었고 아픔과 고뇌를 씻어주기도 했을 것이다. 말하자면 1)에서의 음악적 카타르시스에의 주목이 자연 발생적이었다면 여기의 것은 의식적이고 전투적이고 급진적인 것이다. 실로 가요는 우리민족의 역사현장을 집약적으로 재조명할 수 있다는 점에서 그 예술적 가치를 과잉되게 평가할지라도 독자들의 사랑의 시선을 충분히 받을 것이다.

3) 항쟁의 얼굴로서의 음악

다시 강조하건대 중국 조선족 가요는 민족항쟁의 역사를 예술적으로 형상화했다는데 그 예술사적 가치가 높다. 근대사의 맥락으로 보자면 천입민족으로서 조선민족처럼 타국의 정치, 문화공간에서 30여 년 간이나 반침략전쟁과 국내해방전쟁에 헌신한 사례는 많지는 않을 것이고 또 '확실한 승리'를 취득하였다는 점에서 그 전례는 희소할 것이다. 이러한 의미에서 중국 조선족의 역사는 피와 목숨을 바쳐간 처절한 혁명투쟁의 역사요, 중국의 해방과 민족의 자강을 위해 혁혁한 공훈을 쌓은 역사이다. 아울러 중국 인민과 어깨 걸고 싸운 불멸의 역사이다. 그 과정을 통하여 천입민족은 이국타향에 뿌리를 내리고 싹을 틔우고 열매를 맺게 된 것이다. 온몸을 던져 몸부림쳐온 역사는 또한 조선족 가요의 몸부림이었다. 조선족 가요는 바로 조선민족의 가열 처절한 역사를 예술적으로 형상화하였으며 예술적 힘으로 혁명투사들과 인민대중들을 승리에로 불러일으켰던 것이다. 군인은 총을 메고 전장에서 싸웠고 민중들은 후방에서 지원을 아끼지 않았다. 이러한 환난과 확신의 시간 속에서 항일가요, 독립군가, 의용군가요 등은 일제침략자와 그 주구들, 그리고 모든 악 세력에 대해 맞서 전장에 나선 민족투사들에겐 승전고와 진격의 나팔이 되었고 아울러 민중을 단합시켜 반제반봉건투쟁에 나서게끔 고동 하는 정신적 양식이 되기에 손색이 없었다. <항일전선가>, <유격대행진곡>, <항일전선가>, <광복군항일전투가>, <리홍광지대의 노래> 등 항일혁명가요와 독립군가, 의용군군가 등은 조선민족의 음악예술사 뿐만 아니라 조선민족의 혁명투쟁사 내지는 중국혁명사에서 영원히 기억해야할 작품으로 조선민족의 소중한 역사서류라 해야 할 것이다. 이상으로 음악적 형상화에 대하여 간단히 살펴보았다. 그럼 아래에는 중국음악예술에 미친 우리가요의 영향을 개략적으로 종합할 것이다.

제3절 중국음악예술의 발전에 준 영향

　　중국음악예술발전에 대한 조선족 가요의 영향은 아주 주목되는 사안이다. 중국음악 예술발전에 대한 영향은 가요창작자들의 심각하고 다양한 중국체험과 갈라놓고 생각할 수가 없다. 최음파, 한유한, 정률성 등은 자신이 받은 예술교육의 기초 상에서 중국에서의 다양한 체험, 이를테면 혁명체험, 문화적 체험, 생활적 체험, 민족적 체험, 실존적 체험을 승화시켜 가요 창작을 진행함으로써 독특한 성과를 이룩하였고 주류가요계에 진출하여 그들이 창작한 가요들은 중국음악의 발전에 적잖은 영향을 주었고 중국의 인민대중들의 환영을 받았다. 1930년대 한유한이 창작한 가요들은 중국 가창자들의 많은 환영을 받았고 그가 창작하고 직접 주역을 맡은 가극 <아리랑>(1939년)은 서안에서 공연되어 중국 관중들의 열광적인 환대를 받았고 당시의 신문매체를 통하여 광범위하게 선전되었다. 가극에서 보여준 조선민족의 수난의 아픔과 고통, 그리고 아름다운 정서와 윤리도덕, 이념과 가치관, 그리고 민족 전통색채가 농후한 예술표현은 중국 대중들의 심금을 울리기에 족한 것이었다. 한유한 작품의 중국영향은 이외에도 항일가극 <신중국만세>(1937년)에서도 찾아볼 수 있다. 정률성은 1930년대 중국 연안에서 음악계의 별로 부상하였고 그의 음악은 중국의 음악사에 획기적인 기여를 하였다. 아울러 그는 의용군 군가 창작에도 몰두하여 성과를 올리기도 했다. 한유한, 정률성은 중국가사에 작곡했는가 하면 조선어 가사에도 작곡하는 서로 다른 민족의 음악예술을 자유로 넘나드는 예술가였다. 그들이 창작한 가요가 중국음악발전에 영향을 주고 대중들에게 애창된 주요한 원인은 시대적인 정신과 민족적인 요구를 민감하게 파악하고 그것을 예술적인 실천에 옮긴데 있다고 보아야 할 것이다. 따라서 가요창작의 개방적 자세, 즉 중국을 포함한 타민족의 예술적 요소를 창조적으로 수용한데 있다고 보아야 할 것이다. 또한 항일 가요, 독립군가, 의용군가요 등도 조선 민족의 군부대뿐만 아니라 중국인 군부대 군인들에게도 널리 애창되었다. 이처럼 조선민족예술인들에 의하여 조선족 가요는 중국음악발전에 영향을 주었으며 중국과 조선(한국)예술교류사의 한 부분으로 되기도 한다. 탈 국경을 수행한 예술가인 셈이다. 이외에도 작사가 림원갑, 채택룡, 작곡가 정진옥, 허세록 등도 중국체험을 다양하게 기호화化함으로써 시대적 정신을 음악적 부호로 승화하였다. 즉 중국 조선족의 변화되는 다양한 새 생활지향을 예술적으로 형상화함으로서 중국조선족 가요로서의 특징을 뚜렷이 부각한 것이다. 이처럼 중국 조선족 가요는 중국음악발전에 기여하고 영향을 줌으로서 근대 중조(중한) 음악교류사의 한 페이지를 장식하였다는 점에서 그 가치와 의의는 한층 돋보인다. 중국 조선족 가요는 전통에 대한 계승과 발전, 타민족 예술에 대한 창조적수용과 변용, 그리고 시대정신에 대한 민감한 포착을 충분히 과시하였다. 중국 조선족 가요는 중국조선족의 예술사를 아름답게 장식하였을 뿐만 아니라 당대조선족의 예술의 발전 특히는 해방 후 중국 조선족 가요의 발전을 위하여 튼튼한 토대를 마련하였다. 해방 전 중국 조선족 가요의 전통을 창조적으로 계승하는 것은 중국 조선족 가요계의 중요한 연구 성과로 주목되고 또 계승 발전할 소중한 정신적 자산으로 자타가 인정한다. 그만큼 우리의 발걸음은 더 폭이 넓어야 하는 것이다. 더군다나 당대예술의 큰 특징 중의 하나가 절충과 혼성 중에서의 창조라면 우리는 역사적 경험을 더 확장해야 할 것이다.

또한 끝으로 한 가지 짚고 넘어가고자 한다. 해방 전 중국 조선족 가요는 풍부한 성과를 이룩하였지만 일부 가요들은 아직 가사가 세련되지 못하고 타민족의 예술에 대한 수용과정에서 "자기화"가 미흡한 점도 없지 않다. 이는 시대적이며 역사적인 제한성이라 해야 할 것이다. 그리고 이러한 미흡한 부분을 현재적 시점에서 극복하는 것이 관련연구자들의 과제라고 사료된다.

　본 연구는 복합적이고 중층적인 연구임에도 불구하고 가요에 대한 서지학적 고증에서 미흡한 점을 극복하지 못한 부분, 가요들 사이의 상호 연관성에 대한 해명이 부족한 것과 가요의 형상, 가요 가창자들에 대한 연구도 미진한 점 등등이 큰 아쉬움으로 남는다. 그리고 이러한 미진한 부분은 차후의 연구 과제라고 생각하고 싶다. 한마디로 충실과 결핍이 교차하는 연구시간이었다.

◆ 참고문헌

〈악보자료〉

김봉관, 중국 조선족민간음악집. 연변인민출판사. 2008.

독립군가 보존회, 광복의 메아리. 독립군가요보존회, 1991.

리민, 동북항일련군가곡선. 할빈출판사, 1991.

연변동북군정대학 길림분교 교사연구회, 60청춘닐리리. 동북조선민족교육출
　　　판사, 1992.

연변인민출판사 편집부, 연변가곡집(1946-1962). 연변인민출판사, 1964.

조선로동당중앙위원회직속당역사연구소, 혁명가요집. 조선로동당출판사,
　　　1959.1969.

한울림합창단, 먼구름-한형석(한유한)작곡집1. 서울:예솔, 2005.

海外의 韓國獨立運動史料(일본篇④), 최신창가집. 국가보훈처, 1996.

钟立民编, "难忘的旋律"老歌集. 北京: 知识出版社, 2001.

日本のうた第 1 集. 明治・大正(1868〜1926).野ばら社, 1998.

日本のうた第 2 集. 昭和(一)初〜20年(1926〜1945).野ばら社, 1998.

(만주국 국가), 民生部, 日滿语唱歌上册), 日满图书柱式会社, 康德五年版.

〈단행본〉

문학관련

김병민, 조선문학사-근대근대부분. 연변대학출판사, 2004.

김병민·허휘훈·최웅권·채미화, 조선-한국당대문학사. 연변대학출판사, 2000.

권철·조성일·김동훈·최삼룡, 중국조선족문학사. 연변인민출판사, 1990.

김호웅·조성일·김관웅, 중국조선족문학통사. 연변인민출판사, 2011.

김호웅, 재중조선인 디아스포라문학연구. 연변대학출판사, 2010.

장춘식, 일제강점시기 조선족이민작가의 연구. 민족출판사, 2010.

김장선, 위만주국 시기 조선인문학과 중국인문학의 비교연구. 역락도서출판, 2005.

채택룡, 채택룡문집. 연변인민출판사, 2000.

임범송·권철, 중국조선족문학연구. 흑룡강조선민족출판사, 1989.

김기종, 시운률론. 동북조선민족교육출판사, 1998.

은종섭, 조선문학사(2). 김일성종합대학출판사, 1982.

조동일, 한국문학통사5. 서울:지식산업사, 1998.

김병선, 한국개화기창가연구. 인컴출판부, 1992.

이승복, 해방직후 한국시의 시어연구. 한국문예비평 연구, 1999.

김준오, 시론. 삼지원, 1997.

조동일, 한국시가의 전통과 률격. 한길사, 1984.

조창환, 한국근대시의 운률론적 연구. 일지사, 1986.

민족문학사연구소, 민족문학과 근대성. 문학과 지성사, 1995.

조규익, 해방전 만주지역의 우리 시인들과 시문학. 국학자료원, 1996.

차호일, 근대시론. 역락, 2000.

황정산, 초기 근대시의 운률연구. 한국문예비평연구, 2004.

레이몬드 윌리엄즈/이일환 역, 理念과 文學. 文學과知性社, 1982.

조셉 칠더즈, 게리 헨치 엮음, 황종연 역, 현대 문학 문화비평용어사전,문학동네, 2003.

아르놀트 하우저, 백낙청 역, 문학과 예술의 사회사, 창작과 비평사, 1999.

金柄珉, 朝鮮中世纪北学派文学研究. 延边大学出版社, 2013.

金柄珉·徐东日, 朝鲜实学派文学与中国之关联研究(上). 延边大学出版社, 2007.

任东权, 韩国民谣研究. 首尔：二友出版社, 1980.

申春浩 外, 文學의 理解. 鮮一文化社, 1986.

施议对, 词与音乐关系研究. 中华书局, 2008.

陆正兰, 歌词学. 中国社会科学出版社, 2007.

음악관련

북경대학 조선문화연구소, 중국조선민족문화사대계3 예술사. 민족출판사, 1994.

중국조선족음악연구회, 20세기중국조선족음악문화. 민족출판사, 2005.

김덕균, 중국조선민족예술교육사. 동북조선민족교육출판사, 1992.

김덕균, 예술론문집. 연길:동북조선민족교육출판사, 1995.

정준갑, 조선민족민간음악. 연변대학출판사, 1996.

김남호, 중국조선족민간음악연구. 흑룡강조선민족출판사, 1995.

최삼룡, 음악가 김종화. 민족출판사, 2004.

연변문학예술계련합회 편찬, 우리민족의 걸출한 작곡가 정진옥. 연변인민출
　　판사, 2011.

남희철, 조선민요의 선율양식과 발전수법, 평양: 문학예술종합출판사, 1997.

장익선, 연변민요의 음악적 특성과 전승양상에 대한 연구. 서울: 민속원, 2010.

리훈, 중국조선족공연단체에 대한 음악사회사적연구. 연변인민출판사, 2006.

신호, 조선민요조식. 연변대학출판사, 2003.

김성희, 중국조선족 음악교육의 변천과정 및 발전 방안(초.중학교를 중심으
로). 서울: 모시는 사람들, 2008.

김영희, 조선민요조식에 기초한 화성형성원리와 음구조의 특성. 평양:문학예
술종합출판사, 1998..

한영애, 조선장단연구. 예술교육출판사, 1989.

리창구, 조선민요의 조식체계. 평양:예술교육출판사, 1990

리동원, 조선민요의 세계. 평양출판사, 주체91(2002).

조선문학예술 총동맹 편집부, 현대성과 우리음악. 조선문학예술 총동맹 출판
　　사, 1963.

이강숙 · 김춘미 · 민경찬, 우리양악 100년사. 서울: 현암사, 2001.

부산근대역사관, 먼구름 한형석의 생애와 독립운동-대륙에 울려 퍼진 항일정
　　신. 2006.

이영미, 일제시대의 대중가요-(노래2). 서울: 실천문학사, 1985.

김만수, 일제강점기 대중가요 연구. 서울: 박이정, 1999.

김지평, 한국가요정신사. 서울: 한국노래학술원아름출판사, 2000.

최창호, 민족수난기의 대중가요사. 서울: 일월서각, 2000.

권도희, 한국 근대음악 사회사. 민속원, 2004.

민경찬, 한국창가의색인과해제. 서울: 한국예술종합학교한국예술연구소, 1997.

신대철, 우리음악 · 그맛과 소리깔. 서울: 교보문고. 1993.

김점덕, 한국 가곡사. 서울: 과학사, 1989.

최창익, 한국대중 가요사. 서울: 한국대중예술문화연구원, 2003.

노동은, 굴절된음악인의 허위의식:见:일제잔재19가지. 서울:도서출판가람기
획, 1994.

박찬호저/안동림 옮김, 한국 가요사. 현암사, 1992.

조지훈, 반세기의 가요 문화사. 서울: 탐구당, 1981.

金钟国 · 金昌浩 · 金山德, 中国朝鲜族文化活动. 民族出版社, 1993.

朱谦之, 中国音乐文学史. 上海：上海人民出版社, 2002.

郑律成音乐作品研讨会论文集, 论郑律成. 延边人民出版社, 1987.

蔡良玉, 中日音乐文化比较研究. 上海音乐学院出版社, 2007.

申波, 审美意识与音乐文化. 云南大学出版社, 2005.

曾遂今, 音乐社会学. 上海：上海音乐学院出版社, 2004.

汪毓和, 中国音乐史. 人民音乐出版社, 2001.

管建华, 中国音乐审美的文化视野. 陕西师范大学出版社, 2006.

洛秦, 音乐中的文化与文化中的音乐. 上海音乐学院出版社, 2010.

施咏, 中国人音乐审美心理概论. 上海音乐出版社, 2008.

谷成志, 音乐句法结构分析. 北京华月出版社, 1996.

小村公次, 日本の軍歌-戰爭の時代と音樂. 學習の友社, 2011.

岡野弁, 演歌原流.考:日韓大衆歌謠の相異と相似. 東京:学芸書林, 1988.

가요창작관련

김대행, 노래와 시의 세계. 서울:역락, 1999.

암브로스A.W.Ambros/국민음악연구회 역, 音樂과 詩의 限界. 국민음악연구회,
1976.

황지철, 가요창작리론. 문예출판사, 1986.

김준규, 명곡창작의 사상미학적요구와 그 실현방도. 예술교육출판사, 1985.

김경석, 문학창작과 표현수법. 연변인민출판사, 2009.

杨儒怀, 音乐的分析与创作. 人民音乐出版社, 2003.

许自强, 歌词创作美学. 首都师范大学出版社, 2000.

문화리론관련

호미 바바 저/나병철 옮김, 탈식민주의 문화이론-문화의 위치. 서울: 소명출판, 2002.

호미 바바, 나병철 역, 이론에의 참여, 문화의 위치, 소명출판, 2005.

롤랑 바르트, 이은주 역, 작품에서 텍스트로, 윤난지 엮음, 모더니즘 이후 미술의 화두, 눈빛, 2004.

김병태 외 11인, 한국경제의 전개과정, 돌베개, 1981.

리처드 존슨, 문화연구란 무엇인가?, 존 스토리 엮음, 백선기 역, 문화연구란 무엇인가? 커뮤니케이션북스, 2000.

문정진외 7인, 필요한 인간을 만드는 소리-음악교육, 중국근대의 풍경, 그린비, 2008.

김관웅, 김정은 역, 문심조룡 / 文心雕龙, 외국어교학연구출판사, 2007.

李哲厚, 中国现代思想史论, 启蒙和救亡的双重变奏. 三联书店, 2008.

리영일, 뒤집혀진 몸, 주체화의 두 얼굴, 애브젝트의 미학 ,연변대학출판사. 2014.

미셸 푸코, 오생근 옮김, 감시와 처벌, 나남출판, 2005.

베네딕트 앤더슨, 윤형숙 옮김, 상상의 공동체 ,나남출판, 2007.

일본사학회, 아틀랜드 일본사, 사계절, 2011.

박이문, 모더니즘과 모더니티, 사유의 열쇠, 산처럼, 2004.

임지현, 민족주의는 반역이다, 소나무, 2005.

임석진 외 25인, 철학사전, 중원문화, 2008.

헹크만 . 로티 엮음, 김진수 역, 이데올로기, 미학사전, 예경, 2002.

요한 호이징하, 김윤수 역, 호모 루덴스, 까치, 2005.

엘리자베스 클레망 외, 이정우 역, 언어, 철학사전, 동녘, 2001.

최경욱, 번역과 일본의 근대, 살림, 2005.

김호웅, 문학비평방법론. 중국:료녕민족출판사, 2002.

김경일, 중국조선족문화론. 료녕민족출판사, 1994.

이동순, 민족시의 정신사. 서울: 창작과비평사, 1996.

홍문표, 문학비평론. 서울: 양문각, 1993.

르네 웰렉·오스틴 워렌 공저, 文學의 理論. 乙酉文化社, 1986.

辛恩卿,「風流」－동아시아 美學의 근원. 보고사, 1999.

姚文放, 当代审美文化批评. 山东文艺出版社, 1999.

乐黛云·张辉, 文化传递与文学形象. 北京大学出版社, 1999.

胡经之·王岳川, 文艺学美学方法论. 北京大学出版社, 1994.

刘敏中. 文化学学, 文化学及文化观念. 黑龙江人民出版社, 2000.

丁亚平, 艺术文化学. 文化艺术出版社, 1996.

姜飞, 跨文化传播的后殖民语境. 中国人民大学出版社, 2005.

段吉方, 意识形态与审美话语. 人民文学出版社, 2009.

역사, 교육관련

김춘선, 중국조선족통사. 연변인민출판사, 2010.

허청선·강영덕, 중국조선족교육사. 연변교육출판사, 2009.

編寫組 편, 중국조선족교육사. 동북조선민족교육출판사, 1991.

김종국, 중국특색조선족문화연구. 심양:료녕민족출판사, 2000.

강련숙, 중국조선족100년문학예술대사기. 장춘:길림인민출판사, 2001.

김산덕, 중국조선족문화활동. 연길:연변대학출판사, 2002.

임범송, 중국조선민족예술론. 료녕민족출판사, 1991.

류연산, 일송정 푸른솔에 선구자는 없었다. 아리필드, 2001.

남희철·석화·김성희, 우리노래100년에 깃든 이야기. 연변인민출판사, 2012.

양소전·이보온, 조선의용군항일전사. 도서출판 고구려, 1995.

尹炳奭, 獨立軍史－봉오동 청산리의 독립전쟁. 지식산업사, 1990.

元義常, <新興武官學校> 독립운동사자료 제10집 제1호. 독립운동사편찬위
원회, 1975.

孫春日, 中国朝鮮族移民史. 北京:中华书局, 2009.

朴昌昱, 中国朝鮮族历史研究. 延边大学出版社, 1995.

杨昭全, 中国境内韩国反日独立运动史(1910~1945)1.2卷. 吉林省社会科学
院, 1996.

夏国珞, 中华伟男-抗战中的杨靖宇将军. 北京: 中共中央党校出版社, 1995.

田中隆一, 滿洲國の帝國支配. 有志舍, 2007.

斯蒂芬 · 戴维斯(Srephen Daveies)/宋瑾 · 柯杨 等译. 音乐的意义与表现. 湖南
文艺出版社, 2007.

〈론문〉

김덕균, 우리 겨레의 항일가요 연구. 한국음악사학보 제20집, 1998.

김덕균, 윤세주의 항일가요 '최후의 결전'에 대하여. 한국음악사학보, 1991제7집.

김덕균, 중국조선민족음악과 한족음악의 상호 영향. 한국음악사학보, 1993제
11집.

김덕균, 한국의 걸출한 항일음악가 한형석. 음악과민족, 1999제17호.

남희철, 연변음악의 선구자-허세록. 예술세계, 1993제2기.

남희철, 조선민족민요의 환두형식을 두고(2). 문학과 예술, 1999제5기.

량무춘, 항일시기 작곡가 한유한에 대한 기초조사보고서. 한국음악사학보,
1998제20집.

최옥화, 항일가요의 다문화음악의 수용연구. 한국:남북문화예술연구, 2013하
반기.

최옥화, 창가의 문화적 특성연구. 연변대학 석사학위론문, 2000.

최옥화, 문학과 음악의 구조적 상호성. 예술세계, 2012제3기.

최옥화, 한유한의 의식성향과 음악창작을 론함1. 예술세계, 2013제6기.

최옥화, 한유한의 의식성향과 음악창작을 론함2. 예술세계, 2014제1기.

김성준, 허세록선생이 40년대에 창작한 가요를 두고. 문학과예술, 1993.

라혜주, 허세록과 축첩행진곡. 예술세계, 1995제2기.

김창근, 허세록선생과 그의 작품세계. 예술세계, 2000제2기.

김예풍, 조선족민요의 전승현황과 변용에 대한 음악적연구. 한국정신문화연구원 박사학위론문, 2004.

신광호, 일제강점기 가요의 정서연구. 한국학중앙연구원 대학원박사학위론문, 2010.

신광호, 항일전쟁시기 중국조선족 항일가요의 정서연구. 국악과 교육 2012.

조인복, 중국조선족예술가곡의 문예미학적특징. 연변대학 석사학위론문, 2003.

박위철, 중국 조선족 창작가요에 대한 선율분석-5음음계에서 '라'음이 으뜸음으로 창작된 가요들을 중심으로. 한국민요학, 2002 제11집.

박위철, 중국조선족창작가요에 대한 조식체계분석과 고찰. 한국민요학, 2001 제9집.

남희풍, 당대 연변조선족가사문학의 시대적 특징. 문학과예술, 1990제2기.

김광희, 연변천주교의 연혁과 오늘의 상황. 연변문사자료 제8집 종교자료전집, 1997.

최봉룡, 만주국의 종교정책과 재만조선인의 종교활동. 민족과 문화, 2003 제12집.

민경찬, 북한의 혁명가요와 일본의 노래.한국음악사학보, 1998제20집.

민경찬, 한국창가의 색인과 해제. 예술종합학교 한국예술연구소, 1997.

민경찬, 中国 朝鲜族의 抗日军歌와 日本의 노래. 한국음악사학보, 2000제25집.

이소영, 일제강점기 신민요의 혼종성 연구. 한국학중앙연구원 박사학위논문, 2007.

이소영, 일제강점기 신민요의 혼종성. 낭만음악 제19권 제3호, 2007 여름호.

성정혜, 탈식민 시대의 디아스포라와 혼종성. 이화여자대학교 박사학위론문, 2010.

길태숙, 재만조선인 항일투쟁노래의 과거와 현재적 의미-<신흥무관학교 교가>를 중심으로. 동방학지, 2008.

김창욱, 한형석의 광복군가 연구. 港都부산, 2008제24호.

한형석, 나의 인생 나의 보람. 부산일보, 1977년 9월~11월.

조규익, 창가의 형성에 미친 번역 찬송가의 영향. 溫知論叢, 2007제16집.

요시무라 나오끼, 六堂 崔南善文学研究. 韓國忠南大學校 大學院 박사학위론
    문, 2003.

김병선, <소년>지 소재 창가의 연구-7.5조 리듬에 대한 음악학적 접근. 국어
    문학, 1985.

노동은, 개화기 음악연구 I. 서울:세광음악출판사, 1989.

김보희, 소비에트 시대 고려인 소인예술단의 음악활동. 한양대학교 대학원 박
    사학위론문, 2006.

신대철, 한국 · 중국 · 일본의 서양음악 수용. 한국음악연구, 2005.

문백란, 캐나다 선교사들의 북간도 한인사회 인식. 동방학지, 2008.12.

오문석, 한국 근대가곡의 성립과 그 성격. 근대문학의 연구 46, 2012.

원지빈, 가사창작에서의 그릇된 관점을 두고. 예술세계, 2002제1기.

홍정수, 한국음악의 관점(4)-양악의 혼합주의. 음악과 민족제36호, 2009.

유영민, 경계를 넘나드는 디아스포라 정체성과 음악. 음악학, 2011.

陈乃良, 중국의 서양음악 수용연구(1920-1949).서울대학교 서양음악학 박사
    학위론문, 2013.

음악교육과 조선음악사연구에 기여한 문하연, <음악세계>주체100(2011)제
    2기.

岸邊成雄, 日本音楽. 민족음악학 창간호, 1977.

梁茂春, 中韩音乐交流的一段佳话-音乐家韩悠韩在中国. 音乐研究, 2005第1期.

梁茂春, 韩悠韩的歌剧 <阿里郎> 一部特殊的韩国歌剧. 中央音乐学院学报,
    2006第1期.

梁茂春, 永恒精神的绽放－在釜山聆听韩悠韩的抗战歌谣. 人民音乐, 2005第11期.

崔玉花, 启蒙期唱歌的思想美学特征. 延边大学学报,2000第1期.

崔玉花, 韩悠韩歌谣作品的混合性研究. 东疆学刊, 2014第2期.

崔玉花, 中国朝鲜族抗日歌谣对异文化的接受. 中国音乐, 2014第3期.

张志红, 论杨靖宇所作抗联军歌在东北抗日联军斗争史中的地位和作用. 辽宁
    师范大学学报(社会科学版), 2006第3期.

陈福顺, 杨靖宇"东北抗日联军第一路军歌"的历史价值研究. 重庆大学学报(社
    会科学版), 2005第3期.

张丽娟, 歌谣创作中歌词与音乐的关系. 湖北师范学院学报, 2010第4期.

王柯平, 论古希腊诗与乐的融合. 外国文学研究, 2003第5期.

曹耿献, "两种实践"与十六世纪"歌词与音乐的关系"变化及观念发展的研究.
    人民音乐, 2011第12期.

谢万章, 哈萨克族民歌歌词格律与音乐节拍的关系.   新疆艺术学院学报,
    2004第12期.

王海霞, 东北满族民歌的音乐分析. 长春大学学报, 2010第7期.

刘雪英, 中国东北民歌中的抗战歌谣. 中国音乐学, 2006 第2期.

金晶花, 中国朝鲜族抗日战争时期革命歌谣研究. 东北师范大学 硕士学位论文,
    2007.

李晶, 中国朝鲜族音乐的传统继承与变化形貌. 中国音乐, 2008第3期.

槻木瑞生, 東北地域朝鮮族学校教育の展開. 国立教育研究所紀要, 1992. 121集.

小林孝行, コリアの近代化と音楽-その1. 岡山大学大学院文化科学研究科
    『文化共生学研究』, 2005第3号.

木暮朋佳, 小学校歌唱共通教材の日本音階に関する一考察. 美作大学·美作大
    学短期大学部紀要, 2009.

降矢美彌子, 日本伝統音楽の近代化·現代化に関わる一考察. 福島大学教育
    学部論集, 1990第48号.

小泉文夫, 日本音楽音組織-日本音楽の音階又調の構造. 민족음악학, 1994제16기.

木暮朋佳, 小学校歌唱共通教材の歌詞の定型詩構造に関する一考察. 美作大学·
    美作大学短期大学部紀要, 2011.

◆ 후 기

　세월이 유수와도 같아 어느덧 석사과정을 2000년에 마치고 박사학위 공부를 시작한 것이 2010년이었으니 문학공부를 다시 시작한 것은 옹근 10년 후의 일이었다. 언제나 지나온 시간 앞에서는 아쉬움이 남기 마련이지만, 돌이켜보면 빛나는 따뜻한 시간들이기도 했다.

　'학문의 길은 고독한 산책이고 소중한 것은 학문연구를 통한 인격의 승화'라고 하신 지도교수님의 말씀은 늘 학문의 길에서 방황하는 나에게 좋은 길잡이로 되었다. 때로는 혼자서 빠져나가야만 하는 미로 속에서 헤매는 듯 하기도 했던 지난 4년간의 시간은, 나에게 있어 그야말로 고독한 산책자의 시간이기도 했다. 그러나 한 갈래씩 길을 찾아 낼 때 느꼈던 희열과 함께 그것을 가능케 했던 각고의 노력한 시간들이 모여 한편의 논문이 완성되어가는 과정이야말로 학문의 길이자 인격수양의 길이었다고 감히 생각해 본다. 그리고 학문은 항상 끝이 없는 시작뿐이라고 생각한다.

　지난 4년간의 시간은 나에게 "감사함"이라는 단어 하나로 압축할 수밖에 없는 시간들이었다. 논문 과제선정으로부터 제강작성, 논점과 논증에 이르기까지, 뒤섞이고 헝클어진 퍼즐조각을 하나하나 맞추어나가듯이 내가 할 수 있는 것 이상의 것들을 할 수 있도록 방향을 제시해주시고 학문정신과 인격의 승화가 무엇인지를 깨우치도록 세심한 편달과 엄준한 질책을 아껴주시지 않았던 김병민 지도교수님께 뭐라고 진심의 말씀드려야 할지 모르겠다.

　또한 본 학위논문의 결실이 있기까지 항상 학문진전과 생활상에서 특별한 관심을 가져주시고 많은 도움을 주신 채미화 교수님께 감사드리고 '혼종성'이라는 컨셉으로 학술적인 지원을 제공해주시고 늘 긍정과 보석 같은 말씀으로 힘을 주신 김관웅 교수님, 김호웅 교수님, 최웅권 교수님,

허휘훈 교수님, 강창민 교수님, 정일남 교수님, 언제나 학문에 대한 열정과 유머를 지니신 우상렬 교수님, 진솔한 마음으로 가르침을 주셨던 서동일 교수님께 진심으로 감사드린다. 몇 십년을 하루와 같이 나의 성장을 지켜보아 주시고 관심과 배려를 아끼지 않은 강광훈 은사님에게도 진심으로 감사드린다. 아울러 오늘이 있기까지 가장 큰 학술무대를 제공해주시고 물심양면으로 지지, 성원을 아끼시지 않은 연변대학 조선-한국학학원의 많은 교수님들에게도 진심으로 감사드린다.

그리고 80여권의 자료와 논문들을 아낌없이 지원해준 신광호 박사에게 고마운 마음을 전하며 자기 일을 제쳐놓고 너그러운 도움을 준 최일박사를 비롯한 동문들, 나의 사랑스러운 동료들, 친구들, 제자들한테 더없는 감사의 마음을 표시한다. 같은 길을 걷고 있는 사람들이 있다는 것, 여러분을 만났기에 때로는 학문의 길이 외롭고 피곤한 길이라는 것조차 잊을 수 있었던 것 같다. 그 외의 알게 모르게 나의 학문적 성장을 지켜봐주신 많은 분들의 이름을 감사의 마음으로 하나하나 되새겨본다. …

나의 학문결실에 가장 심층적인 원천이 되였던 친정어머님, 늘 공부에 쫓겨 헤매고 있는 나를 도와 모든 일을 도맡아 한 남편, 북경 중앙음악학원부속중학교에서 피아노를 전공하며 일본과 미국에서 열린 국제 피아노 콩쿨에서 최고상을 수상한 대견스러운 큰딸 홍희, 박사공부를 하는 동안 담임선생님 댁에 일년 반이나 전탁을 보내도 모든 것을 스스로 잘해가는 작은 딸 연희, 늘 정신적인 힘이 되어준 여동생 해월, 향일, 남동생 용건에게 진심으로 감사의 마음을 전한다.

졸업은 끝이 아니라 시작이라고 한다. 그리고 나의 인생이 이 연구과정을 통하여 한 단계 올라선 것만은 확신하면서 그 좌절과 희열과 열정의 시간들이 다음 단계에로의 걸음을 올곧고 충실하게 할 것이라고 생각하고 싶다. 이러한 신심을 가능케 한 것은 여러분들이 사랑과 후원이었듯이 다음의 한발은 여러분들의 후원과 사랑에 보답하는 것이라고 생각하고 싶다.

삶과 예술의 통합과 이론과 실천의 합일과 문화 간 통섭이 새 시대의 기본과제라고 할 것 같으면 지식인이 되기를 소망하는 자로써 갈 길은 먼 것만큼 마음 충일한 것이다. 그 멀고 충일한 길은 음악을 사랑하는 내가 숙명적으로 갈 길일 것이다. …

나에게 지지, 성원을 아끼시지 않은 모든 분들에게 다시 한 번 감사드린다.

◆ 최 옥 화

1966년 9월 길림성 왕청현 출생. 조선족, 연변대학예술학원 교수, 문학 박사. 연변대학 음악학학부 학부장.

국내학술지에 선후로 "韓悠韓歌曲作品混溶性的研究"(东疆学刊, 2014. 2), "中国朝鲜族抗日歌谣的多元文化受容研究"(中国音乐, 2014. 3), 문학과 음악의 구조적상호성−가요 '농민의 노래'를 중심으로 (예술세계, 2012. 3) 등 론문 20여 편을 발표. 중국조선족음악연구회 음악교육위원회 주임, 연변음악가협회 부주석등 사회직무를 담임.

해방전 중국조선족 가요연구

| 초판 1쇄 인쇄일 | 2016년 2월 15일 |
| 초판 1쇄 발행일 | 2016년 2월 16일 |

지은이	최옥화
펴낸이	정진이
편집장	김효은
편집/디자인	김진솔 우정민 박재원 김정주
마케팅	정찬용 정구형
영업관리	한선희 이선건 최재영
책임편집	김진솔
인쇄처	으뜸사
펴낸곳	국학자료원 새미(주)
	등록일 2005 03 15 제25100-2005-000008호
	서울특별시 강동구 성안로 13 (성내동, 현영빌딩 2층)
	Tel 442-4623 Fax 6499-3082
	www.kookhak.co.kr
	kookhak2001@hanmail.net

| ISBN | 979-11-86478-74-5 *93900 |
| 가격 | 22,000원 |